江苏省教育科学"十四五"规划立项课题"基于大数据的小学生'五育'并举评价创新研究"成果

DASHUJU FUNENG
XIAOXUESHENG WUYU BINGJU
PINGJIA ZHI
SHIJIAN TANSUO

大数据赋能小学生"五育"并举评价之实践探索

周雪红 / 主编

苏州大学出版社
Soochow University Press

图书在版编目（CIP）数据

大数据赋能小学生"五育"并举评价之实践探索／周雪红主编.— 苏州：苏州大学出版社，2024.4
ISBN 978-7-5672-4764-2

Ⅰ.①大… Ⅱ.①周… Ⅲ.①小学教育-教育研究 Ⅳ.①G622.0

中国国家版本馆 CIP 数据核字（2024）第 070759 号

书　　名：	大数据赋能小学生"五育"并举评价之实践探索
主　　编：	周雪红
责任编辑：	刘　俊
助理编辑：	穆宣臻　王　叶
装帧设计：	吴　钰
出版发行：	苏州大学出版社（Soochow University Press）
社　　址：	苏州市十梓街 1 号
邮　　编：	215006
网　　址：	http：//www.sudapress.com
邮　　箱：	sdcbs@suda.edu.cn
印　　装：	苏州工业园区美柯乐制版印务有限责任公司
邮购热线：	0512-67480030　销售热线：0512-67481020
网店网址：	https：//szdxcbs.tmall.com（天猫旗舰店）
开　　本：	700 mm×1 000 mm　1/16　印张：21.25　字数：327 千
版　　次：	2024 年 4 月第 1 版
印　　次：	2024 年 4 月第 1 次印刷
书　　号：	ISBN 978-7-5672-4764-2
定　　价：	79.00 元

凡购本社图书发现印装错误，请与本社联系调换。服务热线：0512-67481020

编委会名单

主　编：周雪红

副主编：唐惠玉

编　委：皋　岭　张宏宽　单保凤
　　　　许兵兵　王　铠　王　进
　　　　谢成辰　龚　香　尹　旭
　　　　包婧怡

序

  大数据正深刻改变着人们的思维以及生产、生活方式；大数据与各个行业的深度融合，已经并将不断产生前所未有的社会价值。具体到教育评价领域，大数据可改变传统的教育评价理念及思维方式。如何在大数据视角下探索教育、教学评价的新模式，并通过采集、形成，利用好大量教育数据和信息，重构教育的新生态，这既是个重要命题，也是个现实难题。

  本书编者所在的华中师范大学苏州湾实验小学认真落实中共中央、国务院《关于深化教育教学改革全面提高义务教育质量的意见》的各项要求，注重创新工作思路、改进工作方法，及时确立了"基于大数据的小学生'五育'并举评价创新研究"课题，并在深入研究理论的基础上，精心设置、验证并改进数据模型，自主开发并构建了一套较为科学、可迭代的软硬件系统和制度保障体系，学校还在教学过程中辅以智能设备的应用，初步实现了人工智能、云计算、大数据等信息技术与教育、教学评价的深度融合。学校运用此"智慧教育大脑"及其相应的研究成果对学生的学习行为、学习变化进行跟踪分析，对学生的能力、成绩、身心健康等分别进行监测与评价；对教师的教学行为、教学效果进行及时反馈，对教师的教学成果、教学能力进行动态评估。同时，着重找出师生之间相互的动态影响及逻辑关系，由此促进师生互动、教学相长。学校这些年来丰富的评价实践、评价成果及应用案例都印证着"五育"并举全面评价育人的阶段性目标已初步达成。

  2018年，时任苏州市教育质量监测中心主任的罗强先生就向我介绍过苏州市中小学校基于大数据积极开展教育评价改革的工作成果，最近更是向我推荐了本书的样稿。阅读这本书，我顿觉耳目一新，也甚为欣喜。作为一个教育评价研究者，我非常忧虑义务教育阶段中"千人一面"的教育评价实践模式。当代社会对人才的需求是多方面的，学校教育不能像加工厂一样只生产规格一致、整齐划一的产品，而是要培养能更好地适合社会需要的、具有个性特长的人才。这就需要我们学校的教育评价同样具有个性，基于大数据的教育评价无疑是促进学生个性发展的重要力量。

通读这本书，我发现书中呈现的评价系统是基于学生校内日常活动的数据分析的，它并非一味改变纸质习惯，而是高度重视利用大数据技术对学生的各方面行为进行全方位、多角度分析评价，对评价模型进行反复改进和优化，为每个学生进行画像；对学习过程和学习效果进行客观评价，使个性化教育评价显著并近乎完满地展现出来。从书中大量的评价应用案例可见，通过运用大数据评价技术，教师可关注到学生个体的多方位表现，并对学生的即时行为进行记录评价，进而全面掌握学生当前阶段的学习情况，有效地修正自身的教学观念、创新自身的教学方法，促进师生产生更优质的互动、交流，使自身更有针对性地因材施教、因人施教。

我深信本书不仅是基础教育评价改革浪潮中的一个实践样板的研究成果，也具有可以推广辐射的指导价值。

2023 年 10 月 19 日

（张生，北京师范大学教授，博士生导师，教育部基础教育质量监测中心中国基础教育质量监测协同创新中心网络平台部主任，中国教育技术协会教育测量与评价专委会常务副会长兼秘书长，义务教育课标修订组、测评组专家。研究领域：教育大数据，智慧测评，信息技术深度融合创新，学校评价生态重构。）

前言

随着互联网技术的发展，大数据技术在"智慧校园"建设中的应用日趋普遍，传统教学正逐步演变为数字化教学，并开始走进智慧教学。作为教育发展的重要组成部分，国际教育界已将教育评价视为教育发展的"生命共同体"。大数据技术的运用已为教育评价的发展提供新的思路和技术支持。如何运用大数据技术和思维模式来改进教育评价、促进教育发展，自然成为一个需要大家去认真思考和积极研究的课题。

正是因应于这种需要，华中师范大学苏州湾实验小学（原华东师范大学苏州湾实验小学，简称华师苏实小）坚持"五育"并举，强调学生德、智、体、美、劳全面发展，并将之视作新时期对学校教育提出的核心要求，以及做好学生、学校评价的根本遵循。近几年里，华师苏实小引领、支持教师们开展了基于大数据的小学生"五育"并举评价创新研究与实践。本书即是江苏省教育科学"十四五"规划立项课题"基于大数据的小学生'五育'并举评价创新研究"（课题编号：D/2021/02/206）的研究成果之一。

"五育"即德育、智育、体育、美育、劳动教育，它在中国的教育体系中占有重要地位。"五育"并举秉持以人的素质的全面发展为导向，以培养完整个体、健全人格为宗旨。基于大数据背景下的小学生"五育"并举评价的有效开展，有利于增强学生的学习动机，充分激发了学生自我提升与进步的欲望，同时可使学生利用外界各种工具不断实施自主评价。

华师苏实小立足本校"胸怀天下，格心致远"的培养目标，围绕"五育"并举，设置出七个维度的评价指标，即"七尚"：尚善的品格（德）、尚进的学力（智）、尚强的身心（体）、尚美的旨趣（美）、尚实的行动（劳）、尚博的底蕴、尚畅的视野。

学校根据小学生"五育"并举之"七尚"综合评价体系，通过对系统技术的研究，升级了学校智慧教学平台，包含730智慧评价系统、阅卷系统、备课系统、资源库、作业系统、阅读系统和录播系统等。所有系统均通过自动采集和手动上传的方式对学生学习、生活的痕迹进行数据采集，由此为学校的教育教学管理优化提供必备依据，进而促使教师精准实施针对性指导，为学生定制适切的学习任务，显著提高教学的质量和效率。

大数据赋能的小学生"五育"并举评价让评价不再像以往那样单一重复，而是富有挑战性。在小学生"五育"均衡发展的基础上，善用学生数字画像，实施精准、个性化教学，必能使每位学生得到有效、全面的发展；学生优良品格和能力的持续形成，必能使华师苏实小"为每一位孩子的快乐成长奠基"的办学目标成为现实。

本书是对近几年里学校所推进的"五育"并举评价一次阶段性的总结。通过现状分析、成果展示、案例举证等，较为系统地梳理了大数据智慧评价系统使用的策略、手段、技能和方法。相信其可为智慧学校建设及一线教师智慧教学评价的后续行动赋予新视角、提供新动力。如有不足之处，尚祈学界同仁和广大读者批评指正。

目录

第一篇 大数据赋能小学生"五育"并举的理论探索 /001

第一章 大数据技术在基础教育评价中的应用 /003

第二章 "五育"并举教育思想的提出与发展 /008

第三章 大数据技术在小学生"五育"并举评价中应用的时代意义 /017

第四章 基于大数据的小学生"五育"并举评价之原则与方法 /020

第五章 基于大数据的小学生"五育"并举之"七尚"综合评价体系的构建 /031

第六章 大数据技术应用下的"五育"并举之"七尚"综合评价的路径 /052

第七章 基于大数据的小学生"五育"并举评价研究调查报告 /064

第二篇 大数据应用于教育教学评价的研究成果 /081

基于大数据的小学生"五育"并举评价创新研究文献综述 /083

大数据教育评价：让大规模因材施教成为可能 / 089
依托大数据的作业育人系统构建及其育人路径 / 095
"三维交互"："双减"背景下全面育人的校本实践 / 101
走向深度数据管理
　　——基于大数据的小学教育教学管理改革实践探索 / 106
基于大数据，优化小学生"五育"并举综合评价 / 114
善用大数据，做实小学生"五育"并举综合评价 / 120
大数据背景下的小学作业评价管理实践 / 123
融合共生：大数据背景下的小学语文教学 / 129
大数据背景下语文精准教学构建策略 / 135
技术赋能：小学数学教—学—评一致性的思考与实践 / 140
靶向助力：大数据赋能小学数学作业管理 / 147
大数据赋能小学数学课堂教学"三精准" / 153
精准教学：让美术学习个性可见
　　——以小学美术《飞天》为例 / 158

第三篇　大数据应用于教学的课例 / 169

大数据背景下"慧学"课堂模式的建构
　　——以《陶罐和铁罐》为例 / 171
大数据评价支持下的《海的女儿》教学设计 / 180
大数据赋能：走向智慧课堂的教学评价
　　——《梅兰芳蓄须》教学设计及意图 / 187
大数据支持下数学课堂教学的有效尝试
　　——《认识几分之一》的实践课例 / 191
大数据赋能：小学数学课堂精准教学的课例研究
　　——《因数与倍数》整理与练习教学实践及思考 / 196
大数据视野下教学大计量单位的新思路
　　——以《千米和吨》为例 / 203

AI 课堂：小学数学信息化精准教学的案例研究
　　——《复式统计表》教学实践及思考 / 210
大数据赋能小学英语课堂评价
　　——以译林版英语教材四年级下册第八单元绘本融合教学
　　　设计为例 / 217
"信息技术+大数据"下的课堂评价探索
　　——以《画方形和圆形》一课为例 / 226
大数据背景下小学音乐课堂畅想
　　——以《彝家娃娃真幸福》为例 / 231
大数据应用于体育课的教学实践
　　——以《跳跃与游戏》一课为例 / 236
大数据应用于美术课的实践探索
　　——以《图画与文字（二）》为例 / 242
大数据视角下的智慧劳动课堂教学
　　——以《秋分美食》为例 / 247
科学课"教、学、测、评"的数字化尝试
　　——以《电和磁》为例 / 252

第四篇　大数据应用于教育评价的案例 / 261

大数据评价驱动下学生自主管理的实践研究
　　——基于华师苏实小 2019—2023 年"大数据评价"监测
　　　数据的分析 / 263
大数据背景下小学一年级班级管理的创新实践 / 271
"可视化"评价：班级管理不再跟着感觉走
　　——大数据背景下班级管理实践案例 / 280
数字画像：指向个体综合素养的大数据评价实践 / 287
数字画像：跨越班级助成长进阶
　　——基于大数据的小学生"五育"并举的实践研究 / 293
大数据助力"闺蜜情"共济 / 299

循循善诱：正视孩子的合理需求 / 303
蜕变白天鹅
　　——班级管理案例分析 / 308
大数据智慧评价系统助力"我要加分了"
　　——班级管理案例分析 / 313

附录　基于大数据的小学生"五育"并举评价调查问卷 / 318

参考文献 / 324

第一篇

大数据赋能小学生"五育"并举的理论探索

第一章
大数据技术在基础教育评价中的应用

一、大数据技术应用于基础教育评价中的现实诉求

1. 推动实现教育评价现代转型，办好人民满意教育的必然选择

2020年10月13日，中共中央、国务院印发《深化新时代教育评价改革总体方案》，明确要求坚持把立德树人成效作为根本标准，完善立德树人体制机制，加快推进教育现代化，建设教育强国，办好人民满意的教育。以学生全面发展为目的，基础教育阶段的教育评价必须将立德树人作为根本任务，关注与追求学生的全面成长。传统教育评价具有重功利、轻发展的特点，尤其是"五唯"（唯分数、唯升学、唯文凭、唯论文、唯帽子）评价指标，使学生创造性、个性的发展和生命的活力受到遏制，这与新时代培养身心健康、全面发展的人才的教育使命背道而驰，因此，破除"五唯"顽疾，推动实现教育评价现代转型是一个亟须解决的问题。

从评价体系角度来看，在社会信息化、文化多元化、科技不断迭代的多重背景下，我国作为发展中国家，必须要不断缩小城乡教育差距，促进教育公平，办好人民满意的教育。基础教育发展是一个动态的过程，决策者对教育动态信息资料的把握，是影响教育评价可信度的关键性因素，也是影响教育优质均衡发展的重要因素。如果教育决策者无法准确把握教育动态信息资料，在政策制定过程中很可能会加入过多的主观经验，导致构建的教育评价体系与学生实际学习与发展

需求相悖，无法更好地回应广大人民群众对优质、均衡教育的期盼。而大数据技术为在线教学、虚拟学校、远程教学等教学方式提供了更多的可能性，极大地拓展了优质教育资源的辐射范围，扩展了教育数据的采集途径，大大增加了教育数据量，有助于决策者更加准确、有效地把握区域内教育动态信息资料，并科学合理地判断政策的预期效果，从整体上提升评价决策的公信力、说服力，加快教育均衡化发展步伐，提升广大人民群众对教育评价改革与转型的满意度，推动教育发展"弯道超车"。

2. 传统教学与信息技术"联姻"，建设"智慧校园"的迫切需要

随着大数据技术等众多前沿科技的接连出现且不断成熟，第四次工业革命已经到来，新技术使传统课堂教育受到了前所未有的冲击，推动了传统教育内容与方式的变革。与此同时，身处知识与信息爆炸的时代，知识的无限性与个体接受知识有限性之间的抵牾越发显著，教师与学生必须竭尽全力避免淹没于知识的洪流中，传统教学迫切需要预见性地迎接这种教育结构体系的变革，通过利用多种大数据技术等新兴技术，构建科学高效的评价制度。

现如今，大数据技术在"智慧校园"建设中的应用越来越普遍，传统校园已经逐渐步入数字化发展阶段。基于大数据的可视化分析，综合运用人脸识别、预测预警、实时监控、轨迹追踪等多种新技术手段，能够全面提升校园管理的质量与效率。同时，课堂是师生共同学习与成长的场所。以大数据技术为基础的智慧课堂，很好地突破了传统课堂观察的局限性，从真实、动态、丰富的课堂数据中探寻教育规律，提升基础教育教学评价的可视化程度与科学性，为课堂结构的优化、教学成效的增强提供便利。这不仅是基础教育教学与信息技术的深度融合，还是基础教育教学评价的数字化转型，这样的教学评价有助于提升教师主体反思的积极性、主动性，进而总结出与学生需求、教育规律契合度更高的教学方式，促使智慧课堂朝着理想的方向发展。

3. 过滤与挖掘隐性教育信息和规律，满足学生个性化学习的应然要求

在现代社会测量领域，虽然随机取样是常见的取样方式，但是其本身存在着天然的缺陷。教育评价借助于这种技术很难采集到全过程、全方位的可靠数据，导致发展性教育评价无法落实、落深，只是停留于观念阶段。而依托大数据技术，可以收集真实状态下的全样本评价数据，记录并处理全过程、全方位的可靠数据，包括学生的知识基础、学习兴趣、学习态度、成长轨迹等，从而真正反映学生的内隐素质。之后，通过对数据进行预测、提炼、相关性挖掘等一系列操作，建立科学合理的评估模型，利用复杂的算法深层次挖掘数据隐藏的价值，有依据地判断现阶段学生学习的问题，切实提升评价结果的可信度。

另外，依托大数据技术，教师可以灵活运用数据挖掘算法、回归分析等学习分析技术，以循证教学理念为指导，从不同角度、不同层次收集与分析学生学习行为相关数据，以便对自己和学生有一个更加清晰的认知，并有针对性地调整教学模式与策略，由知识的传授者转变为学生学习的合作者和促进者，让大数据技术助力创生性教学的实施。具体来说，可以让大数据技术服务于基础教育中学生的交互式学习，为学生打通接触海量信息的通道，让大数据技术助力学生创生的生态式发展，为无边界学习创造可能性。同时，大数据技术还能通过可视化方法呈现复杂概念，通过具象化的方法展示基础教育中难以表征的过程，深层次挖掘与分析海量数据，并积极探寻数据的隐含关系和潜在价值，有目的地开展个性化特色教学，为学生成长提供更加精准的辅导服务，切实提升学生的学习效能。

二、大数据技术与基础教育评价相结合的主要特征

大数据技术与基础教育评价的结合主要具备五个特征，分别为评价模型科学化、数据获取立体化、主体参与多元化、诊断分析优质化、评价反馈精准化。

1. 评价模型科学化

科学化的评价模型是教育评价的重心。借助先进的大数据技术手段和计算机软件系统等，通过信息技术专业人员、教育评价人员等相关人员的默契配合、高效协作，紧紧围绕评价内容和评价对象建立多元、立体、动态的评价模型，从不同角度综合评价学生的学习质量与

效果，有助于提高评价结果的有效性。其中，全面性、系统性评价指标的制定是有效创建评价模型的必要前提，能为评价模型科学化、合理化提供重要保障。评价指标的构建可以选择多种方法，如量化方法、质化方法、复合性方法等。

2. 数据获取立体化

借助大数据采集技术，可以对基础教育评价数据进行多维度、全过程、全方位的收集，有效弥补以往人工采集记录效率低、成本高等弊端，真正实现教育评价数据获取的立体化。其中，"多维度"指的是采集的数据种类、数量与之前相比更加全面、丰富，除了行为数据、管理数据，还包括情感数据和体质数据等；"全过程"指的是借助数据采集平台和设备，对评价对象学习活动全过程中的相关数据进行自动记录，充分体现"全过程记录"，而非以往的"间接性记录"；"全方位"指的是数据收集不再受时间与空间的制约，有效突破了传统课堂的束缚，拓展并延伸至户外教学活动数据、线上学习数据等方面。

3. 主体参与多元化

在大数据技术的支撑下，基础教育教学评价主体具有多元性，由教师、家长、评价专家、学生、同伴等共同形成"评价共同体"，确保评价过程充分体现人性化、民主化特征，这样也能让评价结果更加客观、真实、可靠。具体来说，教师的评价有助于提高评价信息的专业性和科学性；家长的评价丰富了评价的内容，使评价融入了学生的家庭表现，增强评价结果的全面性；评价专家的评价能够增强评价结果的全面性、准确性、客观性；学生的自我评价能够增强学生的主人翁意识，充分体现学生的主体地位，提升学生的自我反思能力；同伴的评价能够帮助被评价者认识自己，加强学生之间的沟通，从而充分调动学生的积极性。

4. 诊断分析优质化

在基础教育评价中，通过综合运用数据融合、数据分析等技术，全面诊断分析多模态数据，以最优化实现分析与处理数据，有助于提升评估和测评结果的精准性。例如，面对海量的多模态数据挖掘，在不同模态数据之间相互融合的基础上，通过模态数据间的互补学习，可以准确分析并判断复杂数据的有效特征，切实提高评价决策结果的准确性；借助机器学习等算法，分析不同种类的数据，包括文本、视频、语音、图像等，进而准确揭示评价对象所具备的特征。

5. 评价反馈精准化

评价反馈是基础教育评价中非常重要的一部分，也是对教育评价应用价值实现程度的充分体现。大数据可视化技术能够及时有效地为用户提供可视化的评价结果，进一步深化评价对象的自我认知，为评价对象调整教学目标、教学策略等提供有力依据，进而促进教学、学习和管理的有序开展。评价反馈存在于教育活动的全过程，主要包括课前预习反馈、课堂实时反馈等过程性的及时反馈，以评价结果为依据确定学习资源和教学策略等，评价反馈的精准化充分体现教师教学的精准性、学生学习的个性化。

第二章
"五育"并举教育思想的提出与发展

一、"五育"并举教育思想的提出背景

"五育"并举是以人的素质的全面发展为导向,以培养完整个体、健全人格为目的的教育。"五育"由德育、智育、体育、美育、劳育五方面内容构成,其中,德育占据首要位置,为其他各育提供了精神动力和价值方向,引领其他各育共同发展,以实现立德树人根本任务为目标,建立健全德、智、体、美、劳全面培养的教育体系,以人的内在品质、外在能力为重要抓手,依托学校教育活动这一载体,提升人的品德、智慧、体能、审美、劳动五方面的水平。"五育"是一个有机整体,德、智、体、美、劳相互独立,又相互影响、相互促进,共同构成以全面发展为理念的"五育"一体化体系。下面介绍"五育"并举教育思想提出的背景。

1. 改革开放向纵深发展

经过数十年的风风雨雨,我国经济、政治体制改革已经初见成效,并积累了很多具有建设性、指导性的宝贵经验,从思想、经济和政治方面为教育体制的改革与创新提供了重要保障。学校教育改革的目标主要在于以教学科研为主要组织形式,明确教师与学生的主体地位,最大限度发挥这两个主体的积极性、创造性、自觉性,同时关注学生的个性化发展,促进每位学生的全面成长,全面贯彻落实素质教育,培育德、智、体、美、劳均衡发展的学生,为社会主义现代化建设提供人才。

2. 知识经济已见端倪

20世纪70年代后，以微电子技术、生物工程技术等为代表的新技术革命有力推动了社会生产力的进步，使人类社会以前所未有的强劲势头步入知识经济时代。经济合作与发展组织在2022年发布的一份报告中指出，现如今，多种形式的知识在经济发展过程中发挥着关键作用，相比于有形资产，无形资产投资回报的速度要快很多。掌握更丰富知识的人的工作报酬会更高，掌握更丰富知识的产业具备更高的竞争力，掌握更丰富知识的国家具有更高的产出效益。由此可见，知识经济已见端倪。不同国家之间的竞争归根结底是科技的竞争，而科技竞争的关键在于人才，尤其是高素质专业人才、拔尖创新人才以及德、智、体、美、劳均衡发展的人才。

3. 应试教育弊端日益明显

中华人民共和国成立以来，我国各级各类教育为社会主义现代化建设培育了大量的优秀建设者。但任何事物都有两面性，应试教育也不例外。不可否认的是，应试教育有其自身独特的优势，应试教育的考试大纲具有具体性、明确性，知识点比较系统、明确，便于教师把握教材，教师的教学目标也比较清晰，有助于学生对知识点的把握，对学生考试成绩的提升起着很大作用。但是随着改革开放的日益深入，应试教育的弊端逐渐显现，很多学校盲目地追求高升学率，相对缺乏对学生身体素质、心理素质、思想品德素质等方面的培养，忽视学生个性化发展，最终导致部分学生高分低能、身体素质薄弱、社会适应能力差等。这不仅关系到社会经济的发展，还关系到国家民族的发展。因此，摆脱应试教育束缚，走上"五育"并举轨道已是刻不容缓。

4. 建设和谐社会的需要

社会主义和谐社会的基本特征有民主法治、公平正义、诚信友爱、充满活力、安定有序、人与自然和谐相处。现代社会具有差异性、多元性，不同社会个体、群体之间有着不容忽视的差异和矛盾。以社会主义核心价值观为基础统"小异"成"大同"，是实现和谐社会的重要途径，一定要将求同存异思想方法贯彻始终。"五育"并举教育思想的提出，为和谐社会的构建提供重要的人才理论基础，德、智、体、美、劳和谐并重的教育思想，将社会成员培育成综合素质过硬、均衡发展的和谐个体。践行"五育"并举，能够让学生懂得尊重、包容他人，并形成一定的同理心，提高社会包容度，进而减少因差异产生的矛盾、对立等，以实现和谐共处。

5. 独生子女身心特点的特殊要求

计划生育是我国的一项基本国策，为国家经济和社会的发展做出了巨大贡献。在当今社会，因家庭结构的特殊性，独生子女的生活品质普遍提升，孩子们往往受到家庭更多的关心和宠爱，家长对于孩子综合素质的培养格外关注。然而，这种环境也带来了一系列问题，如溺爱孩子而导致其缺乏独立性等，因此，培养孩子全面发展的需求愈发迫切。上述现实情况的存在助推了"五育"并举教育思想的提出，"五育"并举评价的重要性不言而喻，它是培养新时代全面发展人才的重要途径。

二、"五育"并举教育思想提出的理论基础

"五育"并举教育思想的提出建立在一定的思想基础之上，主要包括马克思的人的全面发展理论、西蒙斯的联通主义理论、卡西尔的人学思想、加德纳的多元智能理论。

1. 马克思的人的全面发展理论

19世纪，资本主义社会面临着一个普遍问题，即"人的异化"，人并未从真正意义上得到解放。人的全面发展理论就是基于此背景提出的，它致力于人的自由、解放和全面发展，是马克思主义学说的"价值内核"，占据着"普照的光"的绝对地位。在马克思看来，个人的全面性并非设想的全面性，而是其自身的观念关系和现实关系的全面性。其内涵指的是人的才能的全面发展、人的劳动能力的全面发展、人自身的全面发展、人的自由发展。其中，才能的全面发展指的是个人全力发展自己的所有能力；劳动能力的全面发展指的是个人全面发展自己的智力、体力和志趣；人自身的全面发展指的是个人均衡发展自身的所有特性；人的自由发展追求的是成为自由的人，指的是个人的一切才能和能力自由而独创性的发展。马克思认为的全面发展主要涉及人的才能、劳动能力、兴趣等方面自由个性的发展。换句话

说，要想成为一个全面发展的人，必须要在发展自身脑力、体力的基础上，全面发展自身的志趣和其他才能等。而全面发展教育便被赋予了培育各方面素质全面发展的人才的功能。

针对马克思主义思想关于"人的全面发展"的理论，我国有越来越多的学者对此展开了深入研究，并对其思想内容做出了合理的解释与拓展。如基于对马克思主义思想的认识与理解，雍涛针对人的全面发展理论做出了更深入的阐述，即要注重人在物质、精神两方面的均衡发展，特别是要关注人在智力、体力、潜力、社会能力等方面的均衡发展。

作为一种内在需求，人的全面发展经历了由片面到全面的过程，从发展的层次来看，由以往的低层次需求逐渐过渡到高层次需求，强调人的道德、智力、体力等方面的充分、自由、均衡发展。我国教育在全面吸收人的全面发展理论的基础上，经过反复不断的实践持续丰富该学说思想内涵，将学生德、智、体、美、劳的全面发展纳入其中，使之构成了一个系统性、完整性的概念。这一概念对人各方面的发展水平做出描述，即将全面发展的人看成是一个完整的人，强调身体和精神的统一，强调认知、意识和情感的共同发展，强调德、智、体、美、劳各方面的共同进步与提升。倘若将人的全面发展理论看成是"如何培养人的问题"的方法论，那么"五育"并举教育就是对"培养什么样的人"的质量做出的回答。"五育"并举教育思想的本质是致力于人的全面、均衡、整体发展，它是深深扎根于人的全面发展理论丰沃土壤中的有根之"树"。

2. 西蒙斯的联通主义理论

数字时代学习理论家乔治·西蒙斯提出的联通主义理论，强调我们对生活的体验具有综合性特征。联通主义理论认为网络是若干个节点的聚合，每个节点都具有一定能力以自己的方式运行在动态网络中。"五育"是一个有机整体，涉及人特性的五个重要方面，每个方面都是不可或缺的，均为连接人全面发展的关键节点，并以自己特有的方式占据着重要地位，同时对人的成长与发展产生着影响。各育在"五育"中是相互依存、相互促进、相互制约的，它们以人的全面发展为核心构成动态网络，形成强大合力促进人的进步，帮助人获得综合性的生命体验。因此，学生全面发展的实现，并非仅仅凭借某一育就能完成，而是需要各育有机统一发展。

另外，联通主义理论还提出，从大小、范围角度来看，网络具有流动性、可定制性和适应性的特点；层级通常是将某种结构强加到事物身上，而网络可以对事物原本的结构进行呈现。在"五育"发展过程中，各育环环相扣，没有高低轻重之分，并非以重要性为标准进行排名的层级结构，各育共同发力推动人的进步，帮助人们更好地适应复杂多变的环境，并做出科学合理的决策和行动。"五育"之间的内在联系主要体现在以下几方面：德育是"五育"中其他各育的灵魂，贯穿全过程；智育提供知识和智力；体育提供优秀的体格准备；美育提供凝心聚气的强大精神力量推动各育发展；劳育能够检验综合实践应用和成果。因此，在培养全面发展的学生的过程中，各育彼此关联，牵一发而动全身。

3. 卡西尔的人学思想

德国哲学家、思想家恩斯特·卡西尔在《人论》这一著作中提出了符号哲学思想，并以此分析人的本质，认为人既有多面性又有丰富性，是一种符号化的动物。而"五育"恰恰是对这种多面性特征的充分体现，在人的自身成长过程中，会逐渐呈现出德、智、体、美、劳五方面的发展水平，即"五育"是从整体上对人体成长做出阐释，分别指向人的五个侧面，依次是道德侧面、智力侧面、体力侧面、审美侧面和劳动侧面，这并非五个侧面的割裂，而是"五维"的融合。在分析人与动物之间的不同时，卡西尔借助符号和信号的差异做出了阐述，信号与符号的不同之处在于：前者是一种实体性的存在，后者则具有功能性的价值。"符号"是人类意义世界的重要组成部分，动物只有受到"信号"的刺激才会做出条件反射，而人不仅具有符号化思维，还具有符号化行为，能够将"符号"当成工具创造文化。因此，卡西尔的人学思想由三个关键概念构成，分别是人、符号和文化，构成了"人—符号—文化"体系。

基于卡西尔人学思想，学校在教育教学中纳入"人—符号—文化"体系，文化以符号的形象转变为具体学科。通过具体学科教学的实施，又可以孕育出另一个全新的体系，即"学科—符号—人"。

在学科教学的基础之上，教师深入挖掘学科中蕴含的文化元素，并通过特殊的学科符号传递给每一位学生，一步一步带领学生认识与理解学科符号的内在意义，更深层次地理解学科符号背后的思想观念精髓，最终实现"育人"的目的。

总之，"五育"并举教育理念强调人并非单面的人，而是具有多面特性的人，卡西尔的"符号"理论为"五育"并举教育理念的提出与落实提供了有效路径。符号是人们创造文化的重要工具，文化是"五育"的重要基础，文化又通过符号这一媒介植根于各学科教学中，所以，学科教学是实现"五育"并举的关键所在。

4. 加德纳的多元智能理论

随着智能研究的不断深入，社会上逐渐出现了多元智能理论。在智能概念提出之后，人们试图解析其内在结构，想要弄清楚智能的结构是单一整体还是多元的。人们针对智能结构的看法主要可以分成两类：一类是以阿尔弗雷德·比奈、弗朗西斯·高尔顿等为代表的单因素论，在他们眼中，智能是单一的总能力；另一类以查尔斯·爱德华·斯皮尔曼、爱德华·李·桑代克等为代表的智能多元论，他们认为智能包括两种或多种因素。1983年，美国教育学家和心理学家霍华德·加德纳正式提出多元智能理论，这在当时是一种全新的人类智能结构理论。加德纳通过整理与分析神经科学、认知科学、人类潜能开发和文化知识发展方面的研究结果，将人类的智能划分成多种不同的类型，包括语言智能、数理逻辑智能、视觉空间智能、音乐智能、身体运动智能、人际交往智能、自我认知智能、自然观察智能。

多元智能理论从脑科学和人类学角度出发，提出正常人都是由多种智能共同组成的有机体，即每个正常人的潜能是多方面的，人们可以根据自身的倾向来联结这些智能。由此可知，每个人都具备一定的生理基础来支撑各种智能的发展，都有可能实现自身的全面发展。随着多元智能理论的提出与广泛应用，越来越多的人充分认识到人智能的差异性、多样性。该理论切实提升了智能范畴的科学性、全面性，倡导在真实的教育情境中用差异化的方法对学生的多种智能进行培养，而非运用单一教学方法促进学生某一智能的发展，这也是"五育"并举的应有之义。

一言以蔽之,"五育"并举教育思想与多元智能理论相契合,强调从多角度、全方位促进学生全面发展。同时,加纳德多元智能理论的提出与发展,也为我国"五育"并举教育思想的提出奠定了牢固的理论基础。

三、"五育"并举教育思想的发展历程

"五育"并举教育思想是我国在社会主义实践探索中逐步提出并不断完善的,其育人目标即培育德、智、体、美、劳全面发展的社会主义建设者和接班人。随着时代的发展,育人目标需要不断做出调整以更好地迎合历史方位和社会发展需要,育人内容也趋于全面性。"五育"并举教育思想的提出经历了以下几个发展阶段。

1. "德智体":共同发展的育人探索阶段

我国于 1949 年 9 月 29 日通过了《中国人民政治协商会议共同纲领》,强调我国实施的教育要将为人民服务作为主要任务,要全心全意服务于当前革命斗争和建设,教育是民族的、科学的和大众的。基于这一教育政策的指导,毛泽东提倡青少年要注重健康,坚持不懈地学习、工作,教育要力争培养更多的"三好青年"。1957 年 6 月 19 日,《人民日报》发表了毛泽东的重要著作《关于正确处理人民内部矛盾的问题》一文,毛泽东建议要关注受教育者德育、智育、体育三方面的均衡发展,使之成为合格的社会主义建设者。1958 年 9 月 19 日中共中央、国务院发出《关于教育工作的指示》,明确提出生产劳动一定要与教育紧密结合起来,而中国共产党应该领导教育工作。在中华人民共和国成立初期,中国教育受到国内外宏观经济环境的影响,侧重于培养学生正确的世界观、人生观、价值观,引导学生树立正确的政治立场,培养学生高尚的道德品格,以便学生今后积极投身于社会主义现代化建设和生产实践中。在这一时期,生产建设被置于首要位置,我国大力倡导广大人民群众参与劳动,使人民群众在生产建设劳动中增强对自我的认知,实现自我改造。当时,受到生产水平限制,劳动教育的关注重点在学生劳动观念、劳动态度方面的培养上,不仅注重劳动基础知识的传授,还关注学生对劳动生产技术的掌握,并在此过程中纠正学生不正确的劳动态度,将劳动作为劳动教育

的重要手段与方法之一。这一阶段，我国将生产劳动与德、智、体紧密联系起来，为社会主义教育的实践探索打下初步基础。

2. "德智体美"：全面育人发展阶段

自十一届三中全会召开以来，解放思想，实事求是的思想备受关注并逐渐得到普及。邓小平分析国内外教育发展形势，作出符合教育基本规律的科学概括，即教育要面向现代化、面向世界、面向未来。随着时代的进步与发展，中国教育越来越重视学生的主体性，以人为本是实现教育可持续发展的重要途径，美育也被纳入全面发展教育的目标之中。之后，在党的十六大会议召开过程中，明确强调培养德智体美全面发展的社会主义建设者和接班人。坚持教育为社会主义现代化建设服务，全面贯彻党的教育方针。随着社会文明的不断发展，人们对精神生活的追求日益提升，对美的关注程度越来越高。美育的提出建立在德、智、体"三育"共同发展的基础上，从侧面体现出教育的纵向发展，全面发展的教育逐渐趋于完善发展。美育着重培养学生的审美品位和陶冶情操，使学生逐渐形成发现、欣赏、创造美的能力，注重学生身体和心灵的满足，强调美育对健康、完善人格的塑造作用，推动美育与德、智、体"三育"的融合发展，有助于培养更多综合素质过硬的人才。

3. "德智体美劳"：全面育人成熟阶段

从党的十八大开始，中国特色社会主义进入新时代。教育始终将立德树人作为重要抓手，在遵循人和社会发展规律的基础上，培养德、智、体、美、劳多方面共同发展的高素质人才，有助于进一步扩大和丰富教育目标。在2018年全国教育大会上，习近平强调坚持中国特色社会主义教育发展道路，培养德智体美劳全面发展的社会主义建设者和接班人。自此，我国人才培养目标中又添加了"劳动教育"这一元素，"劳动结合"正式转变为"劳动教育"。相比于中华人民共和国成立之初的"劳动"，新时代的"劳动教育"充分体现了以人为本，强调发挥人的主观能动性，并通过认识劳动的方式实施教育，重点强调对人与社会、人与自然、人与人之间关系的处理与协调。2019年6月23日，中共中央、国务院颁布《关于深化教育教学改革全面提高义务教育质量的意见》，强调坚持立德树人，着力培养担当民族复兴大任的时代新人,坚持"五育"并举,全面发展素质教育。紧接着,2020年的全国教育工作会议明确指出,要全面贯彻落实立德树人根本任务,同时着力提升立德树人工作的有效性、适切性,并尽力弥补"五育"并举体系的缺陷;教育应紧紧围绕爱国主义,加强与体育的融合,针对审美教育制定规范化的标准,构建教育工作的责任链,并建立家校之间的合作与情感纽带。"五育"育人目标的不断丰富与完善是贯彻新时代人才强国战略的重要要求。"五育"并举教育思想的提出,是对"三育""四育"教育思想的延续、丰富与发展,既一脉相承又与时俱进,是社会主义教育持之以恒探索的结果,充分体现出新时代赋予人的全面发展的新内涵,为我国社会主义教育事业的长足发展提供了方向指引。

第三章
大数据技术在小学生"五育"并举评价中应用的时代意义

大数据技术在小学生"五育"并举评价中的应用具有重要的时代意义,主要体现在以下三方面。

一、是推动教育信息化进一步发展的现实举措

所谓教育信息化,指的是将现代信息技术广泛且深入地应用到教育教学、教育管理、教育科研等教育领域中,以更好地推动教育的改革与发展。它不仅具备"教育"层面的交互性、共享性、开放性等特点,还被赋予了"技术"层面的智能化、网络化、数字化等属性。

为了加快教育信息化的步伐,国际组织、不同国家的政府部门、各类学校及教育工作者做出了坚持不懈的努力,比如联合国教科文组织推进教育信息化、欧洲国家提出"尤里卡"计划,我国颁布了《教育信息化2.0行动计划》等一系列文件,着眼于教育信息化的实践探索。

目前,互联网、物联网等技术不断进步与发展,为教育信息化的发展注入了强大动力,大数据技术的蓬勃发展更是教育信息化发展中备受关注的话题。为了更好地迎合国际教育的发展趋势,加强对教育大数据的开发与应用,加强教育理论与实践的结合,全面推动新的教育革命与教育信息化发展方向是完全契合的。对小学生"五育"并举评价数据的挖掘、开发、分析等,是推动教育信息化进一步发展的现实举措。

二、为记录、分析小学生"五育"并举评价的表象信息提供可能性

小学生的综合素质是通过若干个表象呈现出来的。基于大数据技术的支撑,以往无法利用的信息能够得以有效地记录、分析和利用。小学生"五育"并举评价需要从多维度、全过程入手记录小学生的成长数据,但是,其中还有很多问题需要明确与解决,比如小学生"五育"并举评价需要记录哪些数据,如何映射个体全面发展的状态,如何对比与分析个体与群体的大量数据,如何从复杂的评价内容中找到有价值的信息,等等。以一线城市为例,一个区的在校小学生人数就可以达到上万,数字规模十分庞大,由此上升到市、省、国家层面,工作量可想而知。大数据在这方面的优势逐渐显现,在大数据技术未应用到教育领域之前,小学生"五育"并举评价工作具有一定的繁琐性,需要投入高昂的成本,而通过应用大数据技术,不仅提高了这项工作的便捷性,还能极大地降低人力、物力等成本。特别是在过程性数据方面,能够将学生日常行为的数据信息有效记录并保存下来,便于日后教师更加准确、客观地获取学生的个性化信息,更好地因材施教,一改以往统一化的教育形式。

从价值导向来看,小学生"五育"并举评价的核心价值在于促进学生全面、综合发展,主要功效在于帮助学生更全面、客观地认识自己,帮助学校更加深入地了解学生并明确学校教育目标,帮助教育行政部门更好地了解学校和指明教育的方向。另外,借助于大数据技术,可以详细、全面地记录学生取得的进步与成就,通过长时间的积累,能客观、清晰地描述学生的发展特点和个人规划需求。同时,大数据技术在小学生"五育"并举评价中的应用,可以更加便捷地记录学生成长数据,为学生制作数字画像,一方面有助于更清晰、具体地表达学生的成长经历,另一方面有助于提升学校管理教学的便捷性。此外,大数据技术还能及时发现班级管理中的潜在、现存问题,做到早发现、早干预。

总之,大数据技术用于小学"五育"并举评价工作中,为教学管理工作的高效率推进创造良好条件,有助于学生评价效果的优化,为教学模式的创新提供新的思路。

三、为教育带来革命性变化

现代教育正处在一个巨大变革的时代，变革的核心问题就在于如何将脱胎于工业化时代的大规模教育，转变为满足个体差异化需求的个性化教育，即根据每位学生的偏好为其提供合适的教育。大数据技术与云技术、Web2.0技术、移动技术的深度融合，为移动互联网络环境下个性化学习和泛在学习指明了新的方向。物联网技术、增强现实技术、地理定位技术的深度融合，为多样化、真实性教学情景的创设提供了技术支持，为互动、体验、探究学习指明了新的方向。基于大数据技术支撑的小学生"五育"并举评价创建了全新的评价模式。

大数据技术的应用与教育方式的同步变革，展现了当代教育的三个主要发展方向：

（1）按照学生个人需求和偏好构建个性化教育新模式；

（2）以新技术为基础构建、发展学生面向21世纪技能的学习新方式；

（3）由"用经验说话"向"用数据说话"转变，提升分析、甄别、干预教学行为的能力。

大数据技术的发展使人类的再认识能力上升到一个新的高度。海量、实时性、多源、精准映射、非结构化、连续性等，都是大数据的标志性词语，它简直就是人类行为的"记录神器"，还是物理世界特征的"数字写真"。大数据正在成为科学领域的一种重要范式，与还原论和复杂性科学共同推动着科学的发展。数据处理能力现已成为衡量一个国家竞争力高低的重要标准，数据是成败的决定因素，大数据迎来一波热潮。评价并不只是理念的演绎，还离不开技术的支撑。从这个角度来说，未来的评价也需要现代信息技术的支撑。对于小学生"五育"并举评价来说，借助大数据技术能够起到如虎添翼的作用，也是未来教育评价发展的必然选择。

第四章
基于大数据的小学生"五育"并举评价之原则与方法

一、评价原则

在大数据时代，小学阶段的"五育"并举工作在育人理念和育人目标上与传统教育评价工作有所不同，所以，需要特别注意按照小学"五育"并举工作在大数据时代的特点设计相关评价工作的要求与方式，否则小学"五育"并举评价工作就会陷入一种误区：在小学生"五育"并举工作过程中充分运用了大数据技术，充分体现了大数据背景下的教育思维和理念，但是到最后的评价阶段，又"一刀切"地与传统评价工作一样采取纸质的终结性评价考试。这不仅导致教育信息化过程中出现"数字鸿沟"，也没有从根本上改善学生的应试学习思维，反而强化了大数据背景下的应试学习。这对小学"五育"并举评价工作的顺利进行会造成不利影响。因此，在基于大数据的小学生"五育"并举评价工作中，要强调量化评价与质性评价相结合、形成性评价与终结性评价相结合，并利用大数据技术详细记录学生在整个学习过程中的行为痕迹，立足大数据采集和分析的角度，构建全新的小学生"五育"并举评价思维模式，确保评价体系更加契合小学生"五育"并举评价工作的初衷与目标。在大数据背景下，小学生"五育"并举评价应遵循如下原则。

1. 量化评价与质性评价相结合原则

受到传统学生评价思想的影响，人们评判学生的标准主要是标准化考试结果，相对忽视了学生在教育、教学活动中的具体表现。小学生"五育"并举评价的对象是小学阶段的学生，他们是一个个性鲜明的独立个体，将考试成绩作为衡量学生各方面能力的唯一标准太过于片面。因此，学校有必要改进以固定标准进行简单量化的评价，避免出现过于看重评价结果而忽视评价过程的情况。不可否认的是，量化评价具有较强的可操作性，有着便于计算、准确程度高的优点，但学生的兴趣、情感、道德等方面素质实在难以量化，仅通过量化评价方式对小学生进行评价缺乏科学性。针对这种情况，需要在此基础上结合质性评价方式，以弥补量化评价的缺陷。

质性评价注重提高评价主体的参与度和互动性，综合运用调查、记录、访谈等多种方式，借助大数据技术收集、记录学生相关信息，并以此为依据实施评价。例如，针对小学生思想道德素质的评价，考虑到这项工作的特殊性、复杂性，仅仅根据外显行为很难直接判定学生素质水平的高低，不适宜应用量化评价方式，此时可以选择质性评价方式，紧紧围绕学生的日常表现和具有代表性的行为，对学生进行客观、全面的评价。

因此，小学生"五育"并举评价应该始终坚持量化评价与质性评价相结合的原则，根据小学生在第一课堂和第二课堂中的具体表现，选择适合、高效的评价方法进行评价。由此可以更加准确、全面地呈现学生各方面的能力，清晰地展现学生的优势与不足，使学生明确自身的优缺点，并及时纠正自身不足以追求更大的进步。

2. 全面性与层次性原则

全面性指的是小学生"五育"并举评价不仅要测评小学生对文化知识的掌握程度，更重要的是要测评小学生的思想道德素质、身体状况、审美情趣、劳动素养等方面的发展情况。这不仅充分体现了社会发展的需求，还真实反映了人的身心发展需要。换言之，小学生"五育"并举评价体系的构建需要紧扣德育目标，要力争客观、全面地反映被评价对象各方面的情况，不仅要有评价单方面素质行为的局部性指标，还需要有与被评价对象具备关联性的其他几方面素质行为的综合性指标。而且，不同评价指标之间相互联系、互为补充、层次分明，共同组成了具有系统性、统一性的整体。

层次性指的是大数据时代小学生"五育"并举评价工作的开展要立足于实际情况，针对不同年龄段、不同性格特征、不同类型的学生实施差异化评价。不同学生之间的发展有所不同，这种差异主要体现在行为、知识、年龄、性格、能力等多个方面。因此，小学生"五育"并举评价也应该坚持层次性原则，只有这样才能客观、真实地呈现出不同年龄段的小学生各方面的发展水平，从而使每位小学生都能充分认识到自己的长处，增强学生学习与生活的自信心。

3. 导向性和发展性原则

导向性指的是大数据时代背景下小学生"五育"并举评价工作的开展必须坚持社会主义方向不动摇，始终坚持马克思主义的指导地位。在大数据时代背景下，小学生"五育"并举评价的内容要与党的方针政策保持一致，与国家相关法律中规定的教育目标相契合。同时要具有较强的导向性，为小学生今后的发展目标与方向提供指引。小学生"五育"并举评价工作的开展，让学生进一步明确必须遵守的准则，以及时、不断地调整自身思想与行为，向评价标准靠拢，为小学生健康快乐的成长指明方向。小学生"五育"并举评价是一个系统性、长期性的工程，由一系列环节组成，如评价目标与内容的确定，评价标准的设置，评价方法与方式的确定，数据与资料收集采取的技术，评价结论的呈现，等等。不同评价环节存在着一种既联系紧密又相互独立、相互制约的关系。清晰的评价目标和内容是评价方法确定的主要依据，简单化、不具体的评价标准会直接影响到数据、资料的收集效率与效果，缺乏真实、有效的数据，就无法保证评价结论的准确性，最终影响到对学生学习提出的建设性意见。只关注某一环节的评价很难取得理想的评价效果，所以一定要关注评价的每个环节和全过程。

对小学阶段的学生来说，其自身能动性的发挥能够为其自身的持续发展注入强大的生命力。学生自身的动力应当是内在需求源源不断的推动力，这是一种"内生性"的发展，并非"外化型"发展，在学生实现自身发展的基础上也能实现综合素质与能力的提升。基于大数据的小学生"五育"并举评价应当坚持形成性评价与终结性评价相结合，不能仅仅关注最终结果，更重要的是要关注学生各方面的变化和发展过程。每个学期的"五育"并举评价也要关注学生整个学期中的日常表现和发展情况，小学毕业时的"五育"并举评价要关注学生在整个小学阶段的表现和发展情况。

4. 诚信、公平、公开原则

学校在实施小学生"五育"并举评价的过程中，要加强"五育"并举评价工作制度建设，提前公布具体、详细的评价目标、内容、标准、程序、方法、规章制度等相关内容，为小学生"五育"评价工作的诚信、公平、公开提供保障，以便对学生做出全方位、真实性、有效的评价。基于大数据建立电子档案管理系统，能够实现对学生日常表现、优秀作品的及时有效的记录与保留，为小学生"五育"并举评价工作的开展提供事实依据。小学生"五育"并举评价坚持实事求是、诚信公正，有助于深化学生对自我的认知，帮助学生树立远大的发展目标和强大的信心。

5. 科学性和适用性原则

科学性指的是基于大数据的小学"五育"并举评价体系应当要求明确、全面完整，保证可以充分体现小学生各方面素质和能力的发展情况，具有较强的合理性和代表性。评价的取值要保证合理、科学，要从不同角度、不同方面进行，依照不同类别设置评价内容，整合并分类相关性较强的评价方向，尽可能舍弃一些不必要的细节，以切实提升评价结果的可比性、权威性。

适用性指的是学校在实施小学生"五育"并举评价方案时，必须要精心研究、深入思考，使复杂的工作环节简单化，简单的工作环节彻底化，大大提升评价方案的可行性。评价方案中指标体系的建立要坚持科学、合理，使之具有可评性。小学生"五育"并举评价过程应该充分体现评价主体的多元性，力求评价方法的数字化、信息化。学校构建的小学生"五育"并举评价体系，要能对学生德、智、体、美、劳全面发展起到引领和促进作用，在学生实现个性发展的同时促进学生共性的发展。而评价标准和评价方法的制定，必须适应"五育"并举评价的深化和学生发展特征。

6. 多元化原则

基于大数据的小学生"五育"并举评价的实施，应当注重评价主体、评价内容、评价方法的多元化。在评价主体方面，应该积极鼓励班主任、任课教师、学生、家长、相关管理部门共同参与到评价中，彼此建立交互式合作的关系，形成民主和谐、平等交流、树立自信的教育过程。小学生"五育"并举评价通过实现评价主体多元化，能够充分整合社区、家长等资源，使各方都共同参与到对学生德、智、体、美、劳各方面的评价工作中，进而更加了解与关注学校教育工作，使学校有效汇集多方面教育力量，形成不断深化"五育"并举的强大合力，全面推进素质教育。在评价方法方面，将多元智能理论应用于小学生"五育"评价中，有助于最大程度挖掘学生的潜能。

二、评价方法

在大数据时代背景下，小学生"五育"并举评价的有效开展，能够为评价对象提供强大的学习动机，充分激发学生自我提升与进步的欲望，同时可以使被评价对象利用外界各种工具，实施自主评价。在小学"五育"并举评价过程中，评价方法至关重要，是影响评价结果的决定性因素。传统的小学"五育"并举评价方法往往是教师的"一言堂"，并以口头式评价为主，学生、家长的主动性没有得到充分体现，使学生的全面发展受到一定阻碍。所以，如何采取平等、民主、互动的评价方法，是当前阶段小学生"五育"并举评价亟须解决的重要问题。因此，基于大数据的小学生"五育"并举评价的开展，必须充分体现开放性、发展性特点，采取多元化的评价方法。

相关调研结果显示，在教学中引导学生进行自我评价有助于提升其自身的学习积极性，同时，学生在自我评价（自评）过程中能够主动回顾学过的知识与技能。由此可见，学生自评作为内部评价是教学评价中必不可少的评价方法之一。除此之外，同伴互评、教师评价、家长评价、社会评价等构成的外部评价，对学生德、智、体、美、劳各方面的发展起着重要督促作用，同样是必不可少的评价方法。因此，基于大数据的小学生"五育"并举评价要采取多元主体的评价方法（图1-1），促进学生全面、均衡发展。

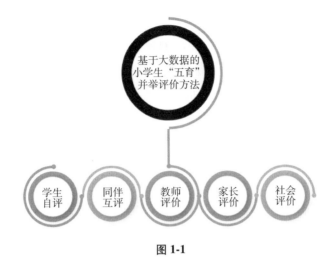

图 1-1

1. 学生自评

学生自评指的是学生基于对评价标准的了解，立足自身的实际情况，以评价标准作为对比对象，分析自己知识、能力、素质等方面的发展水平，对自身目标的达成水平做出自我评判。学生自评在小学生"五育"并举评价中的应用，有助于充分调动学生学习的自觉性、积极性，为学生主观能动性的发挥创造有利条件，能够帮助学生更好地掌握自身的学习进度、学习态度、身体素质、审美水平、劳动素质、思想道德修养等方面情况。同时，学生在自我评估过程中，还能有效锻炼其自身的批判性思考能力、自我评估能力、自我认知能力等，逐步提升学生发现问题、分析问题、解决问题的能力。由此可见，学生自评是学生全面发展的需要。

学生自评的内容应该结合教育目标设置。教育目标指的是学生参与一系列教育教学活动所应得到的结果。教育教学活动的开展应该以教育目标为出发点和落脚点，而学生参与教育教学活动的过程和作品是学生取得的成果，也是衡量教育目标是否达成的重要标准。因此，学生自评方法的应用应该紧紧围绕教育目标开展。

以教学活动为例，在学生自评过程中，教师可以在课前为学生发放"五育"并举自评表，并指出学生自评的注意事项：① 按实评价，每位学生都必须从自身实际学情出发，认真、如实填写表格内容，切不可一味追求得分而虚假评价；② 明确评价时间，"五育"并举自评表是针对学生德、智、体、美、劳多方面发展情况展开的评价，评价并非结果，而是一个过程，因此，自评表的填写时间应该在学习过程中或作品完成后进行；③ 确定提交方式，学生自评结束后，自评表与作品一同提交，通过自评，帮助学生回顾所学知识与技能，增强对教学目标的理解，客观评价自己的学习效果。最后，教师借助于大数据技术收集、整理、分析数据，将数据储存到电子档案袋和"五育"评价网络平台中，并作为"五育"并举评价的重要内容。

2. 同伴互评

在教育教学活动中，学习结果的展示是重要环节。基于小学生心灵深处的强烈需求，他们期望自己的学习结果可以得到身边人的欣赏与肯定。而同伴互评的方法，能够为学生充分展示自己、相互学习与进步创造有利机会。同时，有效的同伴互评能够锻炼学生评价自己和他人的能力，无形之中提升学生的自我反思、自我教育、自我发展的能力。同伴互评还有助于建立自由、和谐、平等的评价关系，最大限度发挥学生群体性的教育作用，突出体现多元评价以学生为主体的特质，以更好地实现学生共同发展与进步的目的。

为了保证同伴互评的有效性，教师可以根据学生的综合能力与素质水平，将水平相近的学生分到一组，每组两位学生，共同组成同伴互评小组。基于这样的标准分组有助于促进学生之间的相互学习，形成良性竞争的氛围，进而实现共同提升的目的。同伴互评主要依据学生学习过程中的表现、学习结果，学生学习过程中的表现可以反映学生的学习态度、情感意志、习惯养成等方面情况，学习结果包括学习作品、报告、产品等，能体现出学生对知识与技能的掌握程度。同时，针对同伴的学习成果，学生可以提出自己的观点与建议，通过双方沟通交流的方式，无形之中帮助学生增强对知识与技能的掌握。

需要注意的是，在同伴互评之前，教师需要先组织学生进行自我评价，在学生理解与掌握教育目标的基础上实施同伴互评。同时，在同伴互评过程中，教师要强调以下两点注意事项：① 让学生明确互评的目的是互相学习与共同成长，通过学生对同伴学习成果的查看，从不同角度分析学习成果，是学生相互学习的有效方式；② 让学生明确同伴互评并非给出评价结果即可，而是应该针对自己的评价结果做出充分、有力的解释。这样做的目的在于增强学生之间的相互交流与沟通，进一步深化学生对教育目标的理解。最后，教师将同伴互评的数据统一上传至"五育"评价网络平台中，及时更新评价的内容，并作为"五育"并举评价的重要内容。

3. 教师评价

一直以来，教师评价是学生直接获取评价结果的有效方法之一。在小学教育教学活动中，教师对学生的一个微笑、一句肯定的话语、一个鼓励的眼神，对于学生来说都是其探索知识、解决问题的"助跑器"。因此，基于大数据的小学生"五育"并举评价中，教师评价对学生的全面发展至关重要。教师对学生的评价主要分为形成性评价和终结性评价。

（1）形成性评价

形成性评价作为新课程的全新理念之一，是教师在教学过程中为了解学生的学习情况，及时发现教学中的问题而进行的评价，它是相对于传统的终结性评价而言的，具有一定的导向性。这种评价方法并非仅仅关注过程，也并非仅仅观察学生的表现。相反，形成性评价特别注重学生在教育活动中各方面发展的过程性结果，如解决问题的能力等。及时有效地评判学生的学习成果，在认可学生的同时找出其存在的问题，是形成性评价的一个重要内容。

形成性评价的主要功能并不是对不同学生之间的行为、态度进行区分与比较，也不是根据学生的学习成果对学生划分等级，而是及时反映学生在教育活动中的行为、态度表现，促使学生认真反思自己的不良行为，意识到自身问题并加以改正，从而激励学生各方面共同进步，帮助学生有效把控自己的成长节奏。

不断发展的大数据技术为教师在小学生"五育"并举工作中更好地开展形成性评价提供了重要支撑。基于此，教师在优化传统的过程性教学评价的同时，还需要加强对学校数据信息收集平台的灵活运用，其中主要包括心理测评系统、素质拓展系统、学习管理系统、教务教学系统等，深入挖掘、全面收集学生的相关信息，以更好地掌握学生当下的学习、身体、思想、心理等方面的状态。以教学活动为例，教师在应用形成性评价方法时，需要先进一步明确基础数据来源，包括课堂学习、课后作业、日常测试、校内外实践活动、单元检测等，并将有效学习数据录入数据库，方便教师评价学生的个体信息和整体信息，并以此作为重要依据调整与优化教学方案。在具体的形成性评价中，教师要将关注重点放到学生学习状态、自主学习密度、课堂参与程度等方面。

（2）终结性评价

终结性评价指的是对教育教学目的的完成情况进行的恰当评价，其与教学目的存在着十分密切的关系。以教学活动为例，在一个单元、一个学期的教学结束后，对最终教学目的的完成情况进行的评价，都属于终结性评价。终结性评价不只是对教师教育教学效果的审查和总结反馈，也是对学生的知识与技能的掌握程度以及学习态度、价值观、情感态度等方面的评价。终结性评价的目的在于对整个教育过程做出总体评价，给学生下结论或者打出分数等。

以教学活动为例，在传统教学工作中，考试是一种应用广泛、直接、清晰的终结性评价方法，但这样的方式往往流于形式或停留在表面。这就要求教育工作者创新终结性评价方法，综合运用多种方式对学生展开全面评价。基于大数据的应用，教师的终结性评价可以这样进行：根据学生当下各方面的能力水平，将学生分为6人一组，并以小组为单位对阶段性的学习成果、学习有困难的部分等内容进行讨论与总结；同时，学生还要实事求是地评价教师的教学方式，为教师今后的教学提供一些合理的建议，以帮助教师更好地实施教学；小组谈论环节通常以小组长为核心，小组成员共同围绕相关问题展开分析与总结，教师要表扬表现突出的学生，并委婉地指出学生有待改进的地方，为每位学生提供针对性、有效性的指导；根据小组反馈的结果，教师可以有针对性地优化与调整教学方案，根据学生反馈的问题给学生查漏补缺，完善教学内容。

借助智慧教学平台，教师可以及时记录教育教学反馈的时间、次数、关键词等内容，最终形成系统化的终结性教育教学反馈报告，将其作为终结性评价的标准。另外，智慧教学平台还可以设置阶段性的问卷调查，引导学生反思与总结自己阶段性的成果，制定下一阶段德、智、体、美、劳五大方面的发展目标，并在下一阶段的终结性评价中自行对比是否完成相应的目标，这样有助于增强学生在教育活动中的积极性。

4. 家长评价

目前，学校与家长合作参与小学教育已成为世界教育发展的主流趋势，基于这样的背景，家长作为孩子成长过程中的重要"见证人""直接感知人"，应该越来越多地参与到小学"五育"并举工作和小学生发展中来，从孩子的变化中看出教育质量的优劣。早在2015年，教育部印发《关于加强家庭教育工作的指导意见》，明确指出家庭是社会的基本细胞，家庭教育工作承担着重要的责任和使命，应加强学校、家庭和社会的密切配合，为社会主义建设共同培养德、智、体、美、劳全面发展的人才。由此可见，家长有必要参与到小学教育中，包括小学"五育"并举评价工作。

在各个教育教学活动中，如果家长经常对比自己孩子和班上同学的作品等学习成果，很容易挫伤孩子的积极性。同样，家长鼓励性的言语在孩子的学习中起着积极作用，不恰当的言语容易打击孩子对未来学习的信心。因此，家长在参与小学生"五育"并举评价时，应该将关注点更多放在学生在教育教学活动中的表现，多肯定与称赞学生各方面的进步，用激励性评价达到促进学生进步与发展的目的。另外，家长要优化评价方式，善于运用多角度评价。小学生是受感情驱动的个体，而且具有丰富的想象力，常常将自己的感情、愿望依托于绘画、手工、剪纸等作品中。家长在欣赏自己孩子创作的作品时，不应该将评价角度停留在作品的造型、色彩方面，还应该更多地关注作品的内涵，关注孩子通过作品表达的情绪，关注孩子通过作品传达了怎样的生活经验、生活想法，以及体现了哪些创意等。多角度评价有助于提高学生学习与生活的自信，为学生的全面发展奠定基础。

在大数据时代，学校可以搭建大数据评价系统，构建电子档案袋，并通过家长交流群、家长会等多种渠道，向家长普及电子档案袋的正确使用方法。家长需要将孩子在家庭生活中各方面的真实情况记录到电子档案袋中，并对孩子的表现做出客观公正的评价，适时帮助孩子反思自己近期取得的进步和不足之处，在发展强项的同时，也不能忽视弱项，真正实现个性化发展与全面发展相结合。

5. 社会评价

社会评价指的是教育系统外各种各样的非政府组织对教育活动所实施的评价，非政府组织不仅可以接受教育部门的聘请，立足于教育发展需要的视角，有重点地评价学校教育活动；也可以不受教育部门的委托，自主独立地评价学校教育活动。社会评价的主体具有稳定性、组织性的特征，并非随意组建的临时性群众团体，而是由可以代表大众社会意识的人组成的有组织的群体，能够保证社会评价的信度和效度。小学多类型、多层次的发展趋势，致使以往以政府为主体的单一教育评价，已经无法满足对不同类型做出有效评价的需要。通过有效的社会评价，不仅能丰富评价的主体，规避单一教育评价的弊端，还能更加关注学生道德品质、公民素养、审美与表现、交流与合作、运动与健康等方面素质的发展，促进学生综合能力、个性化的发展。而且，学生作为一名社会人，要想更快地适应社会生活，必须具备社会人的基本价值观念和行为能力，学校与各社会机构的配合，加强对学生的社会评价，能够帮助学生形成与社会要求相符的价值和行为。

大数据为社会评价提供了诸多便利条件，通过对学生教育数据的了解，社会评价的主体能够更加全面地分析学生的价值观、言行举止，提高社会评价的专业性、权威性和科学性，营造"人人关心教育"的社会评价氛围，更好地监督与促进小学素质教育的实施。

第五章
基于大数据的小学生"五育"并举之"七尚"综合评价体系的构建

一、小学生品德发展水平评价指标

小学生正处于品德发展的重要阶段,这一阶段不仅是品德教育的黄金时期,还是教育难度比较大的阶段。通常来讲,正在小学读书的学生统称为小学生,这一阶段的学生正处于人生中非常重要的启蒙阶段,小学道德教育的成功与否对小学生的后续学习产生着十分深远的影响,甚至影响到小学生的终身发展。习近平总书记强调:"国无德不兴,人无德不立。"在建设教育强国的今天,建立科学的指标体系,对小学生品德发展水平进行客观评价,促使学生形成正确的价值观念和思想品德已是刻不容缓。

1. 小学生品德发展水平评价指标确定的原则

小学生品德发展水平评价指标的确定,需要遵循方向性、独立性原则,以保证评价指标的科学性。

(1) 方向性原则

方向性原则指的是评价指标的确定始终与党的教育方针中关于德育目标的规定保持一致,符合新时代小学生品德教育的根本要求。品德属于社会意识范畴,是一定经济关系的反映,是一种特殊现象,在阶级社会中体现为一定阶级利益的反映,这也就赋予了品德鲜明的阶级性。随着新时代的来临,各级各类小学必须将立德树人作为根本任务,为中国特色社会主义事业的建设培育建设者和接班人,为党育人、为国育才。这一教育目标的确立取决于我国社会主义性质的办学方向，为了实现这一根本目标，必须决心坚定、旗帜鲜明、把牢正确方向。因此，小学生品德发展水平评价指标的确定不仅不能偏离这个根本方向，还必须首先坚持这一根本原则。

坚持方向性原则，要求在确定小学生品德发展水平评价指标时，始终坚持以习近平新时代中国特色社会主义思想为指导，深层次、全方位贯彻落实党的教育方针和国家的教育政策。学校要引导学生树立社会主义和共产主义理想信念，从小养成为人民服务的意识，积极主动践行社会主义核心价值观，脚踏实地锤炼品德，成为有大爱、大德、大情怀的时代新人，成为有"根"的人。

（2）独立性原则

独立性原则指的是在评价指标体系中，相同层级的评价指标是相对独立的，彼此之间存在着并列关系，并非相互矛盾、相互交叉、互为因果的关系。各级各类评价指标按照一定的逻辑结构，通过有条理的排列组合共同构成评价指标体系，这是一个有层次性的有机整体，所以不同指标之间必然存在着十分密切的关系。但是，如果同一层级的评价指标存在着因果关系或交叉关系，说明部分指标存在重复的情况，或者是出现遗漏。重复的指标不仅对评价指标体系毫无意义，还会因为重复计分增加该项指标的权重，无形之中为评价工作的开展带来负担，影响到评价工作的实效性和有效性。如果有些指标被遗漏，就无法保证评价结果的准确性，间接影响到整个评价工作的科学性。而且，在同一层级中，如果不同评价指标之间存在因果、交叉关系，就很可能令参与评价工作的人员感到无所适从，导致其思想上出现混乱。因此，评价指标的确定必须坚持独立性原则，为评价结果的公平公正性提供保障。

鉴于小学生品德发展水平受到诸多因素的影响，再加之小学生的品德在现实生活中的表现具有多样性，所以在选择和确定相关评价指标时要保证同一层级的每个评价指标都完全独立有相当大的难度。因此，为了坚持独立性原则，保证评价结果的相对公平公正，只能尽量保证不同层级指标的"相对独立"。

2. 小学生品德发展水平评价指标确定的依据

评价指标的确定是人主观意愿的充分体现，但它并不是人凭空想象的产物，而是具备充分的客观依据，是对社会存在的能动反映。正如马克思所阐述的那样，观念的东西不外是移入人的头脑中并在人的头脑中改造的物质的东西而已。因此，小学生品德发展水平评价指标的确定，需要依据小学德育目标和相关教育政策法规，充分体现社会的价值要求，遵循小学品德结构规律，迎合小学生品德发展的需要。

（1）党和国家的人才培养目标

2022 年，全国教育工作会议召开并强调，要加快教育高质量发展，培养德、智、体、美、劳全面发展的社会主义建设者和接班人。教育的主要目的在于为社会发展培育优秀可靠的人才，所以，小学生品德发展水平评价指标的确定要坚持社会而非个人标准。只有保证学生道德品质与国家和社会的价值要求相符，与党和国家的人才培养目标保持一致，才可以真正实现其自身的社会价值，最终赢得来自社会的肯定性评价。党和国家的人才培养目标作为小学生品德发展水平评价指标确定的主要依据，主要体现在以下两方面。

一方面，国家出台的相关政策、法令和文件。从公民角度出发，我国陆陆续续颁布了诸多政策、法令，对新时期公民道德发展提出了具体的要求，主要有 1982 年颁布的《中华人民共和国宪法》、2020 年中共中央、国务院印发的《深化新时代教育评价改革总体方案》、2022 年教育部印发《义务教育课程方案和课程标准（2022 年版）》、2022 年发布的党的二十大报告等，这些政策和法令为评价指标的确立提供了根本依据。

另一方面，现行的教育政策法规和文件。从学校视角出发，我国先后颁布了一系列教育政策和法令，对小学生品德发展提出了具体要求。主要有 2019 年颁布的《中国教育现代化 2035》、2019 年颁布的《新时代爱国主义教育实施纲要》、2020 年颁布的《关于全面加强新时代大中小学劳动教育的意见》等，为小学生品德发展水平评价指标的确定提供了直接依据。

(2) 思想品德的内在结构

小学生品德发展水平评价指标体系并非不同评价指标随意拼凑而成的,而是具有一定的逻辑结构依据的,即人的思想品德结构。思想品德结构理论深刻揭示了人思想品德的结构是多维度、多层次的统一体,它并不是单一的维度,而是由思想、心理、行为及其要素等子结构相联结形成的。思想、心理、行为是三个相对独立又相互促进的子系统,三者共同构成一个人思想品德的全貌。其中,思想子系统的基本要素主要包括政治观、道德观、人生观、世界观等;心理子系统的基本要素主要包括心理过程的认知、信念、意志、情感等;行为作为人思想品德重要的客观内容,往往可以反映一个人的思想品德全貌。

通常情况下,人的思想品德的发展是按照一定的顺序,即心理—思想—行为,由简单过渡到复杂、由低级过渡到高级、由不成熟过渡到成熟的。因此,小学生品德发展水平评价指标的确定,如果单纯地强调某方面或某要素,就无法客观反映学生思想道德的全貌,这就需要充分考虑学生思想品德构成要素之间存在的关系,以思想品德结构规律的逻辑序列为依据,对评价指标进行合理的组合,全面提升指标体系的全面性、具体性。

(3) 小学生年龄特征和品德发展规律

小学生品德的发展受内部因素和外界因素的影响,除了受到社会发展规律和经济关系等外界因素的制约,还会受到学生个体认知水平和生理机能等内部因素的制约。随着小学生年龄的逐渐增长,其品德发展呈现阶段性渐进的现象并表现出很多具有个性特征的行为。一方面,学生在不同年龄阶段所具备的心理特征有所不同,其品德发展出现了不同层次的要求。如心理学家劳伦斯·科尔伯格指出,一个人道德的发展会经过三层次六阶段。另一方面,不同学生之间的品德发展或多或少存在着差异。品德作为一种个体现象,由于每个学生所处的时空存在差异,所以品德形成的过程也有所不同。即便是处于相同社会条件下的同龄学生,他们的品德发展也会表现出不同程度的个别差异。因此,小学生品德发展水平评价指标的确定,必须尊重不同年龄阶段学生的身心特点、认知水平,满足不同层次的品德要求,全面提高评价指标体系的可接受性。

另外，通常来说，学生的品德发展主要包括五方面的能力，分别为判断能力、认知能力、选择能力、分析能力和践行能力。现如今的小学生价值取向趋于多元化发展，部分学生的价值判断存在以"自我"为核心的倾向，自我意识逐渐增强，追求实现个性化价值。基于此，在确定小学生品德发展水平评价指标时，应该侧重对小学生思想道德选择能力、判断能力和分析能力的评价，以更好地满足学生品德发展的多样化需要，促进评价指标体系的人性化发展。

二、小学生学业发展水平评价指标

小学生学业发展水平评价是小学生"五育"并举之"七尚"综合评价的重要组成部分。通过学业发展水平评价，我们可以知晓学生当前阶段的学习状况，了解学生在学习过程中存在的和潜在的问题，对症下药，为学生下阶段的学习合理地调整方案，以期学生能够取得较为理想的学习效果。因此，有效的小学生学业发展水平评价，对于小学生的发展具有积极影响，对未来的人才培养起着重要作用。构建小学生学业发展水平评价指标，能够为小学生学业发展水平评价的有效性奠定基础。

1. 小学生学业发展水平评价指标确定的原则

为保证小学生学业发展水平评价指标的有效性，在指标确定的过程中要坚持全面性、客观性、科学性原则。

（1）全面性原则

全面性原则指的是评价指标体系是由一系列相互联系的指标所组成的有机整体，要准确、清晰地反映评价目标，全面反映小学生学业发展水平的各构成要素及其本质属性。在评价指标体系当中，虽然每个评价指标只是反映了某一方面的评价目标，但是评价指标的总和应该涉及评价目标的每个方面。

小学生学业发展水平评价指标的确定，要想坚持全面性原则，首先，一级指标要充分体现评价目标的内涵和外延，二级指标要充分体现一级指标的内涵和外延。其次，要以掌握小学生学业发展现有水平及层次性表现为基础，从整体出发，紧紧围绕评价目标，全面筛选评价指标。最后，要保证筛选并确定好的各级各类指标可以反映当下小学生学业发展水平的状况，有效把握小学生学业水平发展的实际需要。

（2）客观性原则

客观性原则指的是小学生学业发展水平评价指标的确定，要保证每项指标都是客观的，严格按照程序对小学生学业发展水平进行评价。所确立的指标要面向每一个评价对象，不能存在倾向性，更不可以带有个人偏见，要充分体现公平、公正、公开。

（3）科学性原则

科学性原则指的是小学生学业发展水平评价指标的确定，要避免主观性，只有从始至终坚持科学性原则，以相关理论为基础，与学生成长发展规律相一致，才可以获得准确、客观、可信的信息。这样一来，就能提升小学生学业发展水平评价结果的可信度，从而真实、准确地反映学生在学业方面的实际状况，更好地服务于学生学业的发展。

2. 小学生学业发展水平评价指标确定的依据

（1）国家相关政策文件

国家颁布的一系列相关政策文件，为小学生学业发展水平评价指标的确定提供了重要依据。比如，2013年，教育部颁布了《中小学教育质量综合评价指标框架（试行）》，明确指出学生的学业发展水平的评价要重点考查学生对各学科课程标准所要求内容的掌握情况，评价时可以用知识技能、实践能力、学科思想方法等关键性指标进行衡量，为学生的终身学习和发展奠定良好基础。2016年，我国发布《中国学生发展核心素养》，指出核心素养的核心是培养"全面发展的人"，主要涉及文化基础、自主发展和社会参与三部分内容，综合表现为包括人文底蕴、学会学习等在内的六大素养。同时，在学会学习这一素养下又划分出乐学善学、勤于反思、信息意识等基本要点。这对于学生的学习提出了一定要求，同时对学业发展水平评价指标的确定具有重要参考价值。

（2）建构主义理论

建构主义理论是认知心理学派中的一个分支，它的最早提出者可追溯至瑞士的让·皮亚杰，后又经过心理学家列夫·谢苗诺维奇·维果茨基、杰罗姆·S. 布鲁纳等人的完善得以日益发展。建构主义理论经过持续的发展与演变，不仅衍生出了新型的学习理论，还正在形成新型的教学评价理论。

建构主义认为知识的构建是一个个体主动自觉的过程，学习者不能一味地被动接受知识，而是应该自觉主动地参与到知识探究活动中。因此，传统的"标准参照"评价方法已经无法适用于对建构主义环境学习的评价。而且，不同个体的知识建构过程存在着一定的差异，所以学习目标并非固定的，而是自由的，因此，评价标准也不能一成不变。基于建构主义理论的指导，在评价学生的学习时，应该着重评价学生知识建构的智力过程，主要涉及信息分析的过程、知识探索的过程、知识整合的过程等。因此，小学生学业发展水平评价指标的确定，应该从多方面展开，注重学习过程，充分发挥评价功能，促进学生学业水平的提升。

（3）做中学理论

美国著名哲学家、教育家、心理学家约翰·杜威通过对前人研究的总结，提出了做中学理论。这一理论强调学生要在动手操作的过程中获取知识、进行学习，而非一味依靠教师的传授；同时，学生在解决问题时可以通过主动思考的方式，在获取新知识的基础上提升自身多方面能力。做中学理论主张将学生置于课堂主体地位，让学生在兴趣的驱使下学习，在遇到高难度问题时锤炼坚强意志，通过自身的坚持和努力解决问题，从而使学生产生成就感和愉悦感。做中学理论的提出，对小学生学业发展水平评价指标的确定具有理论性的支持作用，该理论强调学生不能一味地学习理论知识，还需要在学习中提升自身适应社会的实践能力。

（4）小学生感知、情绪的特点

通常情况下，学生步入小学校园之后，对于经验范围之内的时间概念往往能够有效掌握，但是很难理解与生活联系不密切的时间单位，无法有效衡量时间的长短。随着小学生年龄的日益增长，其对时间单位的认识水平不断提升，对时间长短的判断能力逐渐增强，逐渐懂得了时间的宝贵。

另外，小学生情绪波动比较大，其情绪会随着实际情况的变化而出现相应变化。随着小学生年龄的日益增大，其逐渐能够体会到生活的美好，更愿意积极动脑提出、思考并解决问题，但往往还不具备足够的毅力和耐心，一贯性比较薄弱。

在确定小学生学业发展水平评价指标时，要全面考虑小学生的身心发展特点，针对性地筛选并确定与之相符的评价指标，从而提高评价指标体系的有效性。

三、小学生身心健康发展水平评价指标

习近平总书记在 2016 年的全国卫生与健康大会上强调，重视少年儿童健康。我国有三亿多少年儿童，让孩子们健康成长关系祖国和民族未来，也是每个家庭最大的愿望和期盼；要全面加强幼儿园、中小学的卫生与健康工作。促进少年儿童身心健康、体魄强健，必须引起全社会的高度关注与重视。儿童的身心健康是国家的财富，更是每位小学生茁壮成长、有效学习和幸福生活的根基。有了强健的体魄、健康的心理，小学生就能为国家发展做出更大的贡献，从而过上更加幸福美好的生活。筛选并确定小学生身心健康发展水平评价指标，构建科学完善的小学生身心健康发展水平评价体系，有助于切实加强学校体质健康工作，促使学生积极参与体育锻炼，让学生从小养成健康的锻炼习惯，不断提升学生的身心健康水平。

1. 小学生身心健康发展水平评价指标确定的原则

小学生身心健康发展水平评价指标的确定，需要遵循可指导性原则、发展性原则、全面性原则。

（1）可指导性原则

确定小学生身心健康发展水平评价指标，主要目的在于对学生身心健康发展水平进行评价，了解学生身心健康状况和学校体育教育的发展状况。因此，小学生身心健康发展水平评价指标的确定，应该以《国家学生体质健康标准》《义务教育体育与健康课程标准》等为依据，从中筛选相应的评价指标，且应当对小学生身心健康发展水平的评价起到指导作用，以促进小学生身心健康水平评价工作的开展。

（2）发展性原则

发展性原则指的是在确定小学生身心健康发展水平评价指标时，

要以"人的发展"为核心理念，更好地满足小学生身心健康水平发展的需要，促进评价功能的实现。无论是什么人，其任务、使命和职责都是全面发展自己的所有能力。小学生身心健康发展水平评价的功能多种多样，主要包括导向、激励、管理、诊断等，促进发展是评价的终极目标，即促进小学生身心健康水平的提升与发展。作为评价指标体系的重要组成部分，评价指标的确定也应该遵循发展性原则，以促进学生朝着社会所期待的方向进步与发展。

在确定发展性评价指标时，学校应该始终贯彻落实以人为本理念，充分体现人文关怀，为学生身体形态、身体机能和身体素质等方面的发展指明方向。小学生身心健康受到学校教育、家庭教育、社会教育等因素的影响，所以，评价指标的确定要正确处理学生身心健康与社会期望的关系，并充分体现党的教育方针、学校体质健康工作目标等内容，使学生身心健康水平的发展符合社会的要求。

（3）全面性原则

小学生身心健康发展水平评价是一个多因素综合评价体系，在选取和确定相关评价指标时，应该坚持全面性原则，尽可能避免出现单一、局部指标，否则会导致评价结果缺乏合理性。在确定评价指标时，要从整体角度出发，不仅要考虑学生当前的体育学习，还要考虑学生的终身体育。在设置初始指标时，要尽量选择全面、丰富的因素，以便后期进行进一步的优化。当然，在选择和确定评价指标时，不能存在过高的重复度，要体现评价指标的概括性。

2. 小学生身心健康发展水平评价指标确定的依据

（1）国家相关政策文件

我国颁布的一系列相关政策文件，为小学生身心健康发展水平评价指标的确定提供了重要依据。主要有《关于强化学校体育促进学生身心健康全面发展的意见》（2016年）、《关于全面加强和改进新时代学校体育工作的意见》（2020年）、《义务教育体育与健康课程标准（2022年版）》、《全面加强和改进新时代学生心理健康工作专项行动计划（2023—2025年）》（2023年）、《国家学生体质健康标准》（2024年）等。这些政策文件从学校视角提出了小学生身心健康水平发展的具体要求，为评价指标的确定提供了重要依据。

（2）终身教育理论

终身教育指的是人们从出生到死亡这段时间所接受的各种不同类型教育的总和，这一理论是由时任联合国教科文组织成人教育局局长的保罗·朗格朗正式提出的。终身教育理论一经提出，在全球范围内引起强烈反响。终身教育理论认为教育应该贯穿于人的一生，而非仅仅局限于青少年阶段；教育包括学校教育、家庭教育、社会教育，是整个社会的责任，并非仅仅局限于学校教育这种正规部门教育；教育与社会生产生活密切相关，人们边生活边学习、边学习边工作是现代社会发展的主要趋势。

无论是从广义角度讲，还是从狭义角度看，教育都是一个不受时间、空间限制的过程，教育总是渗透于日常生活的各个方面。学校体育是教育非常重要的组成部分，所以在现代社会当中，学校体育评价应该肩负起挖掘学生体育能力、促进学生健康发展的重要使命。以终身教育理念为依据，学校体育对学生健康的促进作用已经不只局限于在校期间，而应该拓展并延续至每位学生的一生；体育对学生健康发挥的作用也不仅仅局限于学校教育，而应该延伸至家庭教育、社会教育；体育对学生的作用不仅仅局限于身体层面，而应该拓展至学生智力、心理层面。

基于此，小学生身心健康发展水平评价应该着眼于当下和未来，精心挑选当下身心健康发展所需的运动能力和锻炼习惯，以及提升未来身心健康所需的知识与技能，为学生终身体育打下坚实基础。因此，小学生身心健康发展水平评价指标的确定，应该充分体现终身教育理念，落实每位学生掌握1~2项运动技能的要求。

四、小学生艺术兴趣特长养成评价指标

每个孩子都是一个独立的个体，他们的先天条件、自身优势、兴趣爱好各有不同。从小培养孩子的艺术兴趣特长，不仅能为孩子奠定良好的智力和身体基础，增强孩子的竞争优势，切实提升孩子的持续学习能力，而且会对孩子今后的成长产生十分深远的影响。适合小学生学习的艺术特长比较多，主要有舞蹈、书法、绘画、钢琴等，但倘若让一个天性内敛的学生学习表演，或者是让一个天性活泼好动的学生学习绘画，就会给学生增加诸多压力。因此，根据学生的固有个性，坚持因"材"选"艺"，让学生享受快乐的同时，避免给学生增加压力，是一件一举两得的事情。筛选并确定小学生艺术兴趣特长养成评价指标，构建科学合理的评价指标体系，使学生充满信心地学习艺术，对学生艺术思维的改善、艺术素养的提升具有重要意义。

1. 小学生艺术兴趣特长养成评价指标确定的原则

小学生艺术兴趣特长养成评价指标的确定，需要坚持鼓励创新的原则、促进自我反思的原则、体验性原则。

（1）鼓励创新的原则

艺术的生命在于创新，艺术教育的价值主要体现在促进学生创新意识和创新思维的形成上。与其他教育相比，艺术教育在学生创新精神的培养方面具有无法比拟的重要性。因而，对于学生艺术兴趣特长养成评价指标的选择，应当充分培养学生创新的意识、创新的素养元素，体现材料运用、表达方式、思维方式等方面的新颖化、创新化，给予学生恰当的引导和鼓励，以营造"人人爱创新"的艺术学习氛围。

（2）促进自我反思的原则

通过艺术教育，学生可以不断超越自己的情感，从而获得感性和理性相协调的审美体验的心灵自由，即"审美自由"。学生"审美自由"的获得与积累，建立在学生不断升华自我认识的基础上。而这个评价过程不仅需要教师的精心设计和把握，更需要学生主体自我认识的不断升华。从审美发展的过程来看，学生要想在整个成长过程中都实现"审美自由"，必须将"审美自由"的积淀贯穿于每个阶段的艺术学习，只有这样才能以坚持自我、尊重他人的视角进行宽容、自由的审美。因此，小学生艺术兴趣特长养成评价指标的确定，不仅要体现对学生"审美自由"的重视，更要关注学生在艺术学习、艺术活动中不容易量化的内容，如想象力、创造力等能力，以达到促进学生自我反思艺术学习的目的。

（3）体验性原则

小学生艺术兴趣特长养成评价开展的前提是组织学生参加丰富多样的艺术体验活动。根据活动类型的不同，主要可以将艺术活动分为三大类型，分别是艺术课堂教学活动、课外艺术活动、校外艺术实践活动。其中，艺术课堂教学活动通常是指以教学班为单位的艺术领域教学活动；课外艺术活动主要包括艺术社团、艺术节等活动；校外艺术实践活动并非艺术培训等校外学习活动，而是指学生自主参加的校外艺术学习、校外艺术实践，如民族民间艺术学习、文艺演出和展览、乡村或社区文化艺术活动等。体验主要由行为体验、内心体验两个层面内容构成，其中，行为体验是学生艺术兴趣特长养成的重要途径，是学生亲身经历的动态学习过程；内心体验是以行为体验为前提，所发生的内化、升华的心理过程，关注重点是内心行为。行为体验和内心体验相互依赖、相互影响、相互促进，对于小学生的发展具有积极的影响。因此，小学生艺术兴趣特长养成评价指标的确定，不仅要关注学生在艺术活动中的外在行为表现，更需要关注学生的内在心理体验，如兴趣、表达欲望、审美观等。只有这样，才能充分发挥评价指标体系的发展导向功能，使学生积极主动地将评价指标内化为精神品质，外化为行为表现，以形成艺术兴趣和特长，提升自身的艺术素养。

2. 小学生艺术兴趣特长养成评价指标确定的依据

（1）国家相关政策文件

艺术教育是素质教育的重要组成内容，国家颁布的一系列相关政策文件，为小学生艺术兴趣特长养成评价指标的确定提供了重要依据。2014年1月，教育部发布《关于推进学校艺术教育发展的若干意见》，要求以普通中小学艺术课程标准等为依据，汇聚力量研究制定学生艺术素质评价标准、测评指标以及操作办法，并于2015年正式对中小学校进行艺术素质测评。2015年5月，教育部印发《中小学生艺术素质测评办法》，强调完善学校艺术教育工作评价制度，优化美育教学，着眼于学生审美和人文素养的提升，致力于学生全面健康成长。2019年6月，中共中央、国务院印发《关于深化教育教学改革全面提高义务教育质量的意见》，明确指出应实施学校美育提升行动，严格落实音乐、美术、书法等课程，结合地方文化开设艺术特色课程；积极组织校园艺术活动，力求使每位学生都能掌握1~2项艺术技能，了解世界优秀艺术，不断强化对文化的理解。2020年10月，中共中央、国务院印发《深化新时代教育评价改革总体方案》，强调要优化美育评价,在中小学生的学业要求中融入艺术类课程、学校艺术实践活动的参与情况,激发学生的艺术爱好,提升学生的艺术素养,使学生具备良好的感受美、表现美、鉴赏美、创造美的能力。这些政策文件的颁布为评价指标的确定提供了重要依据。

(2) 多元智能理论

美国心理学家霍华德·加德纳提出的多元智能理论,认为每个人的智能至少有八种,包括音乐智能、身体运动智能等,并且人与人之间在八种智能上的表现有所差异,每个人都具有自己最擅长的智能领域,都具有很大的发展潜力和空间。由此可见,每位小学生在某个智能领域都有自己的特长,而且都具有可发展的潜力,对艺术的兴趣点、表现方式、艺术审美感受等方面都存在着一定的差异。因此,小学生艺术兴趣特长养成评价指标的确定,应该充分考虑不同学生之间的差异,关注学生良好的艺术禀赋,从而发现每位学生身上的艺术闪光点。

但是,尊重学生在艺术兴趣特长方面的差异,并不意味着忽视学生其他审美素养的发展。小学生艺术兴趣特长养成评价是全面性评价,要保证学生审美素养各部分内容都能达到一定要求。可以说,学生艺术兴趣特长的主动发展是在学生审美素养全面发展基础上更高层次的一种发展。因此,小学生艺术兴趣特长评价指标的确定,也要充分体现除了艺术兴趣特长之外的其他审美素养的要素,为学生艺术兴趣和特长的养成打下牢固基础。

(3) 学生艺术能力和人文素养整合发展的需要

完整的艺术课教学是艺术能力与人文素养的整合发展,强调注重引导学生捕捉、洞察生活中的自然美、平凡美、和谐美,循序渐进地提升学生欣赏美、创造美的意识和能力,促使学生形成综合艺术能力,主要包括艺术感知能力、艺术表现能力、艺术评价能力等。同时培养学生对各类艺术的兴趣爱好,充分调动学生探索艺术知识与技能的积极性,培养学生的艺术特长。为了满足学生艺术能力和人文素养的整合发展需要,小学生艺术兴趣特长养成评价指标的构建,不能只关注学生对艺术知识与技能的掌握程度,还应该全方位关注学生在艺术课程学习和艺术活动中的种种表现,有效破除"唯分论才""唯奖论才"的片面性、单一性，以充分发挥评价指标体系的诊断、激励、改善功能，激发学生艺术学习的兴趣，为学生艺术创造注入强大动力。

五、小学生劳动技能和劳动习惯养成评价指标

随着新时代的到来，对小学生进行劳动教育已经成为当务之急。劳动教育响应了党的号召，与党倡导的全面发展教育理念相符，满足素质教育的要求。所以，劳动教育作为"五育"并举的重要内容，理应是小学教育必不可少的重要组成部分，有利于提升全民族劳动素质，培养对社会发展有用的人才。但反观当前阶段小学生接受的家庭教育，父母溺爱孩子的现象屡见不鲜，由于过度的宠爱，直接或间接导致当下部分小学生在生活方面的独立性比较差，甚至不具备基本的劳动能力。所以我们不难得出结论：在小学教育中，培养学生的劳动能力至关重要，要引导学生养成良好的劳动习惯，小学生只有掌握这些技能，才能真正健康、快乐、茁壮地成长。在新时代背景下，传统劳动教育观念和方法已经无法满足小学生劳动教育的发展需求，所以劳动教育理念需要更新，相应的评价指标体系也需要进一步完善。本节从劳动技能和劳动习惯养成评价指标的确定原则和依据两个方面展开论述，以激发学生参与劳动的积极性和欲望，促使学生的劳动技能与习惯朝着积极的方向发展。

1. 小学生劳动技能和劳动习惯养成评价指标确定的原则

小学生劳动技能和劳动习惯养成评价指标的确定，需要遵循实效性原则、导向性原则、动态性原则。

（1）实效性原则

实效性原则指的是所设置的各个指标与上级指标要存在内在联系，从而保证创建的评价指标体系具有良好的效度。在此基础上，才可以具体、清晰地呈现出不同维度下评价指标的特性和重点，进而全面客观地评价小学生劳动技能和劳动习惯的养成状况，并达到促进学生劳动技能提升和劳动习惯改进的目标。

（2）导向性原则

导向性原则指的是评价指标确定并投入使用之后，能够起到促进

小学生劳动教育发展的作用，为此，评价指标的确定需要注意以下两方面。一方面，评价指标的确定要具备合理的依据，避免盲目地确定指标内容，应该在理论与实际的基础之上确定评价指标，以促进评价结果准确度的最大化；另一方面，评价指标的确定要以小学生自身情况为背景，充分尊重小学生的个体差异，体现差异性，避免笼统的评价结果，引导小学生的劳动技能和劳动习惯向着社会需要的方向发展。因此，评价指标的确定要坚持导向性原则，以在评价指标体系的指引下促进小学生劳动教育的发展。

（3）动态性原则

小学生劳动技能和劳动习惯的养成既是一个发展目标，又是一个发展过程。在小学生的学习生涯中，其自身性格、能力和习惯会发生一定变化，为了更好地适应小学生的变化，评价指标的确定应该坚持动态性原则，在一定时期内保证评价指标的相对稳定，在较长时期内要适当调整评价指标，以更好地满足学生发展的需要。

2. 小学生劳动技能和劳动习惯养成评价指标确定的依据

（1）国家相关政策文件

劳动教育是素质教育的重要组成内容，为了保证新时代小学劳动教育工作的有效开展，我国陆续发布了一系列文件。2015年7月，教育部、共青团中央、全国少工委印发《关于加强中小学劳动教育的意见》，要求通过劳动教育培养小学生的劳动素养，使学生养成良好的劳动习惯，端正学生的劳动态度，为学生终身发展和人生幸福打下良好基础。2020年3月，中共中央、国务院发布《关于全面加强新时代大中小学劳动教育的意见》，要求将劳动素养纳入综合素质评价体系，制定合理的评价标准，完善劳动素养评价制度，强化对学生实际劳动技能的考核，将劳动素养的评价结果纳入学生全面发展评价的重要内容。2020年7月，教育部颁布《大中小学劳动教育指导纲要（试行）》，明确指出在中小学劳动教育方面，要着重培养学生的劳动观念、劳动习惯和劳动能力等方面，注重学生日常生活劳动习惯的养成，使学生深刻感受劳动人民的智慧和艰辛，做中华传统文化的传承者。2020年10月，中共中央、国务院颁布《深化新时代教育评价改革总体方案》，指出我国将针对义务教育学校的办学质量构建针对性的评估标准，不断完善全国义务教育质量监测制度，进一步强化对监测成果的应用，从而确保义务教育在质量提升的道路上持续前行，其中要加强劳动教育的评价。这些政策文件的颁布，为小学生劳动技能和劳动习惯养成评价指标的确定指明了方向。

（2）习近平关于劳动教育的重要论述

党的十八大以来，习近平总书记多次围绕劳动价值、劳动精神、劳动教育进行深刻论述，对促进学生全方位发展、小学生劳动技能和劳动习惯养成评价指标的确定具有重要的指导意义。

2018年9月，在全国教育大会上，习近平总书记表示："要在学生中弘扬劳动精神，教育引导学生崇尚劳动、尊重劳动，懂得劳动最光荣、劳动最崇高、劳动最伟大、劳动最美丽的道理，长大后能够辛勤劳动、诚实劳动、创造性劳动。"2020年11月，习近平总书记在全国劳动模范和先进工作者表彰大会上强调："劳动是一切幸福的源泉……要开展以劳动创造幸福为主题的宣传教育，把劳动教育纳入人才培养全过程，贯通大中小学各学段和家庭、学校、社会各方面，教育引导青少年树立以辛勤劳动为荣、以好逸恶劳为耻的劳动观，培养一代又一代热爱劳动、勤于劳动、善于劳动的高素质劳动者。"

（3）小学生的自身需求

小学生劳动技能和劳动习惯养成评价指标的确定，要以小学生自身需求为评价依据。马克思认为，人的全面发展与其自身劳动能力存在着密切的联系，劳动的内涵由脑力劳动和体力劳动两方面组成，这是对全面发展的充分体现。同时，劳动普遍存在于人生活的方方面面，劳动随着人的存在而存在，通过人的行动可以凸显劳动的价值，也可以反映人的劳动能力。从中可以看出，全面发展体现在与劳动相关的多方面因素中，并围绕劳动素养这一中心展开，进而慢慢延伸至多个方面。以小学生全面发展为出发点，小学生劳动技能和劳动习惯养成评价指标的确定，需要以小学生全面发展中包含的劳动技能和劳动习惯为培养目标进行构建。

六、小学生创新能力综合表现评价指标

当今时代是一个以知识为基础、注重创新的时代，要求社会成员具备良好的创新能力和适应性。习近平总书记强调:"创新人才犹如优秀种子,很是难得,要大力培养。"创新驱动与国家和民族的前途命运息息相关,创新驱动的实质就是人才驱动,要坚持以人为本,打造高素质的创新型人才队伍,因此,当今时代更应该重视教育创新。小学生的脑功能发育正处于"飞跃"发展阶段,神经机制也在迅速形成和发展,正是创新思维形成的重要时期。构建科学合理的创新能力综合表现评价指标体系,对更好地促进学生创新能力的提升尤为重要。

1. 小学生创新能力综合表现评价指标确定的原则

小学生创新能力综合表现评价指标的确定,需要坚持目的性原则、可行性原则、系统性原则。

(1) 目的性原则

确定小学生创新能力综合表现评价指标的目的,主要在于培养学生的创新能力。因此,在筛选和确定评价指标时,要紧紧围绕这一目标进行层层划分,进一步细化教育评价的目的,从不同层面、多个角度对小学生创新能力综合表现进行评价,以实现提升小学生创新能力的目的。在确定评价指标的过程中,要全面考虑、合理分析,整合并筛选有用的指标。评价指标的确定要与小学生思维特点相符,要充分体现社会对小学生创新能力的要求和期盼,使小学生明确创新能力的发展方向并为之努力奋斗。

(2) 可行性原则

从理论角度来讲,以现有学术研究和理论为依据与基础,完全能够构建一个指标全面且丰富的评价体系,对小学生创新能力综合表现做出全方位、精细化的评价。当评价体系囊括的评价指标数量越多时,对小学生创新能力综合表现的划分就越详细,评价结果就越精确。但是,在实际的操作中,要充分且深入地考虑研究主题,遵循可行性原则。与创新能力相关的评价指标非常多,初步筛选并确定评价指标后,要考量这些指标与主题契合度的高低,是否具有存在的价值,是否能够通过量化的数据呈现。对于那些不容易获取,且不能通过量化数据呈现的评价指标,只能选择将其舍弃。因此,在确定小学生创新能力综合表现评价指标时,必须以紧扣主题为前提,认认真真考虑所选指标能否实现直接量化，然后再确定最终指标。同时，为了使复杂的指标体系变得简单，进一步提升评价指标体系的可操作性，还需要全面筛选所选指标，剔除有交叉、重复的指标。

(3) 系统性原则

小学生的创新能力表现在多个方面，由最初的创意产生到最后的新事物的出现，这是一个涉及思维形成的过程。所以，小学生创新能力综合表现评价指标要具备广泛的覆盖面，要涉及创新能力形成的整个过程，不同评价指标之间要建立起有机的联系，充分体现协调性、整体性特征。因此，筛选和确定小学生创新能力综合表现评价指标时，应该将评价指标划分为多个不同的模块，使相对独立又相互联系的评价指标组成一个有机评价系统，动态反映小学生创新能力的发展。

2. 小学生创新能力综合表现评价指标确定的依据

(1) 以《中国学生发展核心素养》为指引

当今国际竞争的关键是科学技术的竞争，归根到底是人才的竞争，未来我国亟须一批具有创新精神和创新能力的现代人才。《中国学生发展核心素养》的发布，充分体现了我国对创新人才培养的需求，明确指出为了适应终身发展和社会发展需要，我国学生应当具备的必备品格和关键能力，即紧紧围绕培养"全面发展的人"这一中心，包括文化基础、社会参与、自主发展三方面，涉及实践创新在内的六大素养，具体可以进一步细化为创新意识等十八个基本要点。这一指导性文件的颁布，强调教师要注重培养学生的创造能力和解决问题的能力，着眼于学生个性及全面发展，主张学生在创造实践过程中获得丰富多彩的体验和经历，以强化对知识的理解，从而加强对实践创新等素养的内化与培养，促进学生终身可持续发展。这与"五育"并举之"七尚"综合评价对学生创新能力的提升不谋而合，创新能力作为素质教育核心和时代特征，也是"五育"并举之"七尚"综合评价的重要内容。因此，小学生创新能力综合表现评价指标的确立，要充分体现和聚焦学生发展核心素养。另外，《中国学生发展核心素养》强调教育评价的重心从知识、学科转移到素养、学生发展上。小学生创新教育综合表现评价指标的确定，也应该以此为启示，注重对学生实践创新素养达成度的评估。

（2）以认知心理学理论为基础

认知心理学以信息加工理论为核心，从广义角度来看，它指的是对人的高级心理过程的研究，主要研究内容包括人在认识过程中的思维、知觉、记忆等；从狭义角度来看，它指的是信息加工心理学，是通过运用信息加工理论对信息加工过程进行研究。认知心理学主要探索个体在从事心智活动时的信息加工方式，比如，人们看到了哪些东西，采取哪些方法储存自己获取的东西，应用哪种思维模式，等等。与计算机处理信息的过程做比较会发现，人的大脑信息处理过程与其具有相似性，从过程角度来看，都是先从外部获取信息，然后再将信息储存至内部。如果将人脑看成一个信息加工的系统，那么认知过程就是加工和处理信息的过程。在学生的学习过程中，学生需要解决大量的问题，在此期间学生的内心世界会展开非常丰富的活动，主要包括联系知识等，进而实现认知的变化与发展。因此，认知过程是学生学习中相当重要的过程。认知心理学派认为学生在学习中获取知识的主要方式是认知变化。对小学生来说，其自身的认知能力对创新思维、创新能力的形成与发展具有积极影响。认知心理学理论为小学生创新能力综合表现评价指标的确定提供了一个方向。

（3）以创新教育理念为基础

创新教育理念于1998年被我国中央教育科学研究院正式提出，这一理念的提出对教育改革进程的加快起到了推动作用。创新教育的主要目标在于对学生创新意识、创新思维、创新个性、创新能力的培养。相比于传统的教育，创新教育的变化不只是体现在培养目标方面，它还让学生通过亲身观察和实践的方式展开学习、获取知识。

创新教育是一种以培养学生创新意识、创造能力为目的的教育，终极目标是为国家发展培养创新人才。创新教育还倡导学生通过解决问题的方式锻炼其自身的创新能力等综合能力，基于创新教育理念的指导，小学生创新能力综合表现评价指标的确定，应该充分考虑学生创新意识、创新思维、创新能力等方面的因素，促使学生成为优秀的创新型人才。

七、小学生视野拓展评价指标

小学阶段是学生成长过程中一个非常重要的时期，学生不仅要在小学阶段养成良好的生活和学习习惯，积极学习各种人文、科学知识，还需要不断拓展自己的视野，因为视野是决定学生将来能走多远的重要因素，能够为中学阶段的学习奠定良好基础。因此，小学生"五育"并举评价也应该重视对学生视野的评价，以拓宽学生视野为目的制定相应的评价指标，使学生视野越来越开阔，看到的世界越来越大，从而成为一个有格局的小学生，促使学生站得更高，走得更远。

1. 学生视野拓展评价指标确定的原则

（1）发展性原则

发展性原则指的是教育要促进人的发展，同样地，在教育评价过程中，发展性原则要求评价也要促进人的发展，评价要时刻关注人，关注人的未来能力的发展。坚持发展性原则是为了满足受教育者未来发展的需要。学生视野拓展评价指标的构建，主要是对小学生当下视野的高度进行评价，主要目的是了解当前小学生视野的发展状况，并为小学生今后的生活和学习做准备，帮助小学生更好地适应社会发展。

（2）通用性原则

由于小学生视野拓展是一个长期、复杂的过程，人们对于小学生视野拓展的认识不一，即便是在同一领域内，对小学生视野拓展的评价指标也是不同的。因此要构建一个通用性标准，使小学生视野拓展评价指标有统一标准可依，以避免因评价指标衡量标准的不同而造成评价结果的不准确。

2. 学生视野拓展评价指标确定的依据

（1）以《中国学生发展核心素养》为引领

《中国学生发展核心素养》指出，要培养学生的责任担当及核心素养，其中包含国际理解这一基本要点，即要求学生具备全球意识和开放的心态，对人类文明发展进程和世界发展动态有一定的了解；尊重差异性、多元化的世界文化，积极主动参与跨文化交流，等等。这就要求学生不断拓展自身视野，了解更多国际文化，积极参加各种各样的研学活动，提升自身的语言能力，从而更好地发展自身的核心素养。因此，小学生视野拓展评价指标的确定，要充分体现和聚焦学生发展核心素养。

（2）以人类命运共同体理念为基础

人类命运共同体理念以一种与众不同的思维方式审思当今人类发展面临的复杂形势，提倡不仅要以"开放"的思维和视野审视人类前行的机遇与挑战，还要以"包容"的格局和胸怀接纳人类发展过程中存在的差异性和多样性，为人类文明的进步发展提供更为深邃的世界眼光和更具前瞻性的现代意识，从而为"和而不同"的国际交往模式创设心理环境。不断开拓学生国际视野，让学生了解各个国家不同的文化背景、生活方式以及思维方式，培养学生的跨文化思维，使学生树立人类命运共同体意识，有助于成就学生的终身、全面发展。因此，人类命运共同体理念为学生视野拓展评价指标的确定奠定了理论基础。

第六章
大数据技术应用下的"五育"并举之"七尚"综合评价的路径

一、结合"全过程"评价数据明确学生"五育"发展一般变化规律

学生"五育"发展一般变化规律指的是随着学生年龄的增长而发生的有规律的、连续变化的过程,包括德、智、体、美、劳等方面的发展。学生"五育"发展是一个漫长而复杂的过程,为了确保评价结果的客观性和科学性,也为了更好地促进学生的发展,学生评价需要对学生发展的整个过程进行全面、详细的了解。完整的学生评价包括诊断性评价、形成性评价和终结性评价,分别在教学活动开始之前、过程之中和结束之后进行,能够揭示学生在不同阶段德、智、体、美、劳方面的发展变化规律,明确教学改进的方向。大数据技术助推了"五育"并举全过程评价的实施,教师根据采集的"全过程"评价数据,能够更好地掌握学生"五育"发展的一般变化规律,实施有效性教学,满足学生实际学习的需要。

1. "五育"并举全过程评价的必要性

全过程评价是指从教学活动开始之前、教学活动过程中到教学活动结束的整个过程中对学生实施的全面评价。评价是教育教学的有机组成部分,对教师教学、学生学习具有较强的导向作用。设计、实施恰当的评价是高质量的全过程评价的有机组成部分,在教学活动的各个阶段实施有效的教学评价,进行"教—学—评"过程的全面设计,并实施多种教学策略，有助于提高教学质量并促进学生的学习。从教学活动开始之前、教学活动过程中到教学活动结束的整个过程教师需要做大量的决策，精心规划全过程评价计划，提供更加客观、全面的信息，以便对教学状况进行判断并做出更为有效的决策。通过全过程评价发挥评价对教学与学习的诊断、激励和促进作用，从而不断提高教师信息技术教学水平，激发学生学习兴趣，帮助学生实现综合素质的提升。在教育领域，有学者提出，跟踪的过程不单单是对跟踪对象进行监视的过程，还是一种对目标内容和价值的判断过程，以及对过程的记录和对结果的改善过程，它是一个综合监控、评价、诊断、完善等方法的动态复合过程。就学生评价而言，教育大数据具有跟踪性，是指运用教育大数据的采集、挖掘、分析等技术，能够采集学生整个学习过程的数据，能够对学生的学习行为进行事实判断和价值判断，进而改善学生学习和教师教学的方法。

2. "五育"并举全过程评价的实施过程

一个设计良好、实施全面的评价过程应与有效教学过程有着密不可分的关系，并应与教学过程平行展开，一个有效评价过程与有效教学在特征上高度吻合。因此，教师应逐步树立"教学—学习—评价"有机结合的教学评价观，将对教学评价的设计和规划融合到教学设计中，使其成为教学设计中不可或缺的组成部分，确保评价对教学和学习的"全过程"促进作用。

一般情况下，全过程评价分三个阶段执行，分别为：教学前的评价——安置性评价；教学过程中的评价——形成性评价和诊断性评价；教学后的评价——总结性评价。

（1）教学前的评价——安置性评价

在学习能力水平、学习风格和发展需求等方面，不同小学生之间的差异非常大，在学科教学或教学活动中，教师可以通过各种形式的安置性评价分析学生的个别差异，帮助学生获得成功的学习体验。

① 准备状态前测

通常情况下，在一门课程或一个单元的教学开始前要进行一个准备状态前测，用来检验学生对开展新的学习所必需的知识和技能掌握到了何种程度。例如，在正式学习某一模块之前，教师会通过测试学生测试该模块的知识水平，考查学生的准备状态。如果测验显示学生缺乏学习该模块必备的知识技能，教师就可以针对性地进行补救，或根据学生现有的水平调整教学内容和教学难度。

② 安置性前测

为了了解学生是否在教学之前就已经掌握了教学计划中安排的内容，可采用教学活动结束后所用测验的副本对学生进行测试，如果学生对教学计划中安排的内容已经掌握，教师就需要调整后续教学计划，如果尚未掌握，则应循序渐进地教学。

例如，教师可以通过一个需要学生完成的对文本、数据、多媒体等信息进行加工处理的综合任务，来记录学生在这些方面的实际表现水平，为随后的教学及其评价提供参考。

（2）教学过程中的评价——形成性评价和诊断性评价

在教学过程中，教师通常需要知道：学生学习哪些知识进展顺利；学习哪些知识存在困难，需要帮助；哪些学生存在着严重的学习困难需要额外的辅助。据此调整自己的教学策略。

① 形成性评价

形成性评价是指在教学过程中实施的、用于监控学生学习进展的评价。形成性评价一般用于检查学生对某一特定部分教学内容掌握的程度，侧重于测查某一阶段教学的所有学习结果，同时，更注重考查学生学习的得与失，以便师生调整教与学。例如，如果大多数学生都未通过形成性测验，那么教师就会增加相关课程学习，借助教学网站引导学生进行相关内容的补充学习。

② 诊断性评价

如果某些学生一直存在学习问题，以至于形成性评价提供的矫正性诊断无法解决，就需要采用诊断性评价来鉴别学生的学习困难，其目标是分析学生学习表现的普遍原因，指出学生学习困难的症结并进行补救。

（3）教学后的评价——总结性评价

总结性评价是指在一门课程或者教学活动结束后进行的成就评价。该评价主要用于考查学生的学习效果，确定学生的最终学习成绩。该评价不仅能采用测验形式，也能采用表现性评价形式。总结性评价给学生提供有关其学习过程的必要反馈，其结果也可用于评定教学的有效性和改进教学。

3. 明确学生"五育"发展一般变化规律的重要性

（1）满足小学生成长的内在需要

在小学阶段，学生认知心理的发展处于重要的转折时期，德、智、体、美、劳等方面能力的发展起始时间、发展速度、发展重要时期各有不同，各方面能力发展涉及的重要影响因素也不同。因此，尊重教育规律和学生"五育"发展一般变化规律，在关键时期给予学生适当的引导，以发展的、整体的眼光看待学生的成长过程，有助于教育管理者、教育者更新教育理念、改变教学模式、调整育人策略、科学设计教育教学过程和内容，体现了育人为本的深刻内涵。

教师如果不了解学生发展规律，不了解学生德、智、体、美、劳各方面背后的发展规律，就会"凭感觉而教与指导""凭经验而教与指导"，还有可能出现"好动机——负面结果"的情况，因此，尊重学生"五育"发展一般变化规律的教育，有助于教师制定符合学生发展水平的教育目标，采用恰当的方式，使教育工作由盲目走向科学。

（2）有助于把握最佳教育时机

学生的发展是连续的，但是在不同的阶段有不同的特点，体现出连续性与阶段性的统一。如小学生在六年的学习生活中，生活、学习等方面会发生很大的变化。从低年级学生的适应学校生活、养成良好行为习惯，中年级学生发展其内在的学习动机、发展阅读能力、完成思维由形象到抽象的过渡，到高年级学生的独立性得到迅速发展，同伴的影响力会超过和家长产生的影响力。然而，学生能力的发展在不同阶段又有各自的特点，如注意力方面，小学低年级学生以无意注意为主，到了高年级后逐渐发展为有意注意为主；记忆力方面，小学低年级学生以无意记忆、机械记忆为主，进入高年级后开始掌握记忆策略，以有意记忆、理解记忆为主。

教师在教育教学中要充分理解学生的发展规律，掌握学生在每个阶段的关键任务，充分利用学生最近发展期的教育优势，探索学生各种能力及要素的最佳发展期，抓住最佳教育时机，在课堂教学、班级管理、师生关系中顺应学生能力发展水平,通过有效的方式挖掘学生潜能。

4. 结合"全过程"评价数据明确学生"五育"发展一般变化规律

得益于大数据技术,小学生整个学习过程的数据都能得到有效记录。基于"全过程"评价数据,教师可以更好地掌握学生德、智、体、美、劳等方面的发展变化规律,从而有效实施教育,促进学生德、智、体、美、劳全面发展。

第一,大数据促进"全过程"评价数据的收集。

首先,自动化评价体现过程性。在近几十年里,尽管认知、心理研究及教育技术方面取得了显著的进步,但教育机构的评价实践却并没有显著的变化。不过,计算机等的智能终端技术的快速发展为自动化评价提供了巨大潜力。在大数据时代,智能学习终端的应用将普及化,基于智能学习终端的自动化评价伴随学生学习的全过程,直观地展现学生的整个学习过程,在学习过程中为学生提供指导和帮助。

其次,全过程数据的收集促进形成性评价。全过程评价数据包含学生在整个课堂学习中所表现出的、各种反映学生在自然状态下的细微而又真实的行为表现。在学生学习的整个过程,学生的每一个学习行为,都会产生相应的学习数据。在大数据时代,对学生全过程学习数据的收集、分析和应用,将有助于学生评价工作的开展,能够帮助教师了解学生德、智、体、美、劳方面发生的变化,并根据其中规律调整教学计划。其中,对全过程数据的分析可以达成评价的总目标。教师通过对各类全过程数据进行分析,能够改进教与学。具体而言,教师可以根据学生对学习资源的使用情况的数据,对学生的学习方法、学习策略进行评价,并掌握学生心理发展规律;教师可以根据学生对知识点的掌握情况的相关数据,对学习效果进行评价,明确学生智力发展规律;教师可以根据学生完成作业的时间、对错等数据,对学生的学业负担进行评价,明确学生思维发展规律;教师可以根据学生体育锻炼的时间,实现对学生的身体素质的评价,明确学生身体发展规律。学生的整个学习过程将处于"透明化"的状态,教师需要重新审视教与学的过程,善于利用"全过程"评价数据,及时发现教学中存在的问题，了解学生的学习困难，从而合理安排教学素材，改善教学方法，促成"全过程"评价数据更好地服务于学生发展。

第二，大数据挖掘分析技术的"显微镜"功能，体现出"以学生为本"的评价观；全程记录功能可以展现学生的学习轨迹，以发展的观点看待学生；预测功能便于教师对学生进行有针对性的指导，有助于实现完成学生德、智、体、美、劳全面发展的评价目的。

首先，大数据的"显微镜"功能，可以凸显"全过程"评价数据背后的学生学习状态。教师可借助大数据挖掘分析技术，对学生学习成果数据背后的关联数据进行分析。在评价者面前的学生是形象的、具体的、多维的，是具有无限发展潜能的生命个体，在"全过程"评价数据背后具有差异性的发展潜力。换言之，透过数据，发现学生，尊重学生，掌握学生德、智、体、美、劳各方面发展情况，是大数据时代"以学生为本"的评价理念的体现。

其次，大数据的全程记录功能，有助于实现以发展的观点看待学生。在大数据技术的支撑下，学生个体的整个学习行为数据可以被全程记录，对学生个体不同时段的学习数据进行分析，进而开展评价，不仅能够了解学生的学习基础，还能够发现学生的进步状况及发展潜力、发展趋势。

最后，大数据的预测功能可以促进学生的发展。大数据改善学习的三大核心要素：反馈、个性和概率预测。随着大数据预测在精确度和细节上的提高，教师也应该对帮助其做出决定的预测结果报以更大的信心，并提出更加具体和细致的建议，采取更具针对性和更加温和的干预措施。教育大数据的预测功能，可为学生个性化的发展、全面性的发展提供指导。

二、通过数字画像辨明学生未来发展的方向与侧重点

基于大数据的小学生"五育"并举之"七尚"综合评价结果主要以数字画像的方式呈现，数字画像的构建需要综合运用多种数据采集技术、采集工具，主要包括可穿戴设备、全面感知的物联网、学习行为轨迹转换记录系统以及图像识别等。这些技术可以从不同维度对学生生活和学习数据进行有效记录，从而为数据的储存、应用与管理

提供重要素材，帮助教育者明晰学生未来发展的方向与侧重点，为因材施教提供强有力的数据支撑。

1. 数字画像的由来

"数字画像"源于"用户画像"。"用户画像"这一概念的最早提出者是交互设计之父艾伦·库珀，他认为"用户画像"是基于各种真实数据建立的目标用户模型，是真实用户的虚拟代表。"用户画像"的研究领域比较广泛，在教育领域，出现频率较高的是"学习者画像"，其画像主体指的是教育领域中的学习者，为了达到个性化教学目的，通过将学习者标签化，基于数据对学习者进行总结性描述，为学习者提供精准的教学。"学习者画像"主要应用于在线教育、成人教育的个性化教育的实施，以实现教学服务的提升。目前，关于"学习者画像"的定义，学术界尚未做出统一、明确的界定。有研究者认为，"学习者画像"是一种教学代理，以教学代理角色的方式对学习者进行总结性描述。还有研究者将"学习者画像"定义为实现某种个性化教学目的的原型用户，它所代表的群体并非个人，而是更大的群体。综合分析上述概念，可以将学生数字画像看作建立在学习者不同维度、不同来源数据的基础上，通过对数据分析技术的有效应用，形成的全面清晰的学生画像。该画像综合运用过程性描述和总结性描述，致力于学生全面且个性地发展。

2. 学生数字画像构建流程

数字画像构建方法多种多样，但构建流程基本遵循大数据驱动下的研究范式行动框架。学生数字画像的构建流程主要由三个阶段构成，分别是数据来源及采集、数据处理与分析以及画像呈现与应用。

（1）数据来源与采集

学生数字画像的有效构建需要以数据为基础。一般认为，从多层面、多视角进行数据描述往往可以较为精准地反映目标属性特征。具体来说，学校需要从本校实际情况出发，基于相关政策和理论的指导，进一步明确学生评价的多个维度，并对各个维度的指标进行具体划分，进而构建学生评价的全指标体系。而后，综合利用各种信息平台和智能技术，对数据进行全面搜集。比较常见的数据采集方法包括以下几种：物联网数据采集、伴随式数据采集、第三方系统数据采集、填报式数据采集等。通过运用以上几种采集方法，基本上能够获取学生学习表现、情感过程以及健康信息等方面的数据。

（2）数据处理与分析

学生的全指标数据需要依托数据汇聚系统实现对数据的预处理。首先，由于数据具有真实性，是对现实世界的反映，所以不可避免地存在不完整数据、混乱数据和无效数据，这就需要对数据进行清理。其中，缺失值能够依靠教师和家长进行调洪，或者根据学生已有数据运用算法填充预测值；异常值则需要采取关联规则、聚类等方法进行修复。其次，基于多源动态挖掘的数据在通常情况下存储结构比较复杂，且数量比较庞大，需要先将数据格式转化为统一格式，并在抽取数据集成中进行及时有效的调整，避免属性出现冗余。最后，通过数据规约以原始数据为基础集中创建一个全新的数据集，并将无关属性和元组从这个集合中剔除出来，避免"噪声数据"影响最终的挖掘结果，以切实提升数据集内数据分析与挖掘的准确性。对数据完成预处理之后，就能利用数据分析模型来分析数据，进而生成学生数字画像。目前，比较典型的数据分析模型是张治提出的以大数据技术为基础的"多源多维综合素质评价模型"，其中详细介绍了系统、有效的学习数据分析方法，有助于后续画像的呈现与应用。

（3）画像呈现与应用

完成对学生全指标数据的完整处理与分析之后，需要借助相关算法构建模型，通过标签集的方式呈现学生数字画像的可视化平台。不同学段的标签分类有一定的差异，但是从整体上来看都是以基本信息和"五育"指标为中心进行呈现。教育管理者通过了解学生的数字画像，能够从整体上把握学生不同维度的发展现状和发展趋势，有目的地提升教育服务水平，加强资源配置，充分发挥自身在教育治理中的指引作用。根据学生数字画像，教育者可以直观、快速地了解学生的学籍信息、综合素质评价、课程表等各方面情况。除此之外，如果可以借助算法创建客观有效的评价反馈模型，就能通过算法自主进行聚类、关联、趋势和因果分析，从而便于教师全面地掌握每一位学生的优点与缺点，为学生提供发展建议，并开展科学合理的个别化辅导。学生也能获取到与自身学习兴趣和认知风格相符的学习资源，并通过学情预警系统了解自身的薄弱之处，有针对性地查缺补漏。同时，根据数字画像呈现的内容，家长也能进一步加深对自己孩子的了解，有效打破"边缘性参与"的尴尬局面，充分调动家长参与的主体性，促进家校协同育人。

3. 通过数字画像辨明学生未来发展的方向与侧重点

首先，数字画像的呈现，建立在多来源、多维度、多模态成长数据采集的基础上，主要包括学生的基础信息、学业水平、身心健康、劳动实践等各类过程性及结果性数据。根据数字画像，学生可以在不同学习阶段中找到自己下一个阶段各个学科的发展方向和侧重点。在清晰的目标引导和带领下，学生在开展自主学习时可以明确方向，全面提升自我发展的精准度。

其次，根据学生数字画像，学校可以对学生学情进行精准分析，并基于大数据权衡教育教学管理中的优势与不足，为教师教育教学有效性、精准性的提升创造更多可能。比如，当数据显示某学生身体素质低于平均水平，身体素质有待提高时，学校可以基于数据，从教育教学、体育课程、家校沟通等方面寻找不足之处，分析问题所在，通过"分析—诊断—决策—干预—对比—实证"的方式，有步骤、有计划地优化学校体育课程，有组织地提升教师体育教学水平，逐步提升学生身心健康，为学生未来的健康发展保驾护航。

最后，为了促进学生德、智、体、美、劳各方面的均衡发展，学校可以建设学生成长空间、班级优化大师等平台，实时跟踪学生学习过程，并进行相关数据的采集。在形成学生综合素质发展报告的基础上，学校可以借助可视化的雷达图和数据指标，帮助家长了解学生当下的学习现状、兴趣习惯、长处与短板等影响学生成长的关键因素，进而掌握学生的成长过程及最近发展区，基于数据指标切实提升家庭教育的针对性。

三、立足动态化评价数据有效开展个性化教育

过去对学生行为的记录主要采取点状记录方式，在大数据时代，学生综合素质评价系统通过动态记录与学生行为相关的数据，深层次挖掘纵向数据，绘制出学生发展轨迹，并以此为基础对学生发展趋向

进行预判，从而为学生提供个性化指导与有效帮助。

1. 个性化教育的原则和特征

（1）个性化教育坚持人性化关怀原则

教育的本质是培养人，其出发点和落脚点都是人。个性化教育始终坚持人性化关怀原则，充分尊重、关心、服务每一位学习者，促进每位学习者自由而全面地发展。基于"以人为本"基本思想的指导，人性化关怀原则主要体现在以下两方面：一方面，关心每一位学习者，同时全面关怀所有学生。统一性教育更加关注教育集体性，忽视学生的个性发展，而个性化教育则关注每一位学生，充分理解与尊重不同学生的差异性，关注学生个体真实需求和潜在能力的发展。另一方面，人性化关怀原则体现在教育模式的构建、教育内容的设计、教育方法的选择等教育全过程中。在个性化教育过程中，要关注不同学生在兴趣爱好、综合能力、个性特征、发展需求等方面的差异，遵循教育发展的规律，为学生制定满足其个体发展需要的教育模式，采取针对性的教学方法，设计学生感兴趣的教学内容，激发学生学习的主动性、创造性，促进每位学生的个性化发展。

（2）个性化教育的特征

个性化教育具有三个特征，分别为：尊重个体的主体性作用、满足个体的差异性需要、促进个体的个性化发展。

① 尊重个体的主体性作用

马克思指出："一当人开始生产自己的生活资料的时候，这一步是由他们的肉体组织所决定的，人本身就开始把自己和动物区别开来。"人与动物最明显的不同在于人具有主体性，为了达到自己的目的进行自由、自觉的生产活动。这就要求教育必须尊重个体的主体意识，发挥个体的主体性。具体来说，教育要体现个性化，必须充分尊重个体的主体地位和主体性作用，立足个体的德、智、体、美、劳等方面的实际水平，注重唤醒并增强学生的主体意识、主体能力及主体价值，充分调动学生的主观能动性，引导学生对外界环境和事物做出自主独立的分析判断，反思自身的思想和行为，并及时做出改变。

② 满足个体的差异性需要

个性化教育不仅要尊重不同学生之间存在的差异，还要尽量满学生差异性的需要。个体间的差异性首先取决于遗传特征、生理特征等人的自然属性，然后会受到学校环境、家庭环境等社会属性的影响。瑞士心理学家让·皮亚杰的认知发展阶段论提出，儿童的认知发展存在一定的顺序和规律，教育应该根据儿童的认知水平提供相应的学习内容和教学方法。美国心理学家霍华德·加德纳的多元智能理论强调每个人都具有不同的智能类型，学校应该培养和发展学生在各种智力方面的潜能。这两个理论分别从个体发展和个体差异进行了阐述。个性化教育要正确认识和理解个体间的差异性，全面掌握每个个体所具备的独特性，从个体的个性特征和实际需要出发，制定差异化的教育目标，采取差异化的教育方法，为学生设计差异化的教育内容，运用针对性的教育评价，有效开展个性化的教育。

③ 促进个体的个性化发展

个性化教育的终极目标是促进个体个性化发展，具体表现为充分发挥个体潜在能力，引导个体形成良好个性，促进个体自由且全面地发展。美国心理学家威廉·詹姆斯认为，对于一个正常健康的人来说，他在生活中只使用了自己百分之十的能力，还有百分之九十的潜力等待开发。每个个体的潜能都是不可估量的，个性化教育就是以认识和尊重个体差异为基础，全面把握每位个体的个性特征、兴趣爱好以及发展需要，开展适用于个体的教育，深入开发和挖掘个体潜能，以实现个体的进步与发展。

2. 立足动态化评价数据有效开展个性化教育的策略

（1）立足动态化评价数据制订个性化学习方案

动态化评价数据从德、智、体、美、劳等方面多元化、多角度详细记录了小学生阶段性的动态发展过程，为学生个性化学习的方案提供数据支持。根据动态化评价数据，教师、学生和家长可以共同确定个性化学习目标，制订全面的个性化学习方案，从不同角度对学生学习作出详细的规划，促进学生的个性化学习发展。根据动态化评价数据，教师可以实时掌握学生当下的思想和行为状况，因材施教，为学生个性化成长与发展创造良好的条件；学生可以根据动态化评价数据对自己有一个客观的认识，发现自己的闪光点，在生活与学习中更加自信、自强，产生强大的原动力和内驱力。多角度进行自我评价，针对个性化学习制定多元目标，以饱满的热情和浓厚的兴趣投入到个性化学习中，最终获得个性化学习的愉悦感、成就感；根据动态化评价数据，家长也能更加及时地了解学生每个阶段的成长与发展情况，在关注学生学习状态的同时，注重学生个性化学习的发展。

（2）立足动态化评价数据智能化推荐个性化资源

大数据技术通过对动态化评价数据的收集和分析，可以构建反映群体和个性的数据模型，更加精准地识别学生个体和群体的特征和发展需求，为各类个性化大数据智能学习平台、智能产品的创新和研发提供数据支持。如VR、AR等技术的使用，通过情景模拟的形式使学生产生一种身临其境的感觉，提升学生的个性化体验感，提升个性化教育的效果，从而更好地推动个性化教育的发展。

第七章
基于大数据的小学生"五育"并举评价研究调查报告

一、调查背景

教育评价是教育发展的重要组成部分,国际教育界已将教育评价视为教育发展的"生命共同体"。而大数据技术的运用可以为教育评价的发展提供技术支持和新的思路,如何运用大数据技术和思维模式改进教育评价、促进教育的发展,就成为一个需要思考和研究的课题。

为践行大数据技术和教育评价的结合,华师苏实小在建校初期就设立了"智慧校园"平台,以学生的行为规范与学业表现为内容,以数据思维与成长建模为创新,利用学校云平台,建构跨终端、全时空、多维度的学生成长智慧评价系统,真正让人工智能、大数据技术下的"互联网+评价"成为现实,并且有效实现了家、校、生三方的全面参与与合作。

二、调查目的

本调查报告旨在了解家庭、社会对于华师苏实小大数据教育评价的看法,并基于调查结果继续优化大数据教育评价系统,以期更好地促进学生"五育"发展,并为现代教育评价系统的发展提供参考路径。

三、调查对象

华师苏实小一至五年级 1831 位学生的家长。

四、调查设计

问卷从以下五个维度进行划分：德育、智育、体育、美育、劳动教育。每项 8 道单选题，共设 40 题，包括单选题和多选题。单选题根据李克特量表设置 5 个选项——完全符合（5 分）、比较符合（4 分）、一般符合（3 分）、比较不符合（2 分）和完全不符合（1 分），一些需要细化的问题被设为多选题，有更多的选项。题目设置如表 1-1 所示。问卷具体内容见附录。

表 1-1　题目设置

问卷维度	题号设置
德育	1~8
智育	9~16
体育	17~24
美育	25~32
劳动教育	33~40

1. 信度分析

利用统计学软件 SPSS 对实测数据进行分析，得出本次调查的 Cronbach 系数（Alpha 信度）值，如表 1-2 所示为 0.867，各个维度 Cronbach 系数也都在 0.7 以上，据表 1-3 中信度值的意义可以认为此问卷信度较好，有足够的稳定性。

表 1-2　问卷整体信度表

项数	Cronbach 系数（Alpha 信度）
26	$\alpha = 0.867$

表 1-3　Alpha 信度值的意义

Alpha 信度值	相关可靠性
α≥0.9	极佳
0.9>α≥0.8	优秀
0.8>α≥0.7	可接受
0.7>α≥0.6	存疑
0.6>α≥0.5	较差
0.5>α	不可接受

2. 效度分析

按照统计学家凯泽的结论，问卷的 KMO（Kaiser-Meyer-Olkin）值大于 0.6，显著性数值小于显著性水平 0.05，则说明问卷具有良好的效度，且适合进行因子分析。

通过表 1-4 可以看出本问卷的 KMO 数值为 0.832，显著性数值为 0.000，因此本问卷效度可靠，测量方式能准确反映测量对象，具备充足的参考价值。

表 1-4　问卷整体效度表

KMO 取样适切性量数		0.832
巴特利特球形度检验	卡方检验	5411.469
	自由度	332
	显著性	0.000

五、调查结果分析

本报告把大数据评价系统分为德育、智育、体育、美育、劳动教育五个维度进行分析，单选题采用李克特五点量表法统计，多选题以图表形式统计，根据问卷得分的所占百分比进行综合整理，并从数据中发现一些事实。

1. 德育维度

德育维度在五育评价中起先导作用，本次调查共设计 8 题对德育维度进行研究（7 道单选、1 道多选），1~7 题调查结果如表 1-5 所示，第 8 题调查结果如图 1-2 所示。

表 1-5　德育维度 1~7 题调查结果统计表

题目	完全符合	比较符合	一般符合	比较不符合	完全不符合
1. 您的孩子会根据每天的加分情况来调整和规范自己的行为	36.86%	41.19%	18.86%	2.22%	0.87%
2. 您的孩子会使用自己的积分为自己或家人兑换礼物	45.52%	29.43%	16.31%	4.39%	4.44%
3. 大数据评价系统中孩子的数字画像能帮助您进一步了解自己的孩子	36.91%	41.63%	18.27%	2.28%	0.92%
4. 您会根据大数据生成的德育数字画像，调整家庭教育的重点	33.71%	42.71%	19.95%	2.55%	1.08%
5. 您的孩子会每天关注大数据评价中的加减分情况	42.17%	34.36%	19.73%	2.71%	1.03%
6. 您对大数据评价中的每一项评价项目都有明确的了解	32.85%	38.21%	24.17%	3.36%	1.41%
7. 您更注重大数据评价中的公平性	46.50%	37.56%	14.42%	1.19%	0.33%

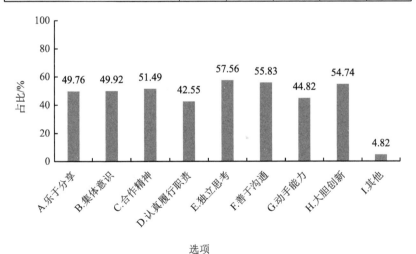

图 1-2

综合来看，德育维度反映的现状如下。

(1) 大数据评价系统可以帮助学生进行自我管理

问题 1、2、4、5、7 可以归为这个视角，这些问题关注大数据评价系统对孩子们行为的奖励和惩罚，以及孩子是否因此会有更好的德育表现。统计结果表明，这种数字化的评价方法让学生在积极的行为上得到奖励和认可，能帮助学生更好地管理自己的行为。

(2) 大数据评价系统可以帮助家长了解孩子的性格

问题 3、6 都可以归到这个视角。这些问题关注大数据评价系统能否帮助家长更全面地了解孩子。统计结果表明，数字画像可以提供更全面和详细的孩子信息，帮助家长了解孩子在学校的表现，了解孩子的性格。

(3) 对德育大数据评价的完善意见

问题 8 属于这个视角。问题 8 探讨了德育大数据评价还需要从哪些方面进行完善。结果显示，排名前三的选项是独立思考、善于沟通和大胆创新。

德育维度总结：数字化的德育评价对于学生德育水平的提高有着重要意义，它使德育过程更有规律可循，使家长和学生了解自己的优势、不足和进步。但是，从多个单选题的结果来看，有部分家长对大数据评价系统不是完全了解。此外，为进一步优化德育的大数据评价，需完善独立思考、善于沟通和大胆创新等方面的指标。

2. 智育维度

为分析大数据评价系统在智育维度的具体情况，本调查共设计 8 题（5 道单选、3 道多选），9~13 题的具体情况详见表 1-6，第 14、15、16 题情况分别见图 1-3、图 1-4、图 1-5。

表 1-6 智育维度 9~13 题调查结果统计表

题目	完全符合	比较符合	一般符合	比较不符合	完全不符合
9. 您认为大数据评价能实现因材施教	31.11%	43.41%	21.63%	2.55%	1.30%
10. 您认为大数据评价对孩子的学习起到了促进作用	35.77%	44.17%	17.34%	1.63%	1.08%

续表

题目	完全符合	比较符合	一般符合	比较不符合	完全不符合
11. 您获得大数据评价反馈后，会及时和任课老师沟通，寻求解决方法	33.60%	40.16%	21.84%	3.20%	1.19%
12. 您认为月度华采少年评比，应参考大数据对孩子的学习评价	34.31%	42.22%	19.46%	2.66%	1.36%
13. ChatGPT（Chat Generative Pre-trained Transformer）席卷全球，您对学校因应变革，建构AI课堂看法是什么	34.58%	40.11%	21.19%	2.76%	1.36%

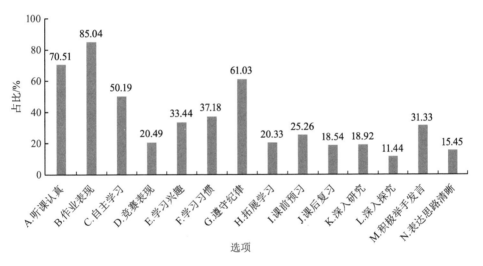

图 1-3

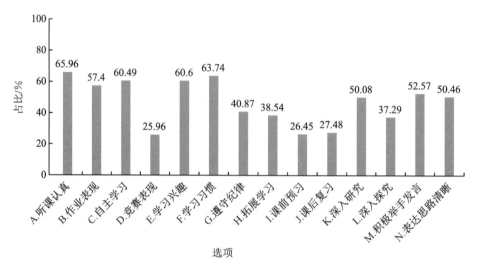

图 1-4

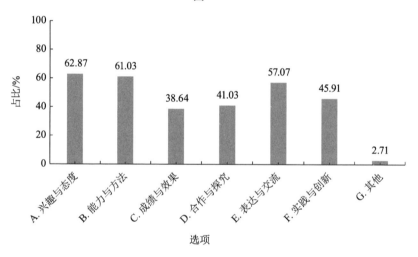

图 1-5

综合来看,在智育方面反映的现状如下。

(1)大数据评价系统可以促进因材施教和个性化学习

问题 9、10、12、13 可以归为这个视角,这些问题关注大数据评价系统对因材施教及个性化学习的作用。统计表明,将数字画像作为孩子学习表现的反馈,可以更好地了解孩子的兴趣、优势和不足,更好地促进孩子的学习兴趣,增加孩子个性发展的机会。

（2）大数据评价系统可以使家长获得有效的学习反馈

问题 11、14、15 可以归为这个视角，这些问题讨论了家长通过大数据评价系统获得的学习反馈，以及家长最关心的反馈信息。数据表明，教师和家长可以通过更详细的数据了解学生的学习情况，以便提供更切实的指导。

（3）对智育大数据评价的完善意见

问题 16 属于这个视角。问题 16 探讨了智育大数据评价还需要在哪些方面进行完善。结果显示，排名前三的选项是兴趣与态度、能力与方法和表达与交流。

智育维度总结：大数据对孩子的智育发展发挥着重要作用，数字化的评估方法与数据分析为家长、教师提供了更透彻地了解孩子学习的机会；大数据发现孩子的兴趣、优势和弱点，进而教师可以有针对性地为学生提供个性化学习方案；为进一步优化智育的大数据评价，需完善兴趣与态度、能力与方法和表达与交流等方面的指标。

3. 体育维度

为分析大数据评价在体育维度方面的具体情况，本调查共设计 8 题（7 道单选、1 道多选），第 17～23 题情况详见表 1-7，第 24 题情况详见图 1-6。

表 1-7　体育维度 17～23 题调查结果统计表

题目	完全符合	比较符合	一般符合	比较不符合	完全不符合
17. 您主要通过体育教师的大数据评价了解孩子的体育实践情况	32.79%	40.76%	22.22%	3.04%	1.19%
18. 大数据评价系统能帮助孩子找出适合自己的体育项目	28.13%	39.84%	25.20%	4.88%	1.95%
19. 大数据评价系统能够督促孩子坚持进行锻炼，促进孩子体能发展	29.70%	40.43%	25.04%	3.58%	1.25%
20. 您会根据大数据评价的结果，来为孩子调整每周反馈中的学生运动建议	28.18%	39.89%	25.64%	4.77%	1.52%

续表

题目	完全符合	比较符合	一般符合	比较不符合	完全不符合
21. 您认为对体育大数据评价进行收集和分析，对孩子的体育发展有一定指引作用	30.95%	41.19%	23.90%	2.82%	1.14%
22. 您能从大数据评价系统中了解孩子在运动能力、体育品德与体育精神这三方面的成长	30.89%	41.30%	22.93%	3.36%	1.52%
23. 大数据评价系统激励了孩子的运动兴趣，让孩子在家也愿意积极主动地参加某项运动	31.00%	40.60%	22.82%	4.28%	1.30%

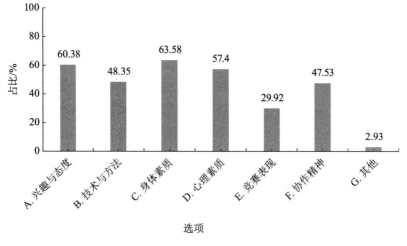

图 1-6

综合来看，体育维度反映的现状如下。

（1）大数据评价系统在各方面推动体育教育

问题 18、19、21、22、23 可以归为这个视角。这些问题体现了大数据评价对孩子体育知识、技能、兴趣、身体素质、竞赛表现等方面的促进作用。通过数字画像作为孩子体育表现的反馈，家长可以了解孩子擅长的体育技能，提高孩子的体育水平。

（2）大数据评价促进家校体育合作

问题 17、20 可以归为这个视角。这些问题主要关注家校体育合作。统计表明，通过大数据评价系统，家长和教师可以了解孩子的体育实践情况，调整对孩子运动的建议，进而提高孩子的运动能力。

（3）对体育大数据评价的完善意见

问题 24 属于这个视角。问题 24 探讨了体育大数据评价还需要在哪些方面进行完善。结果显示，排名前三的选项是身体素质、兴趣与态度和心理素质。

体育维度总结：通过大数据，家长、学校可以了解孩子的体育发展情况，并据此提供相应的体育教育方案。同时，大数据评价也可以促进家校合作，提高孩子的体育水平，为孩子的健康成长提供重要支持。为了进一步优化体育的大数据评价，需完善身体素质、兴趣与态度和心理素质等方面的指标。

4. 美育维度

为分析大数据评价在美育维度方面的具体情况，本调查共设计 8 题（6 道单选、2 道多选），第 25~30 题情况详见表 1-8，第 31、32 题情况详见图 1-7、图 1-8。

表 1-8 美育维度 25~30 题调查结果统计表

题目	完全符合	比较符合	一般符合	比较不符合	完全不符合
25. 大数据评价系统对学校艺术学科建设、艺术课程评价、学生美育培养有制度性的保证，您会积极参与这几方面的活动	35.45%	42.82%	18.86%	2.11%	0.76%
26. 学校会通过使用大数据拓展艺术课程，丰富孩子的学习空间，大数据评价系统能有效提升孩子的艺术数字技能，丰富孩子的认知思维与艺术技能，您对此非常支持	37.34%	42.38%	18.27%	1.36%	0.65%
27. 大数据评价系统能帮助孩子找出适合自己的艺术项目	31.54%	41.19%	22.55%	3.74%	0.98%
28. 您会根据孩子的大数据评价与分析，带孩子有针对性地参观艺术展、参加音乐会或参与艺术活动	30.24%	39.78%	23.96%	4.82%	1.19%

续表

题目	完全符合	比较符合	一般符合	比较不符合	完全不符合
29. 大数据评价系统能了解孩子的艺术兴趣倾向，您会据此挖掘并培养孩子的艺术特长	31.11%	40.27%	22.98%	4.39%	1.25%
30. 您通过大数据评价了解到孩子美育能力的提升情况	31.27%	40.49%	23.85%	3.36%	1.03%

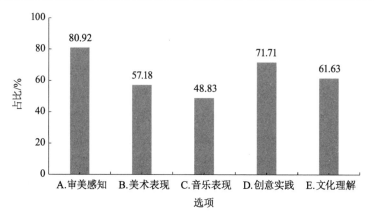

图 1-7

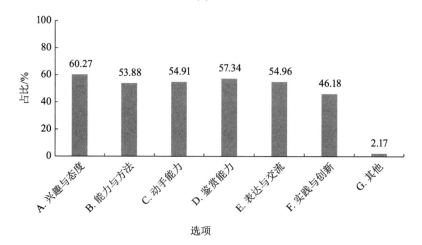

图 1-8

综合来看，美育维度反映的现状如下。

（1）家长对大数据评价系统的支持度较高

问题25、26、31可以归为这个视角。问题25、26关注的是学校艺术学科建设和艺术课程评价，以及大数据评价系统对学生美育培养的保证，这两个问题体现出家长对大数据评价系统在艺术方面的积极支持和积极参与。问题31探讨了家长们对孩子美育方面的核心素养的关注，包括审美感知、美术表现、音乐表现、创意实践和文化理解。

（2）大数据评价系统对学生的艺术发展和能力提升的作用

问题27、28、29、30可以归为这个视角。问题27和问题29探讨了大数据评价系统对学生艺术项目选择、兴趣挖掘和特长培养的作用，体现了大数据评价系统对指导学生发展和提升美育能力的重要性。问题28和问题30探讨了大数据评价系统对孩子参观艺术活动和了解他们美育能力提升情况的作用，体现了大数据评价系统帮助家长了解孩子的美育发展，并因势利导地培养。

（3）对美育大数据评价的完善意见

问题32属于这个视角。问题32探讨了美育大数据评价还需要从哪些方面进行完善。结果显示，排名前三的选项是兴趣与态度、鉴赏能力和表达与交流。

美育维度总结：家长对大数据评价系统在学校艺术学科建设、艺术课程评价以及学生美育培养方面持积极参与的态度。家长关注多方面的美育核心素养，普遍认为大数据评价系统对孩子的艺术发展、能力提升以及兴趣挖掘具有重要作用。为了进一步优化美育的大数据评价，需完善兴趣与态度、鉴赏能力和表达与交流等方面的指标。

5. 劳动教育维度

为分析大数据评价在劳动教育维度方面的具体情况，本调查共设计8题（6道单选、2道多选），第33~38题情况详见表1-9，第39、40题情况详见图1-9、图1-10。

表 1-9　劳动教育维度 33~38 题调查结果统计表

题目	完全符合	比较符合	一般符合	比较不符合	完全不符合
33. 您认为大数据评价有利于孩子实践能力的提升	34.53%	41.63%	21.03%	1.95%	0.87%
34. 您对收到的劳动大数据评价很重视，并鼓励孩子在学校多进行劳动实践	36.69%	42.22%	18.59%	1.57%	0.92%
35. 您认为劳动实践有利于塑造孩子积极向上的一面	40.60%	42.49%	15.01%	1.30%	0.60%
36. 您认为孩子在劳动实践中，磨练了自己面对困难和挫折的勇气	41.25%	41.79%	15.28%	1.14%	0.54%
37. 您认为孩子很愿意在劳动实践中展现自己，并主动承担起一部分家庭责任	38.70%	42.82%	16.59%	1.25%	0.65%
38. 您愿意将自己孩子积极参与劳动实践的事情用文字的形式记录并上传到平台	35.77%	40.87%	19.73%	2.66%	0.98%

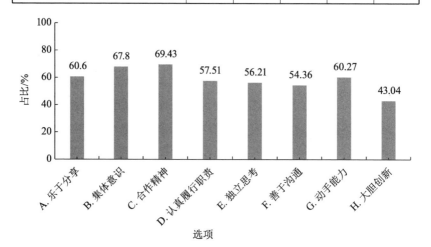

图 1-9

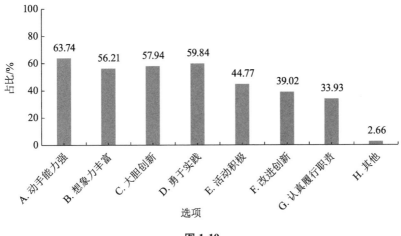

图 1-10

综合来看，劳动教育维度反映的现状如下。

（1）大数据评价系统促进学生劳动教育素养提升

问题 33、35、36、37 可以归为这个视角。这些问题都涉及大数据评价对孩子实践能力的影响。根据调查结果，大数据评价对增强孩子的实践能力有利，能够塑造孩子积极向上的一面，培养他们面对困难和挫折的勇气，孩子愿意在劳动实践中展现自己，并且主动承担一部分家庭责任。

（2）家庭参与度高，态度积极

问题 34、38、39 可以归为这个视角。这些问题都涉及家长对孩子参与劳动实践的态度。调查结果显示，相当数量的家长很重视收到的大数据评价，鼓励孩子多进行劳动实践，家长也表示愿意将孩子积极参与劳动实践的情况用文字记录并上传到平台。家长关注的素质包括合作精神、集体意识、乐于分享和动手能力等。这些都是劳动实践中重要的素质，家长希望通过劳动教育的大数据评价，更好地培养孩子在这些方面的发展。

（3）对劳动教育大数据评价的完善意见

问题 40 属于这个视角。问题 40 探讨了家长们认为劳动教育大数据评价还需要在哪些方面进行完善。结果显示，排名前三的选项是动手能力强、勇于实践和大胆创新。

劳动教育维度总结：劳动教育大数据评价有利于提升孩子的实践

能力，塑造他们积极向上的一面，培养勇气和责任感。家长也重视大数据评价，鼓励孩子在学校多进行劳动实践，并愿意参与记录和分享孩子的实践表现。为了进一步优化劳动教育的大数据评价，还需完善动手能力强、勇于实践、大胆创新等方面的指标。

六、调查结论

1. 大数据评价得到了家长的广泛认可和支持

经调查，华师苏实小大数据评价有效地促进了学生德、智、体、美、劳的全面发展，并得到了家长的广泛认可与支持。大部分家长的认可离不开我校对评价体系的探索，包括对学生的"课程学习""品行习惯""集体表现"3大板块、"兴趣与态度""能力与方法""成绩与效果"等17个维度、"听课认真""表达思路清晰""勇于实践"等140项成长指标进行实时评价，以一支"魔法棒"为起点，结合智能终端，以积分超市和积分兑换机为终点，形成"魔法评价"闭环，后来又向"七尚"评价全面升级。

评价体系的完整也离不开家长的积极参与。"魔法评价"系统以过程精准、科学为特点，全方面、多角度激励学生自主发展，使学生积极主动获得持续、协同、健康、全面的发展。

2020年，华师苏实小立足"胸怀天下，格心致远"的培养目标，围绕"五育融合"，对原评价指标进行了升级，更加科学、全面、客观、具体地将评价维度从3个升级为7个。

2. 大数据评价使"因材施教"面向全体成为可能

大数据评价使"因材施教"面向全体成为可能。横向上，大数据评价及时记录学生各方面表现；纵向上，大数据评价贯穿学生的整个小学生涯。这极大地方便了家校双方了解学生的个人特质及发展变化，大部分人对大数据评价帮助实现"因材施教"有信心。

大数据评价对"因材施教"的作用，体现在促进学生"五育"的均衡发展和生成学生的全面数字画像。

其一，依托大数据的综合应用性，及时让教师掌握每位学生的"五育"发展情况。通过发现学生的不足之处，对学生进行指导和帮助，可以促进"五育"均衡发展。根据问卷调查可知，很多学生喜欢在班级电子牌中关注自己的评价状况，对自己评价的关注会使学习积极性大大提升，学习兴趣更加浓厚，自我管理能力增强。

其二，在"五育"均衡发展的基础上，学校采用多元化、多样化的评价方法，以及立体化的采集，形成学生的数字画像，以此为准进行针对性指导。数字画像能够帮助家长为孩子查漏补缺，包括优势培养、弱项补足和家庭教育调整，具体方法有增加家校联系、通过网络书籍或线下课程更新教育理念、和孩子沟通等。

让孩子做到"五育"并举，有效地找到发展的方向和目标，能促进他们养成个性化的品格和能力，为他们未来的理想目标设定提供有力的支持。

3. 大数据评价使教育方式转向精准的个体教育

华师苏实小升级后的智慧教育平台促使教师的教学思维从传统向现代转变，由群体教育转向精准的个体教育，并更好地定位学生的情况，从而实现因材施教。

究其原因，是因为智慧教育平台包括阅卷系统、备课系统、资源库、作业系统、阅读系统和录播系统等，在不改变教师传统教学场景和习惯的前提下，极大地提高了教学效率。例如：AI 课堂系统能在课前、课中、课后实行全方位覆盖，它不仅统计了学生的学习态度、学习负担、学习习惯等方面的数据，还能通过信息间的比较和关联进行分析，让老师更好地了解学生的学习情况，随时随地互动反馈，让教学更具智能化。而 AI 测评系统利用海量的优质测评资源，为师生提供准确的学业诊断，并生成诊断报告，建立学业追踪档案，进行教学活动的精细化管理。大数据技术还能够协助老师更加精确地开展针对性指导，为学生量身定制个性化的学习任务，进而大幅提高教学质量。

4. "五育"并举的大数据评价系统促进课程优化

大数据教育评价系统建设的目的在于以数据支撑学生评价、以评价促进课程优化、以课程驱动学生成长。学校秉承"国家课程校本化，校本课程特色化，选修课程多元化，特长课程链式化"的理念，在数据的支持下，对学生学习、教师教学的情况开展全面研究，以此来评估学校课程的价值并做出新的判断，从而建设课程的最佳结构。

大数据教育评价系统为学校提供了更多的机会和能力，使教学过程更加完善、更加实用、更加优质，从而促进学生个性化、全方位发展。

建校5年来，通过大数据教育评价的实践和不停的探索，华师苏实小学生已逐渐形成阳光、积极、上进、热爱学校、热爱学习的优良品质，学校在社会上的认可度和美誉度也不断提升。央视国际频道、江苏教育频道、新华日报等10余家主流媒体12次报道了学校的办学特色，学校连续3年在在线无记名家长满意度测评中满意率为100%。华师苏实小始终坚信：育人是大数据教育评价体系最本质的要求和价值诉求，华师苏实小将不断努力探索与实践更科学、更有效的育人之路，为大数据教育评价体系做好充足的实践基础。

第二篇

大数据应用于教育教学评价的研究成果

基于大数据的小学生"五育"并举评价创新研究文献综述

教育评价是教育发展的重要组成部分，而大数据为教育评价的发展提供了新的思路和技术支持。运用大数据技术和思维模式，改进教育评价，促进教育发展，是华师苏实小一直力主研究的课题。

一、概念分析

1. 教育大数据

本课题中的大数据特指教育大数据，是指面向教育全过程的数据，是用于教育发展并可创造巨大潜在价值的数据集合。数据挖掘和评价分析，对教育决策、学生的个性化全面发展有支持和促进的作用。

2. "五育"并举

2019年7月，中共中央、国务院印发《关于深化教育教学改革全面提高义务教育质量的意见》明确指出，坚持"五育"并举，全面发展素质教育。"五育"并举，就是要让学生德、智、体、美、劳全面发展，就是要落实立德树人之根本任务，全面促成素质教育落地、生根、开花、结果。

3. 学生评价

学生评价是指根据一定的标准，通过使用一定的技术和方法，以学生为评价对象进行的价值判断。它是教育评价的重要领域之一，是学校教育中每位教师都必须实际操作的一项重要内容，也是教育评价的一个下位概念，还是学校教育评价的一个重要内容和组成部分。小学生评价即发生在小学阶段的学生评价。

二、文献分析
1. 大数据教育评价特点

近十年来，大数据在教育领域的应用迅速发展，相关研究也日益增多，如，应用大数据开展学生综合素质评价、学生能力评价、学生成绩测评、学生身心素质监测等；相关政策纷纷出台，专业机构和研究中心相继建立，如，2015 年北京市未来教育高精尖创新中心成立，该中心致力于运用大数据分析学生学习全过程，以适应新的学生评价机制等。

笔者在知网上以"学生评价"和"小学生"为主题关键词进行模糊匹配检索，发现两千余篇相关文献，学者有钟启泉、王斌华、吴钢、李润洲、谢慧萍等。从发表年份趋势图中笔者发现，2001 年后相关研究数量显著增加，这可能与我国的第八次新一轮基础教育改革有关。通过对现有相关度较高的文献进行简单分析，笔者发现相关研究主要从小学生评价的理论基础、评价制度与体系、评价方式与工具，以及对现有小学生评价实践的调查与反思等几个方面展开。从研究内容来看，这些文献主要聚焦于综合素质的评价、学业质量的评价、作业评价等。

《大数据时代学生评价变革研究》一文指出：教育界正进入大数据分析时代。教师大数据挖掘的特点和学校评估的基本原则相互结合，通过教师大数据挖掘可以给学校评估改革带来新机会。在推动教育大数据分析的发展，以及运用教育大数据分析方法推动学校评估改革、为学校的发展服务方面，还存在着教育思想、科技、人才、互联网、信息安全等的诸多挑战。同时，在教育大数据中的思想、科技、方法等的共同影响下，学校评估的功能将更为突出发展性，评判准则、方式、主体等将呈现多样性，评判内涵将更趋全面，评判流程将更为强调生成。总之，大数据时代背景下的学校评估体系将进行巨大的、全方位的改革，并随之系统出新。

《基于行为大数据的学生综合素质评价系统设计与研究》一文有

言：通过剖析学生校园信息环境，以及学生行动数据与整体综合素养发展之间的相互关联，可明确依托行动信息的学生整体综合素养评估体系，并可以通过解析学生行动数据，展示学生成长的全貌，为学校确定学生下阶段发展走向、教师正确引导学生提供依据，从而推动学生的全面发展。

《教育信息化促进学生评价改革》一文认为：教育信息化将能够为优化学校评价提供重要支撑。运用教育信息化技术实现政府部门、学校、家长和社会广泛联系和信息快捷互通，可以促进家庭教育评价主体的多样化。

2. 大数据教育评价指标体系

《大数据背景下基于学生成绩的学生能力评价研究》一文提到：目前多数互联网数据库主要针对中小学生成绩进行的简单检索和统计分析等工作，而针对青少年学生成绩中所蕴藏的巨大信息还没有展开过深入发掘，学生的全面评价涉及不够。

《应用大数据思维构建学生学业质量评价指标体系》一文明确通过深入研究与探索运用大数据分析的新技术与思想，能够协助中国高校建立一种以学习者为本的、全方位的、绿色的学业质量评价指标体系。

《大数据时代学生综合素质评价：方法论、价值与实践导向》一文认为：大数据分析可对学生综合素养水平进行全方位检测，通过精确的预测和检测可推动学生的生命发展，从而实现教师教育价值的回归；通过大数据分析对学生综合素养评估系统的全域关照、系统全息和主体增值，将有助于促进学校"以学员为中心"的整体综合智能评估系统的形成。

《基于大数据的学生综合素质评价研究》一文指出：大数据教学评价体系能较好地协助教育主管部门把握辖区学情，监控教育质量，以做出更科学合理的素质教育决策。这种信息的收集与分析，是各级教育主管部门对所管辖范围内的学校教育教学情况实施监督的主要手段之一，可为其今后制定科学合理的、适合自身实践的教育教学策略提供十分关键的参考依据。

3. 小学生"五育"并举评价方式

截至 2020 年 12 月，以"五育"（包括"五育融合"及"五育并举") 为关键词，知网可见收录的文献仅 93 条。使用 CiteSpace 软件进行分析之后发现，现有文献更多的是理论研究，对小学生评价的侧重则较少。以"五育"与"小学生"作为关键词进行检索，笔者在知网上仅检索到核心期刊文献 3 篇。据此，笔者及所在学校认为：坚持"五育"并举，强调学生的德、智、体、美、劳全面发展，是党在新时期对学校教育提出的新要求；坚持"五育并举，融合育人"是做好学生学校评价的根本遵循。

自 1999 年中共中央、国务院发布《关于深化教育改革全面推进素质教育的决定》开始，国家屡次出台相关政策举措，积极推动中小学综合素质评估制度变革。虽然各级教育部门都在积极探索中小学的综合素质评估体系，但仍面临教学思想理论基础欠缺、评估模型操作性不强、方法技术不够科学等问题。

《"五育融合"与新时代"教育新体系"的构建》一文指出：每一种教育教学行为，都可能综合影响学生的生命成长，产生融合效应。"五育"的培养是相互渗透、相互联系、相互补充的。"五育融合"的实现需要依靠"德的养成""智的学成""体的塑成""美的化成""劳的干成"。文中对"五育融合"的定义、理解和难点进行了深度剖析，并提出让"五育融合"进学科、课程、教学中去，进而实现五育体系化。

《义务教育学生科学素养及其关键影响因素研究——来自 PISA、TIMSS 和 NAEP 的国际测评经验》一文指出：义务教育阶段科学学业成绩检测，是新课标改革的重要研究课题。PISA，TIMSS，NAEP 等国际化学生评估项目，吸取了认知教育目标分级研究理论、科学素质教育检测方法和评估思想的最新研究成果，理清了科学学业成绩检测的整体设计理念、整合评估维度、整体设计评估架构，并初步研究了试卷编写模式和质量保证技术。

《"三维·X 度"：基于小学生差异成长的"到达度"新评价体系架构与探索》一文提到：要有效地促使各个中小学生的个人差别得到均衡、全面的发展，就得根据"六和"办学理念设计下的"三维·X 度"到达度评估创新系统，及时发现学生日常在"五育"方面的各项变化，动态勾勒出学生的发展轨迹，对学生进行个性化指导与帮助，为学生当前和未来的发展提供助力。

三、学校已有的研究

1. 建立并有效使用"魔法评价"闭环系统

学校借助"智慧校园"建设，以学生行为规范与学业表现为内容，以数据思维与成长建模为创新，利用先进的云平台，迅速建构起跨终端、全时空、多角度的学生成长智慧评价系统，并以此对学生的"课程学习""品行习惯""集体表现"3大板块、17个维度、140项成长指标进行实时评价。以一支"魔法棒"为起点，结合智能终端，以积分超市和兑换机为终点，形成"魔法评价"闭环，使云计算、大数据技术下的"互联网+评价"成为现实，已有效助推"家、校、生"三方的全面参与与合作。经多年实施，学校创新的"大数据教育评价"系统已被省、市多家主流媒体报道，《走向深度数据管理——基于大数据的小学教育教学管理改革实践探索》一文已被刊发。

2. 评价系统再升级

为更好地达到全面育人的目的，学校将原有的三个评价指标维度升级为七个，分别是尚善的品格（德）、尚进的学力（智）、尚强的身心（体）、尚美的旨趣（美）、尚实的行动（劳），以及尚博的底蕴、尚畅的视野（合称"七尚"评价）。围绕"五育"并举的"七尚"评价，加强了学校教育、家庭教育、社会实践教育活动的"三位一体"，每个维度又围绕必修课、选修课、校本课及特色课等设置了19个子项目评价系统平台、100多项评价指标，已逐步形成科学、精准的大数据教育评价体系，其演进过程及效果正在不断向好发展。

四、总结及展望

学生评价是教育评价的重要领域之一，而小学生评价是其中的重要组成部分，是小学教育管理的重要环节。目前，国内学校研究教育评价的不少，但研究基于大数据的教育评价的不多，即使有，也基本只着眼于教学方面。如何通过基于大数据的"五育"并举评价促进学生的全面发展和素质提高是值得研究的新课题。如何以学校"大数据教育评价系统"为载体，建立具有一定可操作性的大数据教育评价体系，不仅具有探索意义，更能体现现实价值。

笔者及所在学校认为：研究与实施基于大数据的小学生"五育"并举评价这一课题，必须要有理论支持。面对相关文献进行必要的研究，正是获得理论支持的途径之一。学校将高度注重以理论为先导，力求使本项课题研究产出应有的实践成果和绩效。

（周雪红、唐惠玉，本文曾发表于《小学教学研究》2022年第35期，此处稍作修改）

大数据教育评价：
让大规模因材施教成为可能

教育评价是教育发展的重要组成部分，大数据技术的出现为教育评价的发展提供了新的思路和技术支持。近十年来，大数据在教育领域的研究逐渐增多，如应用大数据开展学生能力评价、学生成绩测评、学生身心素质监测等。2019年6月，中共中央、国务院印发的《关于深化教育教学改革全面提高义务教育质量的意见》中高度重视、充分强调：坚持"五育"并举，全面发展素质教育。据此，坚持"五育并举，融合育人"，是新时代对学校教育提出的重要要求，是做好学生评价的遵循。运用大数据技术和思维模式改进教育评价、促进教育的发展；通过教育大数据、人工智能、云计算等信息技术与教育教学深度融合，构建教与学、管理与评价等一体化、智能化的"智慧教育大脑"，实现"五育"并举、全面育人的目标，无疑是个值得思考和研究的课题。

一、构建基于大数据的学生"五育"并举评价体系

以华师苏实小为例，学校创办初期，即借助"智慧校园"建设，以学生行为规范与学业表现为内容，以数据思维与成长建模为创新，利用学校先进的云平台，建构了跨终端、全时空、多角度的学生成长智慧评价系统，对学生的"课程学习""品行习惯""集体表现"3大板块、17个维度、140项成长指标进行实时评价。其间，更以一支"魔法棒"为起点，结合智能终端，以积分超市和积分兑换机为终

点，形成"魔法评价"闭环，真正让人工智能、大数据技术下的"互联网+评价"成为现实，并且有效实现了"家、校、生"三方的全面参与与合作，促使学生获得了持续、协同、健康、全面的发展。

为更好地达到全面育人的目的，华师苏实小立足"胸怀天下，格心致远"的培养目标，对原有评价指标进行了升级，由三个维度升级为七个，分别为尚善的品格（德）、尚进的学力（智）、尚强的身心（体）、尚美的旨趣（美）、尚实的行动（劳）、尚博的底蕴、尚畅的视野。"七尚"评价围绕"五育"并举，凭借文化底蕴积发及国际理解增量，加固学校教育、家庭教育、社会实践教育活动"三位一体"，形成科学、精准的大数据教育评价体系。在每一维度下又围绕必修课程、选修课程、校本课程，以及特色课程等设置了19个子项目评价系统平台，内含100多项评价指标。

具体实施时，学校着重围绕7个维度评价系统设立了4级赋分标准。（表2-1）

上述评价内容的数据采集分别来源于课程管理系统、智慧教学平台、德育管理系统、体质健康评测系统、学生成长档案系统、智能图书馆系统等19个大数据对接平台。获得数据的方法主要有两种。一是自动采集，对于学生学习与生活的相关痕迹，由系统自动采集相关数据。二是手动上传，教师依据学生在校表现做出评价，形成数据；家长根据设置的指标，上传子女在家庭中的相关表现评价数据；同时，合理、真实地获取并上传学生之间的互相评价数据。图书借阅、学业掌握、作业反馈等方面，则通过智能图书系统、智慧教学平台自动采集数据；课堂表现、社会实践、获奖情况、兴趣爱好、家长评价等方面则通过教师、家长、同伴的评价在课程管理系统、德育管理系统、体质健康评测系统等平台手动上传数据。根据各阶段数据，有效形成个性化的学生数字画像。

表 2-1 赋分标准示例

序号	Level 1			Level 2			Level 3			Level 4			赋分方式	数据采集来源（需要注明：老师录入/学生录入/从哪个系统采集）
	名称	单项总分	权重	名称	单项总分	权重	名称	单项总分	权重	名称	单项总分	权重		
7	尚畅的视野	100	100%	阅读拓展	70	70%	阅读习惯	20	20%	阅读发帖	10	10%	与图书馆系统数据对接	与图书馆系统数据对接
										读写分享	10	10%	与图书馆系统数据对接	与图书馆系统数据对接
							阅读兴趣	20	20%	阅读数量	10	10%	每月阅读1本可加1分,10分封顶	与图书馆系统数据对接
										读写质量	10	10%	与图书馆系统数据对接	与图书馆系统数据对接
							阅读成果	30	30%	阅读测评	10	10%	与图书馆系统数据对接	与图书馆系统数据对接
										文章发表（获奖）	10	10%	在班级公众号或征文比赛发表1次可加5分,10分封顶	老师录入/家长录入/学生录入（上传图片即可认定）

二、基于大数据的学生"五育"并举评价实施路径及成效

1. 精准评价数据，提高教学质量

学校智慧教学平台包含 AI 课堂系统、资源库、测评系统、作业系统和录播系统等。在不改变教师传统教学场景和习惯的前提下，大数据教育评价系统大大减轻了传统教学中的低效重复劳动，显著提高了教学效率和质量，并成功促使教师的教学思维由传统教育方式向现代教育方式转变，由群体式教育方法向个性化教育方法演进。例如，AI 课堂系统覆盖课前、课中、课后全过程，不仅统计学生学习态度、学习负担、学习习惯等方面的数据，还进行数据间的对比和相关性分析，考查学生成绩的影响因素，让教师对学生有更透彻的了解，并随时随地互动反馈，令教学更具智能化。具体有以下表现。

课前：教师利用资源库，通过备课系统进行全新备课或模板备课，添加课前、课中、课后教学活动；同时提供预习任务单，学生根据任务单完成预习任务后，系统会对客观题进行批阅，教师对主观题进行批阅，系统自动提供一份学生对知识掌握情况的分析报告。这样，系统帮助教师实现教学目标初步摸底；教师根据学生预习任务反馈，调整教学设计、教学活动等，实现因材施教。

课中：教师通过移动端控制投影，通过虚拟白板进行移动授课，根据预习报告单上的情况，有针对性地进行讲解，同时，选取教学活动所需的教学工具，采用点名、投票、拍照上传等多种形式。在教学过程中，教师手持评价"魔法棒"，根据教学评价体系的"兴趣与态度""能力与方法""成绩与效果""合作与探究""表达与交流""实践与创新" 6 大维度中 65 个子项目及时对学生进行学习评价。同时，教师通过作业系统在课堂上推送随堂练习，并通过学生完成情况生成分析报告，为布置课后作业提供依据。系统自动统计教学过程中的学生数据、教师数据，生成数据分析报告，极大地提高了课堂教学效率，还为学生"五育"的全面优质发展提供了强有力的实据。

课后：教师通过作业系统推送作业，学生回顾课堂内容并完成复习任务，系统多维度地分析作业过程中产生的数据，所有学生的错题都会汇总到教师的"错题库"中，按错误率高低排序，以便教师在接下来的教学过程中查漏补缺，优化教学；学生也会收到一份"学

情报告",该报告对作业中的正确率、已掌握的内容、薄弱环节等都有非常详细的评价和分析,学生能清楚地了解自己的阶段学习情况,方便及时调整;错题中心按错题知识点类型自动推送新题目,学生可进行个性化提升。每次测评后,通过测评系统,教师会立刻看到系统生成的分析报告,从全班的情况到学生个人的情况都一目了然,教师可以根据报告的具体数据制订教学计划,也能更精准地进行提优补差。如此,基于海量的优质资源,系统帮助师生诊断学情,生成诊断报告,形成学业追踪档案,实现教学精细化管理,其间产生的大数据更能帮助教师精准实施针对性指导,为学生定制不同的学习任务,继而实现智能化、个性化教学,让因材施教真正成为可能。

2. 全面数字画像,推进因材施教

大数据教育评价系统的最大优势之一便是横向可涵盖学生各个方面的表现,纵向能贯穿学生的整个学习生涯。

(1) 依托大数据,促进均衡发展

依托大数据可随时观测到每个学生"五育"发展的情况,从而有机会发现学生的不足,同时通过学校、家长的及时指导和帮助,促进学生德、智、体、美、劳优质均衡发展。由此,学生的学习积极性大大提升,学习兴趣更加浓厚,自我管理能力不断增强。例如,智慧教学平台采集的数据分析,使陈同学的知识薄弱点、答题习惯、听课习惯、教学活动完成情况等都一目了然。我们可以分析出,他的数学逻辑思维偏弱、表达交流与班级平均水平差距较大;同时,我们可以从班级评价、家长评价、日常行为管理、自评等多维度数据报告,分析了解他的品德修养,找出其薄弱点,为后续针对性补强提供依据。由此看出,依托大数据,我们可以采用不同的培养方式,针对不同学生的薄弱知识点进行精准辅导,促进其"五育"的优质均衡发展。

(2) 内化"五育",实施个性化培养

在学生"五育"优质均衡发展的基础上,通过大数据的数字画像,我们可对学生实施精准式、个性化教育,内化"五育"、培养特长,有效找到发展的方向和重点,促使学生形成个性化的品格和能力,以及未来长远的理想目标。例如,从陈同学的智能图书馆系统借阅数据中,我们可以分析出他喜爱艺术和科学,从学生成长档案系统和体质健康评测系统采集的数据中，可以精准地发现他有体育和音乐两方面的特长，可以对其体育和音乐等方面的特长进行重点培养，促进其个性化发展。

（3）量身定制，驱动大规模因材施教

根据"学生大数据驾驶舱"提供的全校学生动态变化数据，我们可更具有针对性地设计出学校层面的个性化教育方案，这不仅可以为每个学生量身定制最适合的教育方法，还可以让大规模因材施教真正成为可能，最终实现"为每一个孩子的快乐成长奠基"的办学目标。

3. 驱动课程优化，增援学生成长

大数据教育评价系统建设的主要目的：以数据支撑学生评价，以评价驱动课程优化，以课程优化增援并保障学生成长，帮助学生真实地了解自我，明晰自身的优势特长和发展短板，让每一个学生都找到适合自己的成长方式，实现学生发展和学校教育教学管理决策的双向共赢，发挥综合素质评价育人的导向、评价双重功能。在实践与研究的过程中，华师苏实小坚持走"校本课程特色化、选修课程多元化、特长课程链式化"之路，并在庞大的数据支撑下，对学生学习和教师教学情况进行科学、全面的分析，对学校课程的价值做出新的判断，从而实现课程优化。大数据教育评价系统让学校有机会和能力将课程优化之路走得更好、更实，更有效地实现学生个性化全面发展的目标。

育人是教育的生命和灵魂。大数据教育评价系统以实用、高效、前瞻为基础，以全面、精准、科学为原则，以学生各个方面、各个阶段的行为数据为依据，已真正成为发掘学生潜质、激发求学兴趣、指导学习方法、成就人生价值的引力波。育人，必然是大数据教育评价最本质的要求和价值诉求；大数据教育评价之于大规模因材施教、育人，不仅切实可行，更能行之有效。

（周雪红，本文曾发表于《小学教学研究》2022年第28期，此处稍作修改）

依托大数据的作业育人系统构建及其育人路径

2018年12月，教育部等九部门印发了《关于印发中小学生减负措施的通知》；2021年4月，教育部印发了《关于加强义务教育学校作业管理的通知》；同年7月，中共中央、国务院印发了《关于进一步减轻义务教育阶段学生作业负担和校外培训负担的意见》。三份文件直击作业数量过多、质量不高、功能异化等问题。为从育人的高度思考相关问题，华师苏实小开发了大数据作业管理系统，力求有效解决这些问题。同时，该系统使作业的育人目标得到落实，"双减"内涵得到彰显，学校教育教学质量和服务水平得到进一步优化，良好教育生态初步构建，促进了学生全面健康发展。

一、传统作业管理中存在的问题

学生作业是教师教学过程的主要反馈，是教学质量的主要保证，更是学生学习过程中的重要组成部分。在传统的作业中，由于学校作业管理机制的不健全，学生更多是在被动模仿中完成作业，这就在一定程度上阻碍了作业育人功能的发挥与学生的素养发展。

1. 学校作业管理制度不够完善

学生作业是学校教育过程中的一个重要环节，是提高学生学习能力、促进自我发展的有效途径。在学校常规教学检查和对学生作业问题的调查中发现，学校的作业管理办法不够完善，作业质量缺乏监督、缺乏统筹，导致作业结构调控不尽合理，作业难度时有超标。学校课后延时服务有流于表面化、形式化的现象，服务质量不高，未能很好地利用课后时间拓展学生的学习空间和学习内容。

2. 家校协同机制不够健全

《关于进一步减轻义务教育阶段学生作业负担和校外培训负担的意见》指出，应完善家校社协同机制，进一步明晰家校育人责任，密切家校沟通，创新协同方式，推进协同育人共同体建设。部分班级与教师存在让学生自批自改，变相给家长布置作业，要求家长检查与批改作业的现象，致使作业育人的功能缺失，协同育人共同体建设不畅。作为教育重要组成部分的家庭教育，是落实学校作业改革和"五项管理"的重要帮手，而非学校教育和教师的简单替代者。

3. 作业设计缺乏相对开放性

作业是学生理解、巩固、记忆、创新的一个过程，是知识体系形成及能力提高的一个重要方式。但传统作业无论是在形式与内容，还是数量与对象上往往千篇一律，缺乏创造性、多样性、层次性。

4. 作业反馈评价缺乏有效性

对学生作业进行有效性反馈评价是教师对学生认可的一种体现，更能对学生起到激励与肯定作用。传统作业模式下，许多教师对学生的作业反馈评价是订正、重写等格式化字样，显得枯燥乏味，缺乏引导与交流。学生在作业中呈现的学习过程、个体差异、情感与态度无法得到关注，自我认知与信心无法重建，课堂教学进而也难以得到优化。

二、作业管理大数据平台系统建设

《加快推进教育现代化实施方案（2018—2022）》中明确指出："创新信息时代教育治理新模式，开展大数据支撑下的教育治理能力优化行动，推动以互联网等信息化手段服务教育教学全过程。"华师苏实小作业管理大数据平台系统的建设正是在此文件精神的指引下孕育而生，并成为创新信息时代教育治理新模式之一的。

作业管理大数据平台主要以学生可视化综合管理为切入点，围绕作业育人要求，采集学生校内、校外全过程数据并进行清洗转换，再按评价维度划分数据主题，构建数据分析模型，形成最后的学生数字画像。分析学生总体情况、综合素质评价、家庭活动等学生发展情况，从作业中心、题库中心、错题中心、自主学习四大板块对学生进行画像，通过贝叶斯算法、机器学习等技术不断丰富和完善数据模型，让评价更加科学客观。在大数据和人工智能的辅助下，我们能够更好地做到"因材施教，有教无类"，最终实现"为每位孩子的快乐成长奠基"的办学目标。作业中心主要围绕学校作业管理制度，对作业布置、作业时长、作业总量、学科比例、作业质量、作业反馈、作业评价、作业监管等进行监督，如有问题则形成班级预警和年级预警。题库中心、错题中心、自主学习板块则是家校协同的载体，在家长的督促下实现学生自主学习与提升。其中，题库中心含有多学段、多科目、多版本的题库资源，而自主学习则运用个性化手册助力学生成绩的精准提升。该手册拥有各学科视频配套教材，能同步提供一对一教辅功能，丰富学生课余生活。以上四大板块的数据与内容都是每日动态呈现的，通过这些数据，系统会对每个班级每门学科的作业进行自动分析诊断，监管结果，分不同级别推送。

作业管理大数据平台的建设为师生提供了一站式作业、错题训练、个性化学习、实践活动、学情分析等全流程测评，可视化的题卡编辑器能达到"所见即所得"的效果。不仅如此，根据分析结果，平台自动生成分析报告和个性化学习册，同时与 Aiclss（智慧课堂）、ECR（Elastic Container Registry，资源云平台）等数据互通，构建了完整的教学平台，沉浸式实现覆盖全流程的教学场景。此平台的建设真正减轻了师生负担，提高了学习效率，为学生学习兴趣、学习主动性、作业完成积极性提供了有力保障，并且为良好教育生态的构建、家长焦虑情绪的有效缓解、教师课堂教学优化提供了效能保障。

三、基于大数据的作业管理育人路径

基于《关于加强义务教育学校作业管理的通知》的要求，华师苏实小在作业管理方面进行了顶层设计和指标引领，做出了积极探索：一是拒绝"照搬主义"，要求教学、作业、批改、评价的统一，优化日常作业，强化例题研究，深化作业设计，创新作业形式；二是全面减少训练作业，提炼作业功能和特点，对预习作业、理解作业、

诊断作业，讨论作业进行科学化设计与引导；三是杜绝"有批改无分析"的现象，发挥作业的诊断与反馈功能，全方面提高教师的作业设计与指导能力；四是项目式作业探索，在解决作业问题的过程中展开"个性的学习"，促进学生"完整、幸福地成长"。由此，学校作业管理大数据平台系统聚焦学生核心素养，加强作业的"管"与"理"，不断优化作业管理改革路径，全面提升作业的育人功能。

1. 以多样形式为抓手增强作业育人趣味性

英国中小学生课程作业主要有四种类型：实践作业，书面作业，口头、听力作业，表演作业。结合西方一些国家的作业形式，华师苏实小充分利用作业管理大数据平台中的 AI 课堂，利用"云+管+端+咨询"架构的轻量化、多功能特点，交互覆盖学校全场景教学生态，以高效、便捷、稳定的新型作业模式，聚合丰富的数字化内容。作业内容上，将书面作业与口头作业、手工作业和表演作业进行组合；作业场域上，将课内作业、课外作业、家庭作业相结合；作业时长上，将短期作业与长期作业相融合；作业形式上，将个人作业、小组作业、全体作业相结合；作业兴趣上，将必做作业、选修作业、分层作业相结合，采取多样手段，趣味化、多形式地激发学生对作业的兴趣，变学生的"要我做"为"我要做"。

同时，利用这个架构，还可以开展一些录音作业、思维导图作业、课本剧表演作业、采访调查作业等创新形式作业。如语文组设计的课前、课中学习任务单，通过和学生签订"任务完成协议合同"，相约高质量地完成指定作业。又如，数学组在课堂作业设计中，通过对必做题和选做题的设计，让每一名基础不一的学生共同实现各自需求。针对不同学业能力的学生设计提优补困作业，让基础不扎实的学生"吃得下"，特别优秀的学生不仅"吃得饱"，更能"吃得好"。再如，英语组根据难易程度，在每次练习中设计读写基础题、沉浸式口语交际提高题、线上场景书写小作文综合题，每个类型题目中设有难度不一的题目供学生自由选择。

2. 以动态评价为能手提升作业育人参与性

作业管理大数据平台中的作业评价通过数据清洗实现对"脏数据"（不规则数据、不符合事实数据）的剔除，消除数据的不一致，并将清洗的结果生成数据质量报告，形成精准的学生作业数字画像。在学生的作业评价中，通过"网阅卡"和"手阅卡"对学生书面作业、口头作业及视频作业等进行评改，抽取过程中的数据处理、异步数据加载文件的方式、编程与工具使用的结合等，开展集中评价、生生评价、师生面批面评、家长评价等多种动态作业评判活动。力求实现评价作业就是包括教师、学生、家长及其他人员共同参与学生作业的辅导与评价，共同关注学生成长。如此评价方式，把学习的主动权还给了学生，提升了多方参与性，实现了家校协同育人。如"捺"是汉字所有书写笔画中比较难写的，华师苏实小一年级语文教师将"如何写好'捺'画"这一问题抛在平台中，立刻得到其他教师、学生及家长的积极回应，纷纷提供书写视频、图片，学生积极参与其中，并很快掌握了书写要领。

3. 以实践体验为巧手突出作业育人导向性

为了让学生由课本学习向课外学习开放，由校内向校外拓展，由家庭向社会延伸，让学生从中汲取丰厚的成才营养，学校在作业管理大数据平台资源库里设置了个人资源、本校资源、云资源。资源类型主要包含课例、课件、图片、音频、视频，使学生根据自己的实践需要可以随时搜索使用。以体育和劳动为例，创新设计增加了有助于学生强身健体的体育实践作业和涵养学生德行的劳动实践作业，此两项实践作业分为云端实践与生活实践，即让学生先在云端模拟实践学习，然后再到生活中实践学习，最后形成实践图片作业。学校把形体、武术、篮球、足球、攀岩等纳入体育必修课程，在校外开辟了游泳、滑雪、冲浪、帆船等特色项目。同时，学校设计了"劳动+生活"的劳动校本化课程，还梳理了学生课本中出现的各种植物，结合苏州市本土物种，建设有农耕园、百草园、百花园、百木园和百果园"五园"研学实践基地。不同年级的体育与劳动对应着不同的云端课程体系、实施场域和作业大数据评价平台，学生在云端完成模拟实践与考核后，在"在场实践"活动中拍照上传实践性作业，系统就会自动生成在场活动过程数据与分析报告，为调整与优化学生实践性作业提供重要依据。通过增加实践性作业，充分发挥作业育人的导向性，引导学生增强体质健康、收获德行成长。

4. 以探究性为妙手促进作业育人创造性

探究性作业是学生在教师的设计和引导下，发挥自身的认知，在实践环境中围绕主题探寻答案的作业。探究性作业不仅能有效增强学生的观察力，培养问题意识，还能促进学生将对知识的理解和记忆转化为实践，提升学以致用的能力，更能让学生在完成探究性作业的过程中潜移默化地实现思维品质的提升。线上教学期间，华师苏实小利用作业管理大数据平台、AI课堂、家校互动系统和拓展课程系统的可视组件手持移动端控制技术，使用虚拟场景功能布置了不少探究性作业。如语文组在教学《赵州桥》一课时，布置了"从赵州往苏州，行一桥品一城"作业，让学生通过"网络寻桥""诵读赞桥""妙笔绘桥"等方式，跟着课本的足迹去品味一篇课文，欣赏一处美景，感受一座名城。学生利用数学知识进行口算比赛、玩转七巧板、巧算24点等。在科学实验学习中，学生运用所学知识进行"钓神奇的冰小鱼""不请自入的鸡蛋""制作彩色弹弹蛋"等，还有学生撰写实验小报告。诸如此类，学生通过自动采集或手动输入方式，在平台上记录下探究过程，最终形成各自的数字画像。这样有意思、有意义的探究性作业，激发了学生的热情与激情，助力学生创造性发展。

（周雪红，本文曾发表于《中小学班主任》2023年第4期，此处稍作修改）

"三维交互":"双减"背景下全面育人的校本实践

2021年7月24日,中共中央办公厅、国务院办公厅印发了《关于进一步减轻义务教育阶段学生作业负担和校外培训负担的意见》(以下简称《意见》),从"国之大计、党之大计"角度重视教育,着眼学生身心健康成长,其核心价值是让教育围绕立德树人的根本任务,重构优良的育人方式及育人生态,培育完整的人。它不仅意味着"双减"不是简单地"减除",还意味着义务教育必须力求育人过程和教育质量的价值最大化。

本着上述理解,华师苏实小以"三维交互"为理念及追求,始终致力于探索并构建全面科学育人的新样态。"双减"进程中,学校在课后服务、作业管理、评价机制的重塑等方面做出种种努力,以此造就高品质的"教"与"学"。实践证明:学校在实现工作目标时更加高效、更有成效;教师在透彻了解和认识自我的同时,更积极地影响学生,并与他们一起享受教育带给人的快乐、满足与幸福。

一、课后服务:赋能"双减"提质增效

"减负""提质""增效"协同发力,推进学校"双减"工作落地、落细、落实是学校始终努力坚守的目标。着力构建并实施"1+X+1"课后服务模式,其中第一个"1"为课后作业辅导,"X"为综合素质拓展课程,第二个"1"为学生自主管理"成长社区"平台,打出了一套促进学生全面发展、健康成长的"组合拳"。

1. 着眼点"1":精准辅导提升学习效能

作业辅导是课堂教学的有效延伸,是提高学习质量的重要抓手。着眼点"1",是教师在课后服务时间辅导学生完成作业,但作业辅导并不等于"第二课堂"式讲解,更不是"填鸭"式灌输,而是教会学生乐于梳理、善于整合,让课后服务成为培养学生良好学习习惯的有效举措。在课后服务中,教师不仅要细致、耐心地帮助学生解决学习中的困难,同时要教给学生自主学习的方法,及时梳理与整合所学到的知识,使学生基本做到"日日清",回家后就有时间进行大量阅读积累,为未来奠定终身发展的基础。

2. "X"课程:个性发展拥有无限可能

《意见》提出:"学校要充分利用资源优势……为学有余力的学生拓展学习空间,开展丰富多彩的科普、文体、艺术、劳动、阅读、兴趣小组及社团活动。""1+X+1"中的第一个"1"减去了家长作业辅导的后顾之忧,"X"则负责促进学生的个性发展,让课后服务变得丰富多彩而有温度。"X"课程分为科技类、人文类、艺术类、体育类四大类别,有近100门课程。其中,体育类课程占比近一半。学校一直致力于"减负提质"下的体育文化建设,构建了体育课程体系,形成了"人人爱运动,班班有特色,个个有特长"的体育文化,让学生在更多自由支配时间里通过体育运动增强体魄、砥砺德行、磨炼意志,从根本上增强面对未来学习和生活压力的耐挫力和意志力。丰富多彩的社团活动为学生提供了一个放松大脑、放飞心情的空间及发展个性特长、创新精神和动手、动脑能力的舞台。

3. "成长社区":自主管理把握主动权

著名教育家苏霍姆林斯基提出:没有自我教育,就没有真正的教育。现代管理学之父彼得·德鲁克认为严谨、科学、不断地自我管理是每一个有成就的人在成长的过程中都离不开的。因此,学生从被动管理到自主管理是实现"双减"的重要目标之一。学校创新小学生自主管理新范式,依托"成长社区"平台,形成学生自主管理体系,培养学生自主管理意识,提升自主管理能力,实现自主管理范式的构建。如:课后服务期间,学生管理委员会全程参与了课程设置、课程管理、学情评价等,真正把"双减"的主动权抓在了学生自己手中。

二、作业管理：聚焦"双减"固本培元

作业是巩固课堂知识、反馈教学效果的有效方式，也是提升能力、培养素养的有效途径。《意见》对作业总量、时长和设计质量都提出了明确要求，并且鼓励布置分层、弹性、个性化作业。学校在作业的有效管理方面进行了积极探索实践，建立了有效管理机制，多措并举，严控作业量，切实减轻学生过重的课业负担，充分发挥作业的育人功效，取得了一定的成效。

1. 每日反馈——助力家校共育

学校对作业的要求是组合、精简、高效，并专门设计了每日学习情况反馈表，包含语文、数学、英语和综合等学科，内容包括"今日学习内容及重难点""在校已完成的学习任务""拓展建议"三方面。每天相关教师会在学校"共享文件夹"中填写好内容，由班主任发给家长。这一举措得到了家长的广泛认可。一方面促进了家校沟通，让家长了解孩子当天的学习情况，减轻家长的焦虑情绪，让全天作业总量完全公开透明；另一方面"共享文件夹"中的反馈表内容会随时接受教务处的检查和监督，多管齐下严控作业量。"拓展建议"是老师们为学有余力的学生特意设计的拓展内容，以便于个性化分层学习。

2. "交互"统整——深研作业变革

发挥纵横"交互"统整资源力量，打开教师作业设计的新思路，将教研组、年级组、备课组融合交互，打破学科壁垒，实现跨学科、跨领域、校内校外、课堂内课堂外、学习和生活相融合的有亮度有温度的作业，真正提高作业设计质量。创新作业类型，极大地拓宽学生知识的广度和深度。此举不仅真正落实了"双减"，实现"五育"并举，助力培育完整的人，而且有效提升了老师们的设计力、研究力、统整力和创新力。

3. "AI"融合——赋能个性学习

一是智控数量。学校建有大数据综合评价系统，其中，作业数据平台实时更新各学科作业的数量、难度、耗时等数据，各科教师可以精准掌握本学科作业的总量占比，有针对性地优化作业布置，通过学科之间的协同和整合，实现作业"整体智治"。二是升级质量。立足

学科主题，链接学情图谱，设计基于"大班级"的直达学习"堵点"的学科拓展练习，作业分成课前、课中、课后三类，并且根据不同程度的学生实现作业的"ABC 分层定制"。三是优化评价。教师智能批阅作业后，系统自动生成全班和个人的"学情分析报告"，教师可根据报告更精准地进行提优补差，学生也可根据报告清楚地了解自己阶段性的学习情况，方便及时调整。

三、大数据评价：助力"双减"落地生花

"双减"旨在减轻学生过重的学习负担，促进学生德、智、体、美、劳全面发展，培养学生核心素养，扭转不科学的评价导向和不良教育生态，遵循人的成长规律和教育发展规律，回归育人的初心。为全力落实"双减"政策，围绕全面育人目标，学校一直致力于基于大数据的小学生"五育"并举评价创新研究。此举不仅使学生各个方面、各个阶段的行为评价数据更精准，更确保了"双减"减量不减质，减压不减力，驱动其不断实现自我成长。

1. 构建运作体系，注重实时评价

学校借助"智慧校园"建设，开发先进的云平台，构建跨终端、全时空、多角度的学生成长智慧评价系统。设置尚善的品格（德）、尚进的学力（智）、尚强的身心（体）、尚美的旨趣（美）、尚实的行动（劳）、尚博的底蕴、尚畅的视野 7 个评价维度，每一维度下又围绕必修、选修、特色等课程，设置了 19 个子项目系统评价平台，内含 100 多项评价指标，并设立 4 级赋分标准。真正让人工智能、大数据技术下的"互联网+评价"成为现实，实现家、校、生三方的高效合作，助力学生获得更为持续、协同、健康、全面的发展，让"双减"真正落地生根、开花结果。

2. 精准反映情况，实现因材施教

学校充分利用大数据教育评价实现了"时短乐学、轻量无负"，同时又以看得见的真实效果、听得到的公众赞誉，彰显了学生的学业进步、学力增长。如：AI 课堂系统覆盖课前、课中、课后全过程，采集学生的学习态度、习惯、负担等方面的数据，令教学更加智能化；AI 测评系统帮助师生诊断学情，快速生成诊断报告，形成学业

追踪档案，帮助教师为不同学情和学力的学生安排适切的教育。另外，通过七个维度评价的数据采集，形成学生数字画像。学校、家长均可根据"画像"分析学生"五育"发展情况，更具体、精细地发现闪光点或不足，适时给予多方合力指导与帮助，确保学生均衡发展；同时，对学生精准实施个性化教育，让大规模因材施教真正成为可能，促使学生自觉扬长避短，在"五育"并举的成长之路上实现"各美其美、美美与共"。

3. 数据支撑评价，驱动课程优化

善用大数据，切实优化"五育"并举综合评价的日常运作，较好地驱动学校"校本课程特色化、选修课程多元化、特长课程链式化"，有利于学校对师生的教与学情况进行科学、全面的分析；有益于学校对课程的开发与使用价值做出新的判断；有助于学校将课程优化之路走得更好。

"双减"政策是以习近平同志为核心的党中央为建设高质量教育体系所做出的事关基础教育改革发展全局的重大战略决策，蕴含了对基础教育治理的逻辑转向，时刻关系着每个家庭的切身利益和学生的健康成长。华师苏实小以前瞻眼光、务实行动，全面推进课后服务、作业管理、大数据评价等科学、理性操作，通过规范、有效的"减负提质"措施，对学生实施精准指导，既促进了学生个性化生长，又实现了学生的全面发展。办学五年来，学校所有学科及教书育人整体的质量和效率都日益提升，与此相呼应的特色建设工作同样硕果累累。学校信奉"双减"、践行"双减"，不断体验、拥享并感恩着"双减"带来的一切生机与美意！

（周雪红，本文曾发表于《江苏教育研究》2023年第13期，此处稍作修改）

走向深度数据管理
——基于大数据的小学教育教学管理改革实践探索

一、基于大数据的教育教学管理创新顶层设计

学校发展主要建立在家校共同配合基础上的学生成长与教师发展。因此，学生、教师、家长是学校发展中的三类重要群体。在大数据背景下，我们以学生成长为中心、以教师发展为导向、以家长满意为追求，构建绿色教育生态，推进教育教学改革，提升教育服务品质。

1. 以学生成长为中心，构建绿色教育生态

学生成长主要表现在规范的日常行为与优秀的学业表现两个方面，对学生这两个方面科学、合理、实时的评价成为构建学生绿色教育生态的关键。为此，学校借助云计算、大数据技术，建立"互联网+学生评价"平台，全方面、多角度评价激励学生自主发展（图2-1）。在学生行为规范评价上，设计了"社会责任、健康生活、良好品质、劳动实践、课间活动"五大维度，包含39个子项目的评价体系，通过对学生的行为规范进行激励性评价，引导学生遵守日常行为规范，做健康、文明、向上、守纪的好少年。在学生学业表现方面，建立了"兴趣与态度、能力与方法、成绩与效果、合作与探究、表达与交流、实践与创新"六大维度、65个子项目的评价体系，以过程化、精准化、科学化的学业表现评价，激励学生积极主动获得持续、协同、健康、全面的发展。

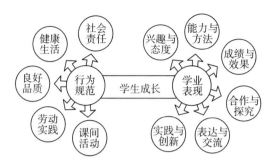

图 2-1

2. 以教师发展为导向，推进教育教学改革

传统的教师发展评价主要来源于对教师荣誉称号、竞赛获奖、论文发表、教学成绩等情况的统计，而基于大数据的教师发展评价则将导向从表面的数据统计转向服务对象的内心感受上来，让教师的培养对象——学生，以及服务的群体——家长，对教师发展发挥一定的评价导向作用，以他们对教师的教育教学服务体验与需求为导向，促进教师改进教育教学工作，从而使教师获得良好的专业发展。学生、家长主要从教师的班级管理、学科教学两个方面进行全样本、大数据的反馈评价。在班级管理上，学生主要反馈班级管理中的"广泛参与、关系融洽、重视健康、关注学生"四个方面情况，家长主要反馈班级管理中的"习惯养成、积极情绪、家校沟通、公平对待、班级风气"五个方面情况。最后，综合分析学生与家长对教师班级管理九个方面的评价数据，为促进教师提升班级管理水平提供必要的参考（图 2-2）。在教学方面，学生主要反馈教师学科教学的"面向全体、尊重学生、方法科学、促进发展"四个方面情况，家长主要反馈教师学科教学的"爱岗敬业、师德规范、教学效果、负担适度、全面发展"五个方面情况，通过学生、家长对教师学科教学九个方面的评价反馈，促进教师教学规范、高效、科学、适切（图 2-3）。在教师服务对象感受实证化分析研究基础上，与传统的教师发展评价导向有机结合，设计科学、合理、明确的教师发展导向。

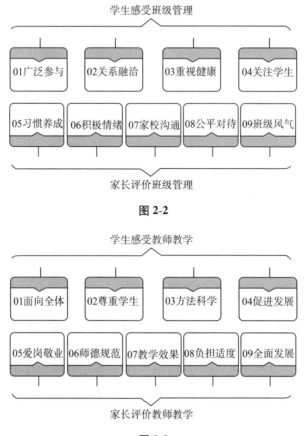

图 2-2

图 2-3

3. 以家长满意为追求，提升教育服务品质

"办人民满意的教育"是学校办学的服务宗旨，对于学校而言，主要是开办家长满意的学校。绝大部分家长并不是从事教育工作的专业人士，对于学校办学状况没有教育理论指导下的全面认识，但他们对学校办学情况的总体感受与直观评价，往往对学校的发展起到一定的促进作用。因此，我们把"学校整体教育质量的状况"与"学校办学的满意情况"作为两个调查项目，从"很不满意"到"非常满意"设立五个递进的选项，用问卷调查的五分量表，实证反馈家长对学校办学总体情况的认识。用每一位家长对学校总体办学的评价，促进学校始终把"办家长满意的学校"作为追求目标，从而深入推进学校教育教学改革创新。

二、开展全样本的教育教学情况问卷调查分析

在大数据背景下,信息技术使学校进行全样本、大数据的学生、家长问卷调查成为可能,同时也为问卷调查的统计分析、实证诊断提供技术支持。学校了解教育教学情况的问卷调查,主要通过监测的准备、调查的实施和结果的应用三个步骤展开。

1. 建立评价维度,研制监测工具

学校年度教育教学情况问卷调查内容主要分为三个部分——学校的整体状况、班级管理和学科教学。其中,整体状况主要是面向家长调查"教育质量"与"办学满意"方面的五个问题,以及面向学生调查"班级管理"与"学科教学"方面的四个问题,问卷共设 20 道选择题,再加上供学生、家长个性化反馈的建议栏,形成了简短、精炼的监测工具。在问卷设计中,每个监测维度都设计了集中指向此指标的调查问题,通过学生、家长对问题的选项进行统计分析,做出合理推测。例如:在评价教师学科教学"促进发展"这一指标状况时,对学生设计了"这一学期,在教师的教导和帮助下,你在哪些学科有收获或有长进?(可多选或全选)"这一问题,通过学生对各学科学习收获的评价,统计分析各学科的教学状况(图 2-4)。再如:在评价教师学科教学"尊重学生"这一指标状况时,对学生设计了"老师上课能倾听同学们对问题表达的理解吗?"的问题,并用五分量表法测评教师在学科教学中对学生的尊重情况。开展学校年度教育

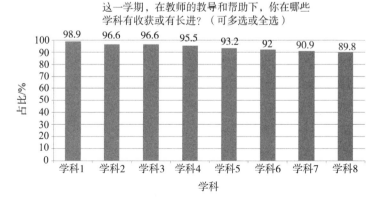

图 2-4

教学情况问卷调查，目的是尊重学生接受教育教学的深切感受，客观体现家长对教育教学的中肯评价，并以此监测、促进学校教育教学管理改革。

2. 在线问卷调查，实证统计分析

学校借助"乐调查"统计分析平台，采用生成"二维码"扫描、在线答题提交的方式，通过全样本、大数据对学生和家长进行问卷调查，分析学校年度教育教学开展情况，了解学生、家长对学校教育教学工作的满意情况。为了保证数据的准确性，学校将问卷有效提交时间设定在当日 18：00 至次日 8：00，确保每位学生、家长独立作答，数据采集真实有效。问卷调查使用信息化统计平台，大大提高了问卷调查统计分析的效率，同时也增强了问卷调查的客观性和可信度，为推进学校教育教学管理改革提供实证化参考。

3. 提供精准指导，实现跟进改革

2018 年 12 月，学校首次对教育教学状况进行监测，在全样本、大数据的问卷调查基础上，形成了监测报告。报告分前言、正文两个部分，对学校的教育教学状况进行了"监测概况、总体状况与质态评价、逐项统计与成效分析、主要问题和薄弱环节、改进措施和努力方向"五个方面的综合分析与客观评价，与学校传统的发展统计各项数据进行结合，综合体现学校年度教育教学取得的成绩，精准定位学校教育教学工作存在的问题，并明确改进举措。根据数据统计分析的结果，学校主要明确以下三个发展方向：一是进一步加强学科教学均衡，保障学生全面发展；二是进一步加强师生沟通交流，保持学生良好情绪；三是进一步加强家庭教育指导，调节学生压力。通过学校本年度教育教学情况监测报告，精准指导与跟进学校的教育教学改革工作。

三、建立闭环式的促进学生自我成长评价激励系统

学校行政人员、班主任、学科教师如何科学评价、激励学生，促使他们步入自我成长的快车道，这是基层学校教育教学管理绕不过的一道门槛。在大数据的基础上，我们积极尝试建立闭环式的促进学生自我成长评价激励体系，从系统构建、过程实操，到结果应用等方面

创新实践，在促进学生自我成长方面取得了一定实效。

1. 构建智能评价系统

以学生行为规范与学业表现为内容、以数据思维与成长建模为创新对学生成长评分赋能，利用学校先进的云平台，建构跨终端、全时空、多角度的学生成长智能评价系统（图2-5）。根据学生行为规范要求和学习状况进行分项评价，对各种行为规范和学习表现赋分，学校行政人员、班主任、学科教师等所有员工都可以对每位学生的优秀表现进行加分点赞，也可以对学生的不当表现进行减分警示。全校统一激励评价标准，打破传统教师各自为政的激励评价模式，建立指标体系完善的激励评价体系，教职员工全员参与评价，形成浓厚的促进学生自我成长的激励评价氛围。

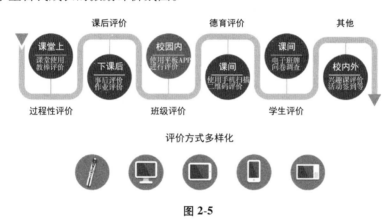

图 2-5

2. 开展实时评价操作

跨终端是学生成长智能评价系统的一大亮点。教师可以凭借专用"魔法棒"、手机、交互教学终端、平板电脑、台式电脑等多个终端方便快捷地对学生进行全方位评价，有利于平台及时收集学生成长的各种过程性数据。

实时性是学生成长智能评价系统的又一大亮点。教师对学生表现的赋分情况和平台智能统计分析，实时显示在各种终端上（包括班级门口的电子班牌），平台还将学生的赋分情况同步发送到家长的微信上，家长还可以通过点赞或写留言对学生进行互动激励。

数据化是学生成长智能评价系统的一个重要优势。学生日常学习与生活的各种表现评价通过赋分录入学生的电子成长记录中，平台可以实时生成各种分析报表，使得学生成长激励评价可视化、实证化。例如：教师关怀学生情况的每周报表（图2-6），能够清楚显示本周中哪些学生已获得教师"加分激励"或"减分提醒"的成长关怀，老师对哪些学生还没有进行评价，及时提醒教师在评价时面向全体、促进整体。再如：平台还会产生学生各学科获得评价分值的报表（图2-7），及时提醒学生均衡各学科学习，促进自我全面发展。

图 2-6

图 2-7

3. 应用激励评价结果

如何进一步发挥学生通过激励评价积累成长分值的价值，不断激发学生积极表现呢？这是评价激励系统亟待解决的一个问题。在充分调研与合理设计的基础上，我们形成了"建立标准、评价积分、兑换积分"的闭环式激励系统，充分应用评价结果，推动学生不断地积极表现、努力进取。学生通过一个阶段的个人行规与学习表现，积累到一定的分值，可以根据个人需求，到学校积分兑换机前，兑换心爱的奖品，奖品有学具、文具等物质奖励，也有"与校长共进午餐""与副校长漫步校园"等非物质奖励。学校还开设了"积分超市"，在"积分超市"里有可以送给朋友的玩具，也有送给家长的生日礼物，学生在积分的使用上有更大的空间、更多的情感表达。当家长收到孩子们用一段时间优秀表现的积分换来的生日礼物时，往往激动不已……学生成长数据可以由理性分析转化为情感激励，不断激发学生用优秀的表现为自己的成长加油！

实践证明，新时代小学教育教学管理改革必须与时俱进。在大数据发展的背景下，充分利用现代信息技术，提高改革成效，促进师生成长与学校发展。改革实践以现实情况为起点，没有终点。在数据思维的指导下，学校的教育教学改革任重道远。展望未来，学校将在两个方面进行进一步探索。一方面，学校将在智能识别与算法推演基础上，直观、动态呈现学生学习行为内在动机与教师教学行为有效程度的实时数据变化，并以此推进教学行为可视化研究。另一方面，建立学校发展相关因素分析模型，通过采集教育教学大数据，形成学校发展预警决策机制，促进学校提升科学管理水平，达成学校最优化发展的目的。

（周雪红、皋岭，本文曾发表于《未来教育家》2020年第6期，此处稍作修改）

基于大数据，优化小学生"五育"并举综合评价

大数据，亦称"巨量资料"。在以云计算为代表的技术创新大幕的衬托下，所有原本很难被收集和使用的数据开始变得容易被收集、被使用，大数据技术的价值正在迅速显现。具体到小学教育领域，运用大数据技术和思维模式改进教育评价、促进教育发展；通过教育大数据、人工智能、云计算等信息技术与教育教学深度融合，构建教与学、管理与评价等一体化、智能化的"智慧教育大脑"，实现"五育"并举、全面育人的目标，这无疑是个值得研究与实践的课题。

对小学生进行"五育"并举综合评价要较好规避、有效防止碎片化信息可能导致的评价的失实与失真。"五育"并举综合评价是学校做好学生全方位评价的应有之义和根本遵循。而大数据理当成为此举中的一把"优胜之钥"。因为，相比于传统的数据，大数据最大的价值就在于能通过各类信息，挖掘出包括"判断现实模式、预测未来趋势"在内的种种有价值的数据，并通过深度分析，最终更好地达到"改善、弥补、推进、提升"等一系列正向效果。善用这把优胜之钥，有利于学校的"五育"并举综合评价工作进入视域更广、内涵更丰富、品质更高的新阶段、新境界。

一、全力构建基于大数据的"五育"并举综合评价的运作体系

以华师苏实小为例，对于一所办学不久的新校而言，此评价体系

以安全、有效为基准，同时结合云计算，从数据的获得、分析、使用、管理等方面构建完整的终端保护体系，能为实际应用做出精确判断、提供转型服务，展示了优越效能。为此，华师苏实小创办初期即借助"智慧校园"建设，申请到了所需的物质与技术保障，并利用先进的云平台，建构了跨终端、全时空、多角度的学生成长智慧评价系统（图 2-8）。以此系统为支撑的评价体系可对学生的课程学习、品行习惯、集体表现 3 大板块，以及兴趣与态度、能力与方法、成绩与效果、合作与探究、表达与交流等 17 个维度、140 项成长指标进行实时评价。其间，更以一支"魔法棒"为起点，以积分超市和积分兑换机为终点，全程结合智能终端，形成"魔法评价"闭环，真正让人工智能、大数据技术下的"互联网+评价"成为现实，高效实现家、校、生三方的全面合作，促使学生获得更为持续、协同、健康、全面的发展。为善用大数据，对学生"德、智、体、美、劳"发展的综合情况作出全要素评价，华师苏实小将评价指标由原有的 3 个维度升级为"5+2"个维度，分别为：尚善的品格（德）、尚进的学力（智）、尚强的身心（体）、尚美的旨趣（美）、尚实的行动（劳）、尚博的底蕴、尚畅的视野。每一维度下又围绕必修课程、选

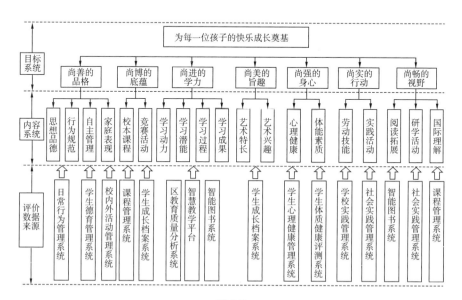

图 2-8

修课程、特色课程等，设置思想品德、行为规范、自主管理等19个子项目评价系统平台，内含100余项评价指标，并设立4级赋分标准。以上评价内容的数据可分别在课程管理系统、智慧教学平台、德育管理系统、体质健康评测系统等19个大数据对接平台中采集。数据采集通常采用周期采集和即时采集两种方式。

获得数据的方法主要有两种：一是自动采集。借由学生学习与生活的相关痕迹，由系统自动采集并提供相关数据。二是手动上传。数据内容主要包含教师依据学生在校表现做出评价，形成数据；家长根据设置的指标，上传子女在家庭中的相关表现评价数据；合理、真实地获取并上传学生之间的互相评价数据。各方面、多渠道的阶段性数据，可有效形成个性化的学生数字画像。如：图书借阅、学业掌握、作业反馈等数据，由智能图书系统、智慧教学平台自动采集；课堂表现、社会实践、获奖情况、兴趣爱好、公众（教师、家长、同伴等）观感或评价等数据，则需要手动上传至课程管理系统、德育管理系统、体质健康评测系统等平台。在此基础上的海量数据分析，可为优化评价提供强力依据。

二、系统确立基于大数据的"五育"并举综合评价方略

在设定基于大数据的评价方略及路径时，要高度重视、充分满足以下先决条件和前提：方略、路径必须与愿景、使命及目标定位相关联，必须把握分寸、切实适用；任何方略、路径的采用，都应回归教育的真实发生，让学生积极响应，并从中体验到更多快乐；无论通过什么方式、实施哪种评价，都要坚持以引导学生参与解决问题的方式向学生反馈、提问，让学生明白为改善自我，今后该怎么做、该怎么学，并主动行动起来。

1. 主要方略及类型

（1）实施多元化评价

倡导学生、教师、家长和社会多元主体共同参与。根据学生成长规律、学习生活轨迹等，设计多维度的数据采集、分析、统计等内容，并在实际使用中适当调整模块，实现更客观、更全面、更科学的评价。

（2）突出形成性评价

强调以发展的眼光看学生，预测学生发展趋向，努力实现数据采用中的"四统一"：学校培养目标与学生发展目标相统一；数据呈现与现场体验感相统一；关注"结果优秀"与鼓励"进步明显"相统一；给出结论与给出建议相统一。

（3）注重实测性评价

注重"实地""实时"，教师通过对学生行为数据的实时记录、深度挖掘，及时发现学生在"五育"方面的各项日常变化，动态勾勒学生的发展轨迹，随之对其进行切实有效的指导与帮助。

2. 主要路径及举措

建立专门小组，根据更好地识别彼此信息等需求，不断通过对数据的格式、类型进行转换，对数据的关系进行优化，以期在不完全改变传统场景的前提下，促使教师的教育思维尽快适应当下、现实所需，教育方式方法能更好地由群体式向个性化演进。

组织应有力量。教师从不同的数据源获取原始信息，并对案例研究、现场核实、个体评价、聚合定量评价等进行分类管理，做到应共享的不设限、可对流的不阻隔、该保密的不泄露，以此让学生更好地感受到温暖与尊重。

依据维度建模理论以及前述已有的"五育""七尚"特色要求，设计并建构数据仓库、数据集市，为实施各类评价提供多层次、多维度的数据服务。尤其注重用300多个数据指标为学生精准"画像"，用贝叶斯算法、机器学习等技术，不断丰富、完善数据模型。该举措不仅能对学生的综合素质、身心健康以及校外运动等情况进行更为系统、科学、客观的分析与评价，还能持续教授学生弥补不足、矫正错误的办法，不断提升学生自身的价值观和认知度。

全员发力，不断改进对数据的采集与识别、分析与存储、形成与使用等工作。在数据存储维度方面，需要及时对学生在校内外全方位、全过程的重要数据进行主题划分。教师对大量数据及时进行分析，并加以汇总、理解、消化，最大化地开发数据功能，从而发挥数据价值。大数据结果的使用应以对学生进行可视化综合评价为切入点，通过对学生更为精准的数字画像，实施更为优良的"五育"并举综合评价，并对如此评价按需作出"绩效"再评价。

三、真切观照基于大数据的"五育"并举综合评价的现实成效及思考

1. 降低信息搜索成本，提高教学质量和效率

如 AI 课堂系统覆盖课前、课中、课后全过程，不仅采集学生的学习态度、学习习惯、学习负担等方面的数据，还进行数据间的比对和相关性分析，让教师与学生随时互动反馈，令教学更智能化。AI 测评系统能基于海量的优质测评资源，系统地帮助师生诊断学情，并快速生成诊断报告，形成学业追踪档案，其间产出的大数据更能帮助教师为不同学情和学力的学生制订分类、分层的学习任务，对学生进行适切的教育。

2. 均衡信息"丰富度"和"广度"，助力因材施教

信息的丰富度越高，其能触及的学生的广度就越小。因此，收集数据信息时应加大空间感，拉长时间轴，收集广度小、差异度明显的独立样本，方便评价者总结、分析学生的"五育"发展情况，更具体、精细地发现学生的闪光点或不足，继而通过真切感受、深刻理解、精准评价，以及多方的合力指导与帮助，促使学生自觉扬长避短，在"五育"并举的成长之路上实现"各美其美、美美与共"。

3. 融合碎片化信息，帮助教师精准评价

"学生大数据驾驶舱"提供的全体学生动态变化数据以及大数据对每位学生的数字画像，可让学校更具针对性地设计出校级层面的个性化教育方案。比如，可让教师在鼓励、赞赏学生时切实规避"蜻蜓点水"，在批评、指正学生时避免以偏概全，将"面对面、一对一"的评价范式落到实处。

4. 以数据支撑学生评价，驱动课程优化

善用大数据，切实优化"五育"并举综合评价的日常运作，能较好地驱动学校做好"校本课程特色化、选修课程多元化、特长课程链式化"工作；有利于学校对师生的教与学情况进行科学、全面的分析；有益于学校对课程的开发与使用价值作出新的判断；有助于学校将课程优化之路走得更好。善用大数据，使之成为"五育"并

举综合评价的一把"优胜之钥",为学校成功开启"以实用、高效、前瞻为基础,以全面、精准、科学为原则,以学生各个方面、各个阶段的行为数据为依据"的因材施教、个性化全面育人工作的助力。

为进一步做好善用大数据的"五育并举"综合评价工作,加强对后续工作的思考很有必要。

其一,运用大数据对学生进行"五育"并举综合评价,绝不是为了给学生"盖戳""贴标签",或将其作为掌控学生的手段,而是为了更好地帮助教师增进对自身、对学生的认识与理解,更好地达成师生间的相互尊重、彼此互动,更有效地夯实学生成长之路的基础。

其二,技术是大数据功能实现的要素。若只靠技术,缺少运用大数据实施教育评价的全员共识,甚至缺乏对共识执行中适时做出的必要调整,那评价效果一定会大打折扣。因为技术本身需要不断更新、升级,而目标、共识是内在力量的集中体现。

其三,运用大数据进行"五育"并举综合评价尚处于起步阶段,不少问题或答案还有待深度挖掘与求证。唯有且行且思,不断探析、预设与生成,基于大数据实施的综合素质评价工作才会更有格局和品位。

(唐惠玉,本文曾发表于《江苏教育》2023年第13期,此处稍作修改)

善用大数据，做实小学生"五育"并举综合评价

大数据，亦称"巨量资料"。在以云计算为代表的技术大幕的衬托下，所有原本难以被收集和使用的数据开始变得容易获得和使用。大数据技术的运用价值正在迅速显现。在小学教育领域，运用大数据技术和思维模式改进教育评价、促进教育发展的情景已不罕见。将教育大数据、人工智能、云计算等信息技术与教育教学深度融合，实现"五育"并举、全面育人的目标，无疑是个值得研究与实践的课题。

一、构建运作体系，进行实时评价

苏州市吴中区华师苏实小创办初期，就借助"智慧校园"建设，开发了先进的云平台，建构了跨终端、全时空、多角度的学生成长智慧评价系统。以此系统为支撑的评价体系，可对学生的"课程学习""品行习惯""集体表现"3个板块，以及"兴趣与态度""能力与方法""成绩与效果""合作与探究""表达与交流""实践与创新"等17个维度、140项成长指标进行实时评价。

学校还以一支"魔法棒"为起点，以积分超市和积分兑换机为终点，全程结合智能终端，形成"魔法评价"闭环，真正让人工智能、大数据技术下的"互联网+评价"成为现实，实现"家、校、生"三方的高效合作，助力学生获得更为持续、协同、健康、全面的发展。

为对学生发展的综合情况进行全要素评价，学校将评价指标由原

有的 3 个维度升级为"5+2"个维度，分别为：尚善的品格（德）、尚进的学力（智）、尚强的身心（体）、尚美的旨趣（美）、尚实的行动（劳），以及尚博的底蕴、尚畅的视野。每一维度下又围绕必修课程、选修课程、校本特色课程等，设置思想品德、行为规范、自主管理、家庭表现、校本课程、竞赛活动、学习动力、学习潜能、学习过程、学习成果、艺术特长、艺术兴趣、心理健康、体能素质、劳动技能、实践活动、阅读拓展、研学活动、国际理解 19 个子项目评价系统平台，内含 100 余项评价指标，并设立 4 级赋分标准。

二、确立方法路径，精准反映情况

实施多元化评价。倡导学生、教师、家长多主体共同参与。按学生成长规律、学习生活轨迹等，设计多维度的数据采集、分析、统计等内容，并在实际使用中调整模块，实现更客观、更全面、更科学的评价。

突出形成性评价。强调以发展的眼光看学生，预测学生发展趋向，努力实现数据采用中的"四统一"：学校培养目标与学生发展目标相统一；数据呈现与现场观感相统一；关注"结果优秀"与鼓励"进步明显"相统一；给出结论与给出建议相统一。

注重实测性评价。注重"实地""实时"，通过对学生行为数据的实时记录、深度挖掘，及时发现学生在"五育"方面的各项日常变化，动态勾勒学生的发展轨迹，对其进行切实有效的个性化指导与帮助。

对此，学校组织力量，从不同的数据源头获取原始信息，并对案例研究、现场核实、个体评价、聚合定量评价等进行分类管理，做到应共享的，不设限；可对流的，不阻隔；该保密的，不泄露。以此让学生能更好地感受到大数据评价及师生间情感纽带所带来的自信、温暖与尊重。

同时，学校设计并建构数据仓库、数据集市，为实施各类评价提供多层次、多维度的数据服务。尤其注重用 300 多个数据指标为学生精准"画像"，用贝叶斯算法、机器学习等技术不断丰富、完善数据模型，对学生的综合素质情况、身心健康状况，以及在家活动、校外运动情况等进行更为系统、科学、客观的分析与评价。

三、观照现实成效，实现因材施教

纵观基于大数据的"五育"并举综合评价阶段性情况，其成效初显。

一是降低了信息的搜索成本，减少了低耗重复劳动，有利于提高教育教学的质量和效率。如：AI课堂系统覆盖课前、课中、课后全过程，采集学生的学习态度、学习习惯、学习负担等方面的数据，让教师对学生有全面了解，并随时互动反馈，令教学更具智能化。

二是平衡了信息的"丰富度"和"广度"，有利于实施大规模、定制式的因材施教。大数据可在加大空间感、横向涵盖全方位，拉长时间轴、纵向贯串各阶段的同时，源源不断提供众多广度小、差异度明显的单独样本，方便评价者随时观测每位学生的"五育"发展情况，继而实现多方的合力指导与帮助。

三是能将原本常见的碎片化信息融为一体，有利于教师恰如其分地判断和评价。根据"学生大数据驾驶舱"提供的全体学生动态变化数据以及大数据对每位学生的数字画像，学校可更具针对性地设计出校级层面的个性化教育方案，让大规模因材施教成为现实可能。

四是大数据教育评价系统能以数据支撑学生评价，同时以评价驱动课程优化、以课程优化促进学生成长。善用大数据，切实优化"五育"并举综合评价的日常运作，能较好地驱动学校做好"校本课程特色化、选修课程多元化、特长课程链式化"工作；庞大的数据支撑，有利于学校对师生的教与学情况进行科学、全面的分析。

善用大数据，是"五育"并举综合评价的一把"优胜之钥"，有利于学校成功开启因材施教、个性化全面育人的工作进程。

（唐惠玉，本文曾发表于《江苏教育报》2022年12月23日版，此处稍作修改）

大数据背景下的小学作业评价管理实践

教育大数据是发展智慧教育的重要基础，它使教育过程从经验化到科学化，教与学的行为信息被精确、及时地记录下来。教师对学生作业的评价管理以丰富而多元的数据为支撑，做到精准发现问题、及时有效评价、达成深度学习，促使学生学业质量评价从经验主义向数据主义转变，这样能提高教师作业评价管理效率，激发学生作业完成兴趣，落实"双减"精神。

一、大数据实现作业评价管理多样性

1. 设计多样性

长期以来，教育者对作业功能的认识主要可概括为"作业即游戏活动""作业即教学巩固""作业即学习活动""作业即评价任务"这四种观点。为凸显作业设计的多样化，华师苏实小本着落实课程标准的目的和促进学生发展的目标，建立以单元为主体的作业设计周期，构建长周期作业和课时作业结合的作业布局。构建了"作业完成目标→作业完成内容→作业完成实施→作业完成结果"的大数据作业完成流程。

2. 批改多样性

作业批改是作业管理的重要一环，学校强调教师要对作业进行全批全改，强化作业分析与统计；注重作业批改的有效性，提倡在错误旁批注，指出存在的问题或解决问题的思路。以主观题的批改为例，教师在批改后会给错误的题目做上标注，系统会给学生智能推送相关解析和训练题，并将其保存到"错题本"中。对纸笔拍照上传的作业，教师批改后需手动选择该错题涉及的知识点，随后系统会进入前面的程序。学生平时还可以运用"错题本"的攻关功能进行错题攻关训练，把原来的弱项练成强项。此外，所有学生的错题都会汇总到教师的"错题库"中，按错误率高低排序，以便教师在接下来的教学过程中查漏补缺、优化教学。

3. 统计多样性

精确做好小学生的作业统计是作业评价管理的重要一环。对此，要充分发挥大数据统计的优势，做到数据统计科学、信息保存持久。教学中，教师要针对作业批改情况进行评价，统计全班同学对知识点的掌握情况，了解部分学生存在的不足，做到心中有数，及时调整教学。统计多样性主要表现在：统计作业的错误率，为课堂讲评做准备；统计分析学生的典型回答，做好质性记录；统计作业目标的达成度，为后续教学、作业改进或作业讲评提供数据支持；统计作业批改后学生的自主改正情况，重视学生自我纠错。

二、大数据实现作业评价管理多维度

1. 过程多维度

低年级小学生心理认知比较简单，在学习过程中更加希望得到教师的表扬和同学的认可，他们的成长是一个漫长的过程。因此，教师对作业的评价也应更加关注过程。学生在学习中的一次次努力若能得到认可和鼓励性的指导意见，就能更有效地获得身心健康发展，形成良好的学习习惯。基于大数据的作业评价系统，能够实现学生每高效完成教师布置的一项作业，就能得到相应的积分奖励。适时的奖励更能激发学生的求知欲望和学习兴趣，更能满足学生对作业评价的心理期待。

2. 分层多维度

每个学生的性格特征、气质表征、个体表现都各有不同。基于此，在作业评价过程中，教师要了解学生的想法，把握评价的目的，制订不同层次学生对应的作业评价标准。在大数据平台的支持下，教研组长把关各科作业设计的质量，反思过去每一天的作业设计内容和形式，分析低效、无效作业的形成及危害，形成新的作业设计理念，进行分层设计、分层评价考量。分层作业评价方式设定灵活，维度适中。其中，实践性作业注重考量学生的社会实践能力；跨学科作业注重考量学生对学科知识之间的融合理解；项目化作业注重考量学生的项目管理与现实世界的关联能力；开放性作业注重考量学生的思维发展能力。分层次结合学生兴趣爱好和智能因素设计出作业框架：基础性作业（全体学生）+选择性作业（学有余力的学生）+自主作业（有特殊兴趣的学生）。以小学数学口算练习为例，教师在大数据后台系统推送 30 道算式练习，让学生在规定的时间内完成，时间结束系统及时批改进行评价。全对的同学得到五颗星，下一次口算练习可以免做；得四星同学，订正错题再补做 2 题；得三星同学，订正错题再补做 5 题；得两星同学，订正错题再补做 8 题；得一星同学，订正错题再补做 10 题等。带有一定奖罚性质的评价有利于激励先进，带动后进，让学生养成良好的作业习惯，从而促进不同层次学生的均衡发展。

3. 内容多维度

新课标要求教学过程中的评价要体现维度上的多元化，不仅要关注学生知识技能的掌握，还要关注学生对基本思想的把握、基本活动经验的积累。大数据背景下的小学作业评价管理很好地提升了作业的丰富性和趣味性，契合新课标要求。教师通过优化作业设计，结合小学生的年龄特点和认知经验，推送一些与教学知识重点相关的趣味性作业（游戏类、操作类、实验类），激发学生学习兴趣，发展核心素养。

三、大数据实现作业评价管理多元化

学习者的能力是多方面的，每个学习者都有其自身的优势。学生在作业中表现出来的能力不是单一维度的数值反映，而是对多维度、综合能力的体现。大数据引入作业评价管理，能够做到提前系统导入，及时有效评价，实现表格化、数据化、系统化呈现。根据问题"画像"报告中的数据，制订切实可行的教学计划，因材施教，让大数据的积极作用真正落到实处。

1. 主体多元化

小学生作业评价涉及的主观因素有许多，参与评价活动的人除了教师外，还包括学生家长、学生群体和学生个人。充分发挥评价主体的作用，使评价结果更为客观，更能激发学生的学习积极性。教师在批改学生作业的过程中，对于评价标准的设定、评价方法的选择、评价尺度的把握、评价报告的分析会因主观因素会产生不同的结果。将大数据引入作业批改管理，由传统的教师与学生之间单向批改方式，即教师在学生完成的作业本上圈画标出错误之处，转变为实时性、交互式的批改方式。学生通过系统第一时间发现自己作业的错误之处，进行订正和自我评价。家长则可以利用配套手机软件了解自己孩子对所学知识点的掌握情况，对孩子作业进行及时评价。这样，实现了教师、学生、家长对学生学业质量的多元化关注，及时了解，发现不足，努力提高。

2. 方法多元化

学生作业多元化评价包含了课堂评价、测试评价、课后评价、激励评价等。大数据作业评价管理系统能够根据学生对作业的完成情况、正确率及做题时间，及时推送定制化学情报告。详细的学情报告实现了对学生阶段性的学情分析，方便学生及时调整，促进所学。以小学数学"平行四边形的面积"知识点的教学为例，教师把本节课所要掌握的知识重点和难点汇编成具有难度梯度的课堂、课后评价试题。课堂表现评价主要考量学生是否能够顺利地将平行四边形的面积采用平移的思想方法推导出来；课堂测试评价是让学生计算若干平行四边形的面积并打分；课后评价是让学生制作一个长方形框架，以此推理不同形状框架变化的规律；激励评价则是让学生在方格纸上尝试画出两个与长 4 厘米、宽 3 厘米的长方形面积相等的平行四边形。把多元评价练习提前导入系统，多元化的评价试题和评价方法有助于形成可视化的评价结果数据，教师得以点对点、点对面地实施辅导，达成教学目标。

四、大数据实现作业评价管理定制化

提高作业设计质量的理想模式就是为每个学生量身定制作业。利用大数据技术，在系统后台分析出每位学生的薄弱知识点，再有针对性地推送个性化的学习手册，提醒他们在日常学习中加以强化训练，达到巩固知识重点、强化学习难点、提高学业质量的教学目标。当学生的个性问题无法在课堂得到解决时，教师针对他们的个性特征和知识缺口，帮助他们解决疑难问题。为学生提供针对性训练，让学有余力或有需求的学生获得个性化精准指导，避免学生盲目做题。

1. 形式定制

大数据作业评价管理平台系统，聚焦学生核心素养的发展，不断优化作业管理改革路径，全面提升作业评价的育人功能。基于大数据的形式定制作业打破了传统课堂教学教师布置的形式，内容更加丰富，更具有针对性，更能体现时代感。比如，我们在小学语文作业中采用创编类作业，推送一些关于主题采集、剪贴、展评的图文资料与绘画创作。小学数学作业中，学生做一道题，如果很快完成，在今后的作业推送过程中，系统会自动生成其他类型的题目。基于大数据的形式定制作业让学习更有针对性，从而达成减负增效的目标。

2. 内容定制

"双减"的有效落实，不能只关心学生写作业的时间，更需要关注作业本身对学生发展的影响。全班学生如果都做同一水平层次的作业，势必会使得一部分学生觉得负担过重，而另一部分学生觉得成就感不足。基于此，我们引入大数据作业评价管理，教师可以从后台给学生推送个性化的教学报告手册。针对不同水平的学生，个性化学习手册与正常的作业相结合，有助于让全体学生找出自己学习的不足，高效地开展学习。比如，四年级学生虽然知道平移和旋转的方法，但是在实际画图时容易出现粗心马虎的差错，有时将平移格数数错，有时将旋转方向弄错，有时将旋转的角度画错。针对这一情况，我们将适配不同学生薄弱项的专项练习推送到人，进行有目的的强化练习。

3. 方法定制

作业评价管理大数据平台的建设立足过往教育实践中的诊断性评价、形成性评价、阶段性评价、终结性评价，又将传统评价同基于大数据的评价有机结合，形成方法多样的作业评价管理模式。作业评价管理大数据平台针对不同学生的特点，采用学习效果评价与表现形式评价、基础性评价与综合性评价、激励性评价与发展性评价，既肯定了能力强学生的学习效果，又激发了后进学生学习的积极性。多种评价方法相结合形成学生私人数字画像，将大数据技术与学生综合评价相结合。

实践证明，大数据的应用让传统作业评价管理变得更精准、更高效、更科学、更及时，不仅让学校能全面管控作业的数量和质量，也让教师跳出传统教学和批改的固有低效模式，让教学内容得到有效巩固，知识盲点得到及时排除，学生疑难得到精准指导。作业评价管理大数据平台解决了传统作业评价管理中的诸多瓶颈问题，让学校整体的教学质量得到有效提升，使因材施教真正成为可能。

（许兵兵、陈艳兰，本文曾发表于《中小学班主任》2023年第10期，此处稍作修改）

融合共生：大数据背景下的小学语文教学

2019年6月，《关于深化教育教学改革全面提高义务教育质量的意见》指出，要坚持"五育"并举，全面发展素质教育。传统教学模式下，教师虽然可以利用教学经验开展教学活动，但也出现了教师对学生情况掌握不足、教学评价单一、不能充分利用教学资源等问题。华师苏实小以大数据信息技术为依托，探索实现大数据技术与教育教学的深度融合，使教师能全方面、多角度地激励学生，让学生积极主动地获得持续、协同、健康、全面的发展。

融合共生是指小学语文教师通过信息化教育支撑起现代化教育，以转变自我的教学手段来改变教学环境，实现大数据技术与教育教学的深层次渗透，以此促进教育教学的提升提效。

一、融合共生的价值意义

改进教学方式。在以往的小学语文课堂上，不少教师采用"注入式"的教学模式，导致学生的主体地位无法有效体现。依托大数据技术，能够将文字、图片、音视频等融为一体，以更为直观形象的展现形式，为小学语文教学形式的创新提供了多样化的可能。这样创新的教学形式，激发了学生的学习兴趣、适应了小学生的学情特点，让小学语文课堂饱含活力。

优化知识学习。小学阶段的语文学习注重知识的夯实，在基础知识的学习中，需要识记的知识点也相对较多，这就需要学生付出不少的时间和精力。可是，相当一部分学生的知识学习效果却并不理想，出现此种情况，学生的基础知识学习方式不够科学是重要原因。将大数据技术与小学语文课堂教学相融合，则为学生提供了更加多元、个性化的语文知识学习方式。比如，学生可以通过信息化技术进行前置性预习，通过音视频等工具更为形象、直观地理解文本内容，利用网络微课堂夯实知识，等等。学生结合自身的实际所学，运用大数据选择最适合自己的学习方式，从而优化了语文知识学习的目标和任务，保障了学习效率。

提升综合素养。在小学语文教学中实践素质教育理念，对学生语文综合素养的培养至关重要。传统的小学语文课堂，部分教师将注意力集中在学生知识的积累上，在教学中过度关注教材内容，忽略了学生综合素养能力的培养和锻炼。在大数据多媒体信息化手段的辅助下，华师苏实小探索并实现了教师对教学内容的优化管理，为学生的语文知识学习提供了更有效的途径；同时，大数据技术与小学语文课堂的有效融合，也改变了传统的课堂教学结构。教师的身份由"指导者"转变为"促进者"，由"知识源泉"转变为"信息平台"；而在大数据信息与资源的提炼、制作、重组过程中，学生完成了知识的主动构建，深层次学习也由此发生，学生的综合能力得以切实提升。

二、小学语文教学融合共生的实践路径

1. 创设教学情境

在小学语文教学实践中，教师采用"注入式"的教学模式往往会导致学生的学习兴趣不高，课堂学习的主动性得不到充分发挥。因此，小学语文教师应积极应用大数据信息技术，创设良好的教学情境，让学生体会到语文学习的乐趣。

（1）突出"形象"

兴趣在学习中一直以来都很重要，它使得学生更加主动地学习。因此，利用大数据信息技术提升学生的学习兴趣，自然能激发学生学习的主动性。统编版小学语文教材的内容都很贴近儿童的生活和思维，因此，教师可以融合信息手段，以生动的"形象化"内容教学促进学生学习主动性的提升。

在教学二年级上册课文《小蝌蚪找妈妈》时，笔者通过水墨动画"小蝌蚪找妈妈"导入。在进行词语的认读后，笔者通过水墨动画展示出青蛙的整个生长过程。生动形象的画面为学生提供了一个良好的语文课堂学习情境，让学生直观感受到了青蛙生长过程的四个阶段。教学中，通过了解青蛙的外形特征及生长过程，让学生在语文课堂上的学习体验更丰富，达成初步认识事物这一教学目标。学生的学习热情被充分激发出来，对课程的理解认知也更加深入，有效提升了学生在语文课堂上的学习效果。

（2）建立"家园"

心理学家布鲁纳指出："当人处在浓厚的学习氛围下，积极的情绪便会感染你、提升你的学习兴趣。"因此，教师可以通过大数据信息技术的便捷性建立"学习家园"，提升学生学习的主动性。

华师苏实小依托"校园大数据"建设，运用学校先进的线上平台，构建了多维度、全方位的学生成长"730智慧评价系统"，对学生的"课程学习"等成长指标进行实时评价，以积分超市和积分兑换机为终点，调动起学生的积极性。在具体的语文教学中，笔者也依托微信、钉钉等软件与学生共同建立"阅读打卡站""妙笔生花园""你问我答店"等"学习家园"。教师与学生"同读一本书"、共同分享写作的乐趣、一起解答学习中的困惑。

（3）携手"家长"

在家校合力下，学生能够实现全面发展。大数据信息融合下的学习使家里的书房变成了一间间教室，平常的"家校合作"也更加凸显出了"家长老师"无与伦比的重要性。

通过教育大数据，学校把家庭教育纳入了评价系统，构建了课堂教学与家校沟通的"智慧教育大脑"。海量的数据分析为学校的教育教学管理优化和"家校合作"提供了强有力的依据。因此，笔者携手家长，按照学生的成长规律、学习生活轨迹，设计多维度的语文学习内容，在实际的使用过程中，还因地制宜调整模块的各个维度，让"家长老师"的因材施教更具指导意义。

2. 融通重难点

在传统的小学语文教学中，教师为拓宽学生语文知识学习的深度和广度，主动为学生准备了很多课外语文学习材料，但是由于各种主客观原因，这些课外材料与课程教学未能很好配合，造成了学生语文知识学习的精准度不高，学习时间也被浪费的问题。因此，小学语文教师可以依托大数据技术帮助学生筛选学习材料，让学生能在语文知识学习中根据自己的实际情况选择，从而更有效率地拓展语文知识学习的广度和深度。

（1）重构关系

《义务教育阶段语文课程标准（2022年版）》中指出，人文性和工具性的统一是语文课程的基本特点。语文教师要以知识建构者的身份和学生建立新型的师生关系，以和学生合作、交流为基础，共同完成师生间的"网络课堂信息对话"。

在学生"五育"均衡发展的基础上，学校通过检索七个维度的精准评价数据，形成学生数字画像，有效找到了每个学生发展的方向和重点。在小学语文三年级习作《国宝大熊猫》的教学中，笔者依据大数据下的学生特征，将搜集资料、课件制作、解难答疑根据学生知识储备情况进行合理分配。这堂语文课里，学生的问题都得到了他们自己的解答。教师也从原来课堂的单纯传授者，变成了课堂的引导者，学生的习作得以顺利高效完成。

（2）落实重点

当今学生获取知识的方式越来越多，教师必须懂得运用恰当的方式来引领学生，让学生的各项综合能力得以提升。在课堂教学实践中，教师可以启发学生关注关键问题，结合线上的优质学习资源，进行小组合作研讨和即时的线上线下探究，真正将教学重点落到实处。

依托庞大的数据支撑，能够对学校课程的价值做出科学、全面的判断，从而实现课程的优化，形成了一条"国家课程校本化，校本课程特色化，选修课程多元化，特长课程链式化"之路。据此，笔者引领学生进行课堂合作实践，及时运用平板提交自己或小组的疑惑；教师运用希沃交互功能标注、批阅学生的阅读批注和学习单，实现了实时组织学生进行深层次对话的目标。

（3）突破难点

构建学习活动来帮助学生解答学习中的困惑，这是课堂教学要达成的目标。因此，教师可以通过大数据精确掌握学情，瞄准教学的难点。在此基础上，设计针对性的学习方法，帮助学生解答学习上的难点。

语文教学则可以依据大数据系统，了解学生课文难点的学习、目标达成情况，从而形成更为精确的指导建议。这样既减少了低效重复的无意义问答，又提升了语文课堂探讨的广度。

3. 学习深度化

传统语文教学实践中，学生仅仅依靠教师的课堂讲授来获取知识。一方面，学生毫无学习兴致；另一方面，教学内容在课堂上也很难被学生深入理解。基于此，小学语文教师可以依托大数据，采用线上线下相结合的方式，让语文课堂教学走向更深处。

（1）设置任务

创设人文主题，加强各单元间的融合，这是统编版语文教材编排的创新。于是，教师可以以单元整体和教学目标为基础，利用大数据信息手段紧密关联原本散乱的素材，用更深的学习"任务"达成教学目标。

以"爱国"主题为例，从一年级的《我是中国人》《升国旗》《祖国多么广大》，到二年级的《神州谣》《传统节日》。三年级上学期开始则是每学期都有爱国主题单元，从三年级的《望洞庭》《九月九日忆山东兄弟》到四年级的《出塞》《凉州词》《夏日绝句》《千年梦圆在今朝》《小英雄雨来》《黄继光》。从五年级上下册整个第四单元到六年级的《马诗》《石灰吟》《竹石》《狼牙山五壮士》《我的战友邱少云》《开国大典》《七律·长征》。教师可以利用大数据的信息化手段，整合相关爱国题材音、视频，图画，教材主题阐释，让学生感受到爱国教育的主题从最初的"爱祖国的壮美河山"到"爱祖国的传统文化"的深化过程。学生也会深刻明白爱国是一种责任担当、一种深沉的情怀，是铮铮誓言里的丹心永存。

（2）围绕焦点

教材的重难点是教师应关注的焦点所在，教师可以依据整合的知识点，在小学语文课堂教学中融入大数据，围绕一些焦点问题进行解说、指导、总结，通过有效整合来获得最佳的学习效果。这样，既激发了学生的思维，又抓住了文本核心，实现了教学的整体推进。

依据大数据的实测性评价，教师能了解到学生对教材重难点的掌握情况。依据"实地""实时"的数据记录，教师则能对学生进行个性化指导和帮助，为学生当前和未来的发展提供助力。以课文《海底世界》的教学为例，笔者依据学校大数据分析出学生对大海相对熟悉，但对通过了解海底世界进而激发出热爱自然的感悟却有难度。教学中，笔者充分利用多媒体课件，将课本上的语言文字变成一幅幅生动形象的音、视频。学生结合图像，直观理解了文章中难懂的词句。

（3）关联生活

教育同生活实际相联系，这才是"活的教育"。因此，小学语文教学在与大数据信息技术的相融中，教师要学会抓取真实生活中的典型事例，进行真情实感的教学。让学生感知到书本上的知识和现实的生活是紧密联系在一起的，由此，使得学生感知到语文教学中生命的律动。

在教学五年级下册的诗词《从军行》时，笔者将新闻报道中"白衣战士"的逆行事迹融合进诗词的讲解中。视频中，在湖北咸宁通山抗击新冠疫情的"白衣战士"何建林，改编王昌龄的《从军行》来明志。在多媒体信息化手段的辅助下，学生直观地感受到了逆行的"白衣战士"们的爱国豪情。当学生将自己真实生活里的新闻人物和书本联系在一起时，学生的爱国情怀也得到了升华。

总之，随着现代信息技术的全面普及，大数据技术为小学生的语文知识学习提供了更科学有效的途径，帮助学生积累了语文知识，提升了语文知识学习效果。小学语文教师有必要从课堂教学角度出发，以更新的教学方法和理念，充分利用大数据资源来提高课堂的教学效率，促进语文课程优化，驱动学生内在成长。当小学语文学科与大数据延承有序、有效融合，教学才能发挥出最大的功效，也能更好地促进每一位学生的"五育"均衡发展。

（咸飞虎，本文曾发表于《中小学班主任》2023年第16期，此处稍作修改）

大数据背景下语文精准教学构建策略

长期以来，语文课堂教学陷入"经验"窠臼，以教师为中心的传统教学模式，多是建立在教师的"经验"基础上。大数据背景下，以教学数据为支撑的智慧课堂，借助于收集和分析教学数据，提取有价值的教学信息，优化教师的"教"，改进学生的"学"，提高教学针对性、有效性，强调"以生为本"，充分发挥现代教育技术的智能分析功能，来构建智慧课堂，减少教师主观判断可能带来的教学偏差，为精准教学创造条件。精确把握语文学科教学特点，构建精准教学目标、教学内容和课堂学习方式，要立足学情，尊重学生差异，引入分层学习，来实现精准施教。

一、结合学情需要，明确精准教学目标

1. 关注学生学习需求，学习个性化

大数据背景下，教师可以整合语文课程资源，并利用现代教育技术，向学生推送学习任务。每个学生根据需要，在课前观看学习资源。如每个学生利用微信公众号在课前完成相关资料的预习。教师利用后台系统，对学生的学习行为进行统计与分析，了解哪些任务学生已经完成，哪些任务是学习难点。后台系统可以对学生的学习轨迹进行记录，教师结合学生的学习轨迹，制定精准教学干预计划，对个别学生的个性问题，实施点对点教学指导。

在进行四年级下册课文《蝙蝠和雷达》教学前，教师先通过布

置微信学习任务，让学生自主预习，朗读课文，辨析生字生词。教师通过后台梳理，对学生的学习情况进行精准反馈后发现：一些词语朗读错误率很高。其中，"隆隆声"读错人数最多，达39人次；"系"字读错人数最少，但也达到18人次。如果教师未做课前检测，很难发现学生读错的问题。分析原因，如"晴朗"与"清朗"，"实验"与"试验"，这两组词为音形义相近词，学生在词义辨析方面存在难点。通过课堂专门讨论与交流，让学生把握两组词的细微差别，提高学生词义分析能力。

2. 合理设定教学目标，目标可量化

精准教学，要结合学生学习情况，根据学生的知识基础、兴趣爱好、心理特点，合理设定教学目标。教学目标不能模糊，而是要可量化。

在学习古诗时，"读懂古诗，感悟诗中描绘的独特景色，体会表现手法"这一目标无法达到精准教学的需要。教师可将"读懂""感悟""体会"等词汇具体细化，改变成易于把握、测量和评价的目标。

在部编版三年级上册第二单元古诗三首教学中，这三首诗都以秋天为主线，通过阅读诗句，借助注释、插图，学生感悟古诗的意境。在精准教学目标设定上，以谈论"秋天"为题，让学生联系生活体验，说一说对秋天的印象。可以通过讲故事的方式，激发学生对秋天的想象。接着，引导学生读《山行》，想一想，该诗描写了哪些景物，这些景物有何特色。鼓励学生自己动手，画一画古诗所描绘的景色。然后，指导学生阅读古诗，感悟诗意。从《山行》所描绘的画面中，与同桌交流，"寒山""石径""白云""人家"，构成了一幅怎样的深秋画卷。对于"霜叶红于二月花"这句话，请同学说一说，枫叶红得怎么样，"红于"是何意。

二、调整教学活动，增进学生学习合作

1. 激发学生自主学习

精准教学，即教师围绕合理的教学目标，善于激活学生的学习自主性，促使学生自主思考、合作探究，深入感知和掌握语文知识。小

学生的言语水平、思维能力相对偏低，面对语文课程中抽象、复杂的知识点，使用传统单一讲解方式，会使学生感到枯燥、丧失学习自主意识，更不利于高效语文课堂的构建。因此，教师要尊重学生个体，主动调控课堂活动，给予学生更多的合作交流机会，让学生在探究中分享学习感受，实现互助互促。

在教学五年级上册第四单元课文《圆明园的毁灭》前，教师提前布置预习任务，让学生自主检索、查阅与圆明园有关的背景资料，激发学生探究课文的学习兴趣。同时使用问卷星或者家校互动平台，让学生提出自己最有疑惑的地方，了解圆明园昔日辉煌的景观，对比惨遭掠夺而毁灭后的景象。接着，结合文本阅读，确立"分清文章的主次"学习重点，指导学生梳理文章脉络，把握各段的主要内容。鼓励学生通过自读课文，明晰各部分的内容。重点解答学生有疑惑的地方，或者对这些问题进行分析。如：第一段，开篇指出圆明园的毁灭带来不可估量的损失，与最后一段相照应；第二至第四段，分别介绍圆明园的布局、建筑结构、珍贵文物，展现圆明园的壮观。从文章写作重点来看，题目为"圆明园的毁灭"，但在篇幅上，却在着力描写昔日辉煌。这一写法，作者想要表达什么？圆明园精美绝伦的艺术瑰宝，最终却被焚烧，作者之所以刻意再现圆明园的辉煌，其目的在于揭露侵略者野蛮、残暴的行径，让学生铭记耻辱，激发学生民族使命感。

2. 提高课堂教学效率

大数据支撑下的智慧语文课堂，利于教学活动的组织，教师要善用"问题评析"工具，诊断教学效果，反思教学行为。

在学习四年级下册第五单元课文《记金华的双龙洞》时，学生了解和掌握游记写作顺序，掌握文章各段落之间的有序衔接，学习和体会写景的表达方法是该课的学习重点。教师布置"游览公园"写作任务，并提出三点要求：一要把握写作顺序，注意过渡句的使用；二要抓住景物描写，注意变换修辞手法；三要采用"人景交融"构段方法，突出以人称景。通过数据采集和统计，对学生的写景能力进行评测，发现和梳理学生写景存在问题如下：一是写作顺序不明晰，过渡句使用不当；二是词语重复，描写不鲜明，抓不住特色；三是排比修辞不当，表达能力欠缺；四是对人的活动描写过多，未能做到"以人衬景"；五是语句不通顺等。

　　针对上述问题，教师在课堂上，以"写景"为话题，组织学生讨论，引导学生观察景物，再将所看的，按照一定顺序写出来。对照双龙洞的写作方法，第一段，交代时间、地点；第二段，说明途径及过程，由金华出发，经罗店入山，看到溪流，引出双龙洞；第三段，写外洞、孔隙、内洞景物。该段描写较为细致，从洞口观察，外洞"宽""大"等特点，还有泉水外流。对孔隙的描写，借助泉水流出，写出孔隙"矮""窄"。进入内洞，写出"黑""奇""大"三个特点；第四段，写出洞所见之景。整个行文段落分明，游览的顺序条理清晰。借助于大数据，精准识别学生学习需求和群体问题，为改进教法提供科学参考。

三、提升专业素养，打造智慧教学特色

1. 不忘初心，立足学科基础

　　精准课堂是教学方式的创新实践，旨在激发学生学习的主动性，构建高效、趣味、平等的语文学习情境。面对不断创新的教学手段和策略，我们教师内心也要坚定，要立足语文学科，根据新课标要求，坚守教学目标，扎实教学，做好语文教学知识、语文教法的传承并灵活运用。

　　五年级下册第二单元主要内容为古典名著，目的是让学生了解名著阅读的意义，认识名著人物形象，能够根据上下文展开词语猜测，抓住人物描写的特点。如在学习《猴王出世》前，教师借助微信公众号推送预习任务。设置《西游记》视频节选片段观看任务，激发学生对名著的学习热情。本文属于古典神话小说，字、词的教学是重点。如"灵通""迸裂""避暑""造化""顽劣"等。通过课前检测，设置"石猴是如何出世的，又是如何成为猴王的"问题，让学生尝试着读课文，学讲猴王的故事。学习古典文学时，词句解析是难点。通过阅读课文，让学生去把握石猴的特点（野性、机灵、顽皮的同时又机警、聪明、勇敢），吸引学生展开深入阅读。教师要利用网络平台，整合教学内容，制作学习课件，引领学生参与课文角色扮

演活动，从中激发学生对古典文学的学习劲头。

2. 与时俱进，搭建智慧课堂

精准教学，教师要依托大数据技术手段，搭建智慧学习课堂。如利用网络搜索平台、微信公众号、思维导图学习软件等智能化学习工具，融合线上与线下教学，提高教学质量。信息化学习环境的营造，将语文学习资源进行整合，通过预设问题，让学生在网络学习平台开展阅读、观看、讨论等活动，收集学生的看法、观点，及时调整教学活动和步骤，增进师生、生生互动交流。教师在运用大数据、网络化教学手段中，要勤学好问，向其他优秀教师请教，增强自我综合素质，确保精准教学有序实施。

部编版四年级上册第四单元以"神话"为主题，教师在课前布置"中外神话"阅读任务，让学生了解神话故事的起因、经过、结果，抓住神话的想象特色与鲜明人物形象。细化学习评价内容，如学生作品评价，以海报、手绘等方式，制作阅读思维导图，展现学生的想象与创意。学生学习表现的评价，以讲故事为例，即要求言语表达要流畅、故事讲解要完整、语调语气声音要洪亮。在小组评价上，引入小组内自评、互评，通过评价来激励学生参与学习。教师要关注精准教学理念的学习，摒弃传统经验法教学，注重对学生的实时评价，诊断学生学习过程中的问题，优化和改进教法，让语文课堂更活泼、高效。

总之，精准教学，数据是"核心"。教师要积极运用大数据、学习分析工具，结合学情来构建智慧学习课堂。教师要做好学习资源整合，增强新技术运用能力，把握课堂教学的动态性、开放性、创造性，满足学生个性化学习需要。需要注意的是，大数据支撑下的精准教学，要发挥信息技术的辅助作用，让语文教学从粗放走向精准，但不能喧宾夺主，使教师过于依赖信息化教学。

（王东梅，本文曾发表于《中小学班主任》2023年第22期，此处稍作修改）

技术赋能：小学数学教—学—评一致性的思考与实践

《义务教育数学课程标准（2022年版）》（以下简称"新课标"）的前言，第一次正式提出"教—学—评一致性"的概念，并在课程理念中明确指出要促进信息技术与数学课程融合，改进教学，促进学生学习方式的转变。这让我们重新审视如何在线上网络空间和线下物理空间实现"教—学—评"三者的一致性，即在整个教学系统中，教师的教、学生的学及对学习效果的评价之间的协调配合，从而突破传统数学教育的时空限制，丰富学习资源，为学生自主学习、自我监控、自我评价等创造条件，提升小学数学教学及评价的品质。

一、小学数学教—学—评一致性的现实问题及分析

当前，小学数学教学中存在的主要问题是教学活动与教学目标的不一致，教学评价设计也比较随意，大多数教师根据自己的主观想法评价学生的学习，教学评价常常游离于教学目标之外。在课堂教学中，教师往往忽视了课前预习和课后复习环节中的评价活动，导致教学设计不充分、教学内容不够聚焦，教学活动不足以达成教学目标等。

究其原因，教师的教学目标意识比较薄弱，评价素养比较欠缺，不能将过程性评价贯穿学习的整个过程。根据数学新课标的要求，教师需要在确定教学目标后将教学评价前置，即进行逆向设计，首先考虑如何设计教学评价，然后思考如何引领学生达成教学目标，从而促

进学生主动探究，提升其自主学习能力，真正实现教学主体性的转变。

要想切实落实教—学—评一致性的要求，教师需要整合信息技术与小学数学课程，一方面，利用信息技术对数学课程教学进行优化，使教育内容更加丰富，从创设问题情境到设立项目小组，再到开展合作探究，最后解决问题，在多元化的评价中帮助学生不断反思修正，从而掌握数学知识和技能；另一方面，学生在不同视角下对问题进行思考、分析、推理、评价，助力自身学习的重构、拓展、优化，不仅可以保障教学切实有效，还使学生的数学思维品质得到飞跃。

二、技术赋能小学数学教—学—评一致性的实践探索

基于以上的分析与思考，笔者所在学校利用信息技术将在线学习与课堂教学相结合，通过校本730智慧评价系统，采用线上、线下结合的评价方式，对小学数学教—学—评一致性进行了实践探索。

1. 目标精确：赋能教—学—评一致性的核心

在教—学—评一致性的教学中，制订清晰、精确的教学目标是其核心要素，任何课堂活动都必须紧密围绕教学目标进行设计。需要注意的是，教师不能照搬他人设置好的教学目标，而应该立足班情、学情，充分考虑不同层次学生已有的知识经验，有针对性地设计教学目标，以确保教学目标符合学生的学习水平。

（1）导学单：教师掌握学情的出发点

如何立足实际学情制订合理的教学目标？从整个教学闭环看，要使线上、线下的资源融合更为有效，线上、线下教学目标趋于一致，教师应以课标为依据，分析、研读教材，简明扼要地概括出本节课的知识点导问、思维点导探、新问题导解等。利用信息技术平台制作导学单，不仅能深入了解学生对旧知识的掌握程度，还能告知学生本节课应该学会的内容及需要达成的目标。

例如，在"平行四边形的面积"的教学中，新课标提出："会计算平行四边形……的面积，能用相应公式解决实际问题。"学校数学教研组设计了导学单，了解到学生能够对平行四边形进行形象化描述，对其定义和面积公式也比较明晰，但对自主探索面积公式的过

程，特别是对平行四边形的割补操作并未重点关注。基于以上分析，数学教研组对教学目标进行了细化：第一，利用方格纸数和割补等方法，自主推导平行四边形的面积计算公式，并能用语言描述推导过程，体会转化思想，发展空间观念和推理能力；第二，利用面积公式正确计算平行四边形的面积，并能解决生活中的实际问题，感受数学和生活的联系。根据实际学情制订的教学目标难度适中，能帮助学生建立长方形、正方形和平行四边形的联系，也能帮助教师合理开展教学活动。

（2）问题银行：教师有效教学的立足点

在学生完成导学单的前提下，教师可以建立学生质疑的"绿色通道"，即通过线上平台开设"问题银行"。学生将完成导学单时遇到的疑问、困惑上传至"问题银行"，这是教师掌握学生学情的一种关键方式。教师在授课前先查询"问题银行"里学生提出的疑问，把握学生真实的思维过程，罗列出个性问题与共性问题，确定哪些内容可以简略教，哪些内容可以学生互教，哪些内容需要教师重点教，等等，为真实教学中教—学—评一致性做好充分的准备。

例如，在教学"多边形裁剪中的内角和"时，教师在导学单中列出问题，学生将疑惑的问题上传至"问题银行"。经过平台数据统计，他们对下面的问题反馈较多：选取任意一张平行四边形纸片，随意剪一刀，剩下的图形可能是什么？内角和是多少？对于第一个问题，学生通过线下展开动手操作，比较容易得出剩下的图形可能是三角形、梯形、平行四边形、五边形；对第二个问题，学生虽然能猜想到正确答案，但在理解内角和为什么不变时遇到了困难。如此，教师在课堂教学中就有了预见性、方向性和针对性，对学生理解的难点有了比较深入的了解，在上课时更加泰然自若、胸有成竹，不仅为数学课堂提质增效，还让学生的自主学习意识前移，在自知、自探、自疑中不断提高其自主学习能力。

2. 评价创新：赋能教—学—评一致性的保障

在教—学—评一致性模式下，为了保障其实施效果，数学教研组秉持"评价先于教学"的理念，将评价设计前置，针对教学的各环节设计评价任务，形成评价链，再结合华师苏实小"先学后教"的教学范式，借助信息技术平台进行教学评价，为即教、即学、即评的教学过程提供便利，有利于实现教—学—评一致性。

（1）创建智慧评价系统：大数据让评价有迹可循

华师苏实小校本730智慧评价系统，是利用先进的云平台建构起的跨终端、全时空、多角度的学生成长智慧评价系统，并以此对学生的"课程学习""品行习惯""集体表现"3大板块、17个维度、140项成长指标进行实时评价。教师可以借助730智慧评价系统，根据教学目标设计真实的成长指标，收集评价数据，从而了解教与学的效度，为下一步教与学提供调整和改进的依据。

以华师苏实小730智慧评价系统中的教学评价为例，课前有导学单评价，课堂有听课习惯、回答问题、参与活动、积极思考等评价，课后有事后评价和作业评价。教师可以凭借专用"魔法棒"、手机、交互教学终端、平板电脑、台式电脑等多个终端，方便、快捷地对学生进行实时性的全方位教学评价，也可以对学生表现的赋分情况进行统计分析，统计结果可在各终端实时显示，也可同步发送至家长的微信，家长可对此点赞或留言互动激励。平台还会产生学生各学科获得评价分值的报表，以及时提醒学生均衡各科学习，促进自我全面发展。教师、学生、家长可以随时查看不同成长指标的加减分情况，综合了解学生状态并及时调整，让评价有迹可循。

（2）增设教学评价内容：预设效果让评价有据可依

通常，教师制订的教学目标是比较概括的。在评价前置的过程中，我们如果能将以往的教学目标预设为具体可测的学生的行为目标，并根据行为目标制订教学方案、开展教学活动，无疑为我们评价实际教学效果提供了细致且指向明确的依据。

例如，在教学六年级"分数除法应用题"时，教师在教学环节一增设学生是否能用自己的话说清楚单位"1"的概念，能否准确找出单位"1"，并说出等量关系式的评价；教学环节二增设学生能否分析出题中隐藏的信息，能否看出题中多余的条件，能否根据题目画出数量关系的线段图的评价；教学环节三增设学生是否能用方程法和算术法解题，针对复杂题目能否借助小组合作解决的评价。教学中选择的三个例题，围绕具体的行为目标层层深入，教师给予学生即时评价和小结提升。在小组讨论和展示的过程中，依据 730 智慧评价系统中明确的评价内容和评价方法，教师更能具象化了解学生的薄弱点，进而有针对性地进行强化；学生更能明晰自己的目标达成情况，从而有利于他们自主调整学习方略，养成良好的学习习惯。

（3）创新教学评价模式：多元化让评价科学合理

在教学活动中，教师可以利用 730 智慧评价系统，跟踪学生学习情况，记录学生表现，使教、学、评目标趋于一致。为了使评价更加科学合理，华师苏实小坚持采用多元化评价模式，在课堂上增设学生自评和互评环节，在课后增设家长评价环节。另外，我们还充分考虑到每位学生的学习能力的差异性，创新教学评价模式，在课堂上分层评价和鼓励性评价相结合，在多元评价中促进学生的成长。

例如，在六年级"分数应用题"的教学中，教师展示一道习题：

一杯糖水，糖占糖水的 $\frac{1}{10}$，又加入 10 克糖后糖占糖水的 $\frac{2}{11}$，原来糖水有多少克？

教师在提示"做分数应用题或百分数应用题常常要找不变的量"后，少数同学理解能力强，很快发现题目中不变的量是水，而大部分学生仍然没有思路。这时，教师及时表扬已经掌握的学生，并借助先进的技术手段，在智慧系统中设置相应的拓展训练；对于找到变量但列不出关系式的学生，教师肯定他们的发现，并鼓励他们列出正确的关系式；对找不到思路的学生，则启发他们找到不变量，树立解决问题的信心。这种创新的评价模式，能使教师对学生做出更精准的评价，让每个孩子"被看见"，真正促进他们能力的提升和发展。

3. 教学实施：赋能教—学—评一致性的关键

评价任务设计完成后，实施一体的教学活动就成为实现教—学—评一致性的关键。教学活动的实施同样需要围绕教学目标开展，教学内容、教学方法与信息技术手段的选择、融合，让评价始终贯穿整个教学环节，使教学活动和教学评价融为一体，最终服务教学目标。

（1）微课课堂创设：引领学生自主学习

华师苏实小数学组根据教学重点筛选出教学主题，撰写微课教学方案，设计微课教学环节，制作出以短视频为主的教育资源。微课课堂的创设旨在引领学生课前预习、课后巩固,及时将疑惑提交到"问题银行",有助于为后续教师课堂的有效教学提供保障。

以"平面图形的周长和面积"教学为例,本课要求学生整理且熟练掌握平面图形的周长和面积计算公式及推导过程,并能熟练应用公式进行计算。教师可以利用信息技术平台,将图形做成移动、割补、展开的动图,并在微课中向学生呈现。学生能直观感受图形运动的实际情况,在此基础上再去推导面积计算公式,自主学习的难度就会降低很多。利用好微课资源,不仅能引领学生自主学习,还能为后续教师的深入讲解打好基础。

(2)教学模式创新:技术赋能课堂教学

在数学学科的教学实践中,利用信息技术,可以引发学生与多媒体终端的互动和学习主体间的互动,赋能数学课堂教学,优化学生的学习方式。

仍以"平面图形的周长和面积"教学为例,"问题银行"显示,学生对圆、半圆、圆环、扇形这四类图形的面积计算公式推导存在困难。教师在课堂教学的组织中,融合应用合作探索教学模式,将图形的特点形成词条,让合作小组分别对四类图形配合动图进行讲解,并以拖拽的方式完成对图形的归类。同时,各设置一道面积计算的应用题,让学生通过合作探索来解答。教师则及时记录他们遇到的问题并进行反馈,对于错误人数较多的题目,教师还需再次设置类似题目,以达到举一反三的效果。至此,学生对图形面积计算问题有了更全面、更透彻的理解,解决实际应用问题的能力也得到提高。

(3)教学实践拓展:满足学生差异化需求

不可否认,在小学阶段的数学教学中,学生的数学思维存在一定差异性。对于思维能力更强、创新意识更高的学生,教师要注重对其进行教学拓展,以满足他们的数学学习需求,获得更好的发展。而信息技术能为教师提供先进的教学手段,能帮助教师和学生进行数学教学实践的拓展。

例如,对于行程问题的拓展——变速行程问题,这类问题具有高度的生活化特征,教师可以通过生活实例来引导学生进行研究和分析。如,"乐乐从家骑车去上学,如果开始行驶10分钟后,将速度提高三分之一，就比平时提前 5 分钟到学校。如果开始行驶 1200 米后，将速度提高二分之一，就比平时提前 8 分钟到学校。问：家到学校的距离是多少米？"解决此类问题，教师需要借助信息化教学工具和系统，通过多媒体技术画出清晰的路程图，分析两种情况下速度和时间的关系（图2-9）。借助"闪烁"技术，学生可以直观看到变化部分的比较，更能发现变化部分与正常情况的速度比与时间比，从而找到隐藏的数量关系。信息技术的使用，拓展了学生数学学习的时空，盘活了他们的数学思维，提升了他们的数学学习效能。

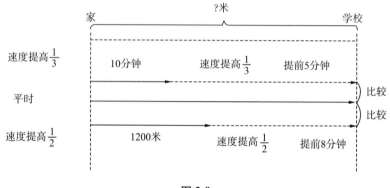

图 2-9

综上，将信息技术和数学学科进行有效融合、有效统整，借助先进的信息技术手段，打破教师认知和能力壁垒，积极实现数学教学中的教—学—评一致性，必能赋予学生数学学习新的能量，辅助他们厘清知识结构、促进他们对数学知识的理解、提升练习他们数学练习的效度，从而更好地发展他们的数学核心素养，让他们的数学学习更加自主、自发、自能。

（李英，本文曾发表于《中小学班主任》2023 年第 12 期，此处稍作修改）

靶向助力：大数据赋能小学数学作业管理

教育新型基础设施建设催生学校数智化转型，现代信息技术的融入，为师生互动、课堂教学、自主学习等提质减负，重塑学校教育，为日常教学提供更多可能。"双减"背景下，作业管理已然成为学校教育转型的重要抓手，如果教师能够在教育中使用有效工具，让学生的作业量"减下来"，让教学的质量"增上去"，必将打开作业设计与管理的新视域。

一、问题聚焦，让作业管理冲云破雾

作业作为学生积累知识、养成学习能力、培育良好习惯的主要载体，也是教师掌握学情、完成教学管理任务的重要手段。科学、合理与有效的作业可以帮助学生巩固学科知识、培养自主学习能力，同时教师可以通过作业情况检验课堂教学效果、了解学生的知识掌握情况，从而进一步改进教育教学方法，促进学校完善教学管理、促进全面评价教学更科学、提高教育教学质量。目前实际教学工作中，教师通过作业布置确实达到了一定的效果，但我们不难发现还是存在一些问题。

1. 形式单一，学习兴趣难激发

学生创新意识与实践能力的培养，是教师与学校应尽的责任，同时也是新课标的基本要求。结合小学数学作业现状，我们不难发现作业设计题型单一是一个存在已久的问题，其原因主要有两方面。一方面，传统的作业题型确实能够起到知识巩固、检测课堂教学质量的作用，教师对于作业的创新设计难以挣脱传统观念的束缚，但传统的作业题型往往枯燥单一，缺乏趣味性和发展性，学生无法从中培养兴趣、增强实践、获得体验和发展素养。另一方面，教师对于作业设计的一些想法与尝试因为时间、空间的问题难以实现，以教师设计的项目式作业"人民币购物的最佳方案"为例，学生对于此类理论应用于生活实践的作业参与度很高，但实际操作中，课余时间的小组合作、数据收集分析难实现，作业效果不佳。

2. 面向全体，个性需求难满足

日常教学中教师应关注每一位学生的发展，而每一位学生都有其独特性，他们的认知基础、个性特长、兴趣爱好各不相同。作业作为教学工作中的一个重要环节，在学生认知、能力、个性全面协调发展等方面起着重要作用，但实际教学工作中，班级多，班额大，教师在作业设计时更多的是面向全体，学生的个性需求难以满足。尤其对于基础不是很扎实以及特别优秀的学生，这样缺乏针对性的作业无疑是低效的。

3. 批改量大，作业反馈难有效

作业反馈作为一种教师教学的信息媒介，不仅能反映出教师的教学质量，也能反映出学生的学习效果。但教师作业批改量大，特别是对于班额大的教师来说，即便想要个性化评价、追踪反馈也常显得力不从心。因为传统的作业反馈主要是看学生是否对知识落实到位，反馈的形式主要以对错等符号体现，再根据学生的完成准确率评定等级，赋予一定的数字分数，更简单的只在作业上出现"阅、查"等字。在课堂上，教师也多会根据批阅的结果宣读优秀作业和待改进作业学生名单。这种单一的评价形式从教学的实际来看，教师往往只能关注集中性的问题，学生的个性问题常被忽视，无法完全了解学生对知识技能的掌握程度，想要真正查漏补缺难以实现，进一步优化课堂教学也便缺少抓手。

二、数据赋能，让作业管理提质减负

要优化作业管理，就必须探索提质减负的新举措。大数据技术赋能作业管理,不同于以往数据收集中的随机分析,而是对日常课时作业数据进行全方位的跟踪采集、记录、分析,以弥补作业数据空缺,便于学校、教师基于学生作业数据进行教学灵活调整和高效作业管理。

1. 打造"慧眼",实时掌握作业情况

作业大数据管理实时展示学生作业情况,从学生作业时段、作业时间、作业成绩与作业时间区间分布、作业时间差异等多维度采集分析,综合评价学生作业效果、作业质量及均衡情况,辅助教师进行作业管理和调整。

2. 铸造"智脑",全面分析作业需求

依托大数据技术和多年积累的海量优质题库创建高精准作业库,按作业难度、知识点、错误率分类,在作业布置时充分关注学生的个体差异,使每个学生都能"跳一跳,够得着",从而调动各层次学生的作业积极性,实现作业布置分层、弹性和个性化,切实减轻学生作业负担,助力学生对薄弱知识点的个性化自主学习。

3. 延展"智臂",精准推送作业问题

数据赋能,通过系统统计班级和个人的知识点错误率,自动生成易错题汇总并进行类题推送,教师利用班级或个人的易错知识点汇总,通过类题的精选,汇编成题组,针对不同班级或不同学生布置分层作业,实现作业的个性化。

实践证明,大数据赋能让小学数学作业管理变得更加精准高效。这对于一线数学教师来说是挑战也是机遇,教师要学会利用和分析大数据,将它变成能够指导并改进教育教学的有效工具。具体来讲,就是要努力挣脱传统教育教学和作业批改的桎梏,主动寻求并尝试现代信息技术,通过实践掌握大数据技术,并利用数据指导教育教学,减轻学生的作业负担,真正做到减负增效。

三、靶向助力,让作业管理精准高效

作业管理正逐渐从"作业设计难度较大、作业批改负担较重、作业反馈效率较低"向"基础性作业自动批改、全过程数据有效采集、实现靶向作业"的作业管理环节转变。利用大数据技术可有效

避免内容的机械重复，实现作业的精准设计、分层布置、全面批改、及时反馈、个性指导。精准高效的作业管理，不仅能提高教师的作业管理效率，还能减轻学生的作业负担，提升"双减"内涵，落实作业育人目标。

1. 作业内容分层精选

依托大数据的作业布置可以分层精选，做到逐步筛查，不仅面向全体，也要发展个人。在第一层次中，教师要了解学生知识掌握情况，根据课程标准和学科教学目标布置相应作业，检测课堂教学效果和学生的知识掌握情况。第二层次即突破教学过程中的重难点，前期作业系统批改完成后，教师通过大数据收集分析作业中存在的共性问题，设计专题或专项作业，帮助大部分学生突破学习中的重难点问题。第三层次即解决学生的个性化问题，通过全面排查和专项突破，绝大多数学生的学习问题已经解决，但通过数据统计我们会发现还是有部分学生存在个别困难，因此教师通过对习题题型、习题题量、知识点、作业时间、习题使用形式等方面进行分层设计，在海量的题库中精选适合不同水平学生的题目，一键布置分层作业或靶向作业。让每个学生拥有自己专属的作业本，符合学生个体学情，从而激发各层次学生的作业积极性，极大地增加了作业的趣味性和吸引力。

以苏教版六年级下学期第二单元《圆柱圆锥》为例，教师首先可结合学习内容布置作业，如图形特征的判断，表面积的公式推导，体积的公式推导，生活中对于圆柱圆锥公式的基础应用，等等。在平台完成批改后，根据学生出现的问题，布置与问题相关知识点的作业，如图形侧面积、底面积、表面积的辨析、等底等高圆柱圆锥的体积关系等。最后，再根据批改结果，对二次作业中的错误生成专属作业本，针对如已知圆锥体积和高求圆锥侧面积、已知圆柱圆锥底面半径和高的比求体积比等个性知识点问题进行再练习，对症下药，帮助每一位学生逐个突破重难点，在数学学习上得到个人成长。

2. 作业反馈及时有效

依托大数据的作业批改及时准确，作业反馈多样、多维、多元。每次作业批改后，系统会反馈本次的作业榜单和详细解析两项内容。在作业榜单中，教师可以非常清晰地了解每一位学生的作业成绩，以及此次作业的准确率、用时及各知识点得分情况等。详细解析中教师可以看到每一道题的准确率，每位学生具体错在哪道题以及学生对作业中各知识点的掌握情况。例如，《用字母表示数》作业批改后，教师可以知道学生对《用字母表示数》相关知识点的掌握情况，以及学生在这一内容中存在的知识点漏洞。

此外，系统批改后会为学生呈现错题的详细解析，并推送相关知识点的同类题以供针对性训练，同时错误的题目会自动保存到学生的"错题本"中。"错题本"还支持二次采集，便于教师了解学生对错题知识点的掌握，帮助学生稳步提升。教师基于学生的学情数据设计靶向作业，科学有效地为学生推送针对性的学习内容，利用信息化的手段帮助学生解决疑难点，避免了重复机械的作业，降低学生的课业负担，激发学生主动探究的学习能力。

3. 作业讲评精准高效

相对于传统的作业讲评，大数据赋能作业讲评有精准的学情和作业批改数据支撑，能够减轻教师负担，做到省时高效，同时通过作业质量的精准分析，设计合理的教学内容，突出作业中的重难点，既能满足课后作业练习需求，还能增加课堂教学容量，实现以学定教、精准教学。以某次作业讲评为例。第一步，教师通过作业榜单肯定作业表现优异的同学；针对作业中的易错题，可以邀请解答正确的学生讲解，以此激励先进，促进后进，在榜样作用下让学生学会自我完善，达到班级学业均衡发展。第二步，教师利用大数据技术，在系统后台分析出学生的薄弱知识点，找出学生存在的概念不清晰、知识点遗漏和方法难掌握的问题，帮助学生做到知识重点及时巩固，知识难点逐个击破，学业质量稳步提高。第三步，教师在讲解过程中和讲解之后，二次提问原来犯错误的学生，借此确保讲解效果。在提问和作答的过程中，学生的阶段性学习成果得以强化，努力过程也被认可，极大地激发了学生的求知欲望和学习兴趣。

对于学生错误分散的问题，教师也可选择让学生小组合作，或者让解答正确的学生给错误的学生讲解题方法，或者让解答错误的学生给正确的学生讲如何修正。这样的学生互动使每一个问题都可以得到解答，在讲解的过程中，每一位学生都被带入课堂，成为课堂的主人，用知识发现和解决问题，真正做到数学学科素养的个性发展。课堂因为有效得到学生认可和喜爱，学生因为进步更投入课堂、更认同教师，教师在此过程中找到认同感和成就感，教学因此进入良性循环。（图 2-10）

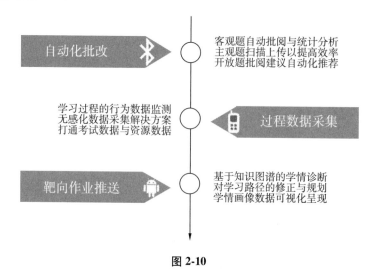

图 2-10

未来教育，智慧先行。大数据赋能作业管理，以常态化作业数据采集、评价、反馈、改进为抓手，实现基于数智工具的"累积、统计、归因、施策"的作业质量全量管理。运用大数据结果指导教学，改进评价维度，实现"靶向作业"助力教学提质减负，为教师的教学工作提供更精准的分析报告，从而促使教师精确、全面、多维度地评价学生，提升学生的核心素养和学习品质。

（戴叶，本文曾发表于《中小学班主任》2023 年第 18 期，此处稍作修改）

大数据赋能小学数学课堂教学"三精准"

基于网络平台的大数据分析是一种研究手段,师生的行为和表现都可以成为大数据统计和分析的内容,而数据背后所涵盖的意义也将推动教学过程的创新。在教学的各个环节中巧妙利用大数据反映的信息,精准定制教学目标,实时修改教学环节的内容,巧妙转化课堂教学活动,这样可以有效开启课前精准研判,推进课中精准交互,实现课后精准共进,促进小学数学教学向科学化、个性化、精准化方向深入发展。具体实践框架如图2-11所示。

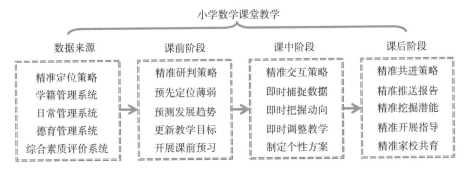

图 2-11

一、精准研判:大数据开启前瞻视野

课前教学准备是教学不可或缺的环节,教师利用学籍管理系统、日常管理系统、德育管理系统、综合素质评价系统等捕捉和分析数据,精准掌握学生知识水平,及时优化教学目标,拓宽学生获取学习资源的渠道，为课堂活动的开展做好准备。

1. 大数据率先发掘，精准研判学生学情

基于大数据精细化、全面化等特点，教师能更精准、全面地进行学情分析。教师通过对数据的分析，精确捕捉学生的个人特征和薄弱部分，从而掌握班级学生在某些方面的能力基础、思维特征、行为爱好等，精准锁定学生的关键个性学情，将学生能力发展趋势和实际教学内容相融合，模拟学生的上课接受程度曲线，预判学生能力走势，做到在实际教学中时间精力分布上有所侧重。

2. 大数据超前预测，精准锁定教学目标

数学课堂的时间极为有限，教师必须在规定时间内完成既定的教学任务，因此教学目标的设立就更需科学化、精准化。根据大数据平台长期对学生学情的跟踪收集，结合大量同学龄阶段学生的数据，筛选学生对重难点掌握的薄弱环节，再结合学生的已有知识水平及本节课的教学任务，以此预设可能出现的问题，使得教学目标更加精准。

3. 大数据助力预习，精准把控预习效果

法国学者安德烈·焦尔当指出："不论是儿童还是成人，要让一个学习者掌握一项知识，就必须对他的先有概念进行真正的解构。"根据以往教学经验，部分学生迷迷糊糊地进入课堂学习，使得新的知识无法消化透彻，影响后续的学习。对此，教师可以通过大数据平台提前发布有针对性的预习内容，让学生提前从生活场景中感知新知，提前思考，带着疑问进入课堂，根据学生不同能力层次及学习需求预备个性化的辅导方案，实现精准推送，从而为学生能力素养的深远发展夯实基础。

二、精准交互：大数据捕捉即时数据

传统的课堂反馈通常以师生问答或者课堂练习的形式出现，但是存在着问答数量有限、获取信息单一、时间滞后等问题。使用基于大数据的观测技术与平台设备，有效实现课堂反馈从静态狭隘向动态开放转化，从延迟低效向多维高效蜕变，帮助教师拓展信息来源，促进教师展开高效精准化的教学。

1. 依托平台丰富互动，精准提升学生兴趣

传统教学中，教师根据教师参考用书和课本教案，按部就班地沿着预设的教学内容程序化推进。这种模式虽然能完成既定的课堂任务，但使学生感到枯燥，扼杀了学生个性化的天赋，并且教师很难应对预设外的情况。大数据系统的介入，巧妙地解决了这类问题。如通过在微格教室中实时监控观察以及 AI 课堂设备的反馈，教师能时刻关注到每一位学生的课堂行为。运用大数据教学平台提供的大量互动模块，激发学生的兴趣，由以往的被动学习转变为主动学习，使得学生的注意力集中在课堂学习当中。

2. 依据即时数据反馈，精准调控课堂教学

在探究型课堂教学中，会出现探究进程卡顿、教师预设的问题学生反馈不佳的情况，导致课堂内容进度缓慢。教师利用大数据平台，可以及时抛出迷你问卷，迅速调整问题导向。例如，在探究"认识分数"一节时，学生总会出现能动手折出相应分数，但无法正确描述其含义等情况，教师可出示选择题：在这幅图中，数字 5 可能表示的含义什么？学生选择后，教师通过数据分析，精准了解到多数学生不能正确理解并说出平均分成 5 份。在后续的教学中加强份数及平均分的概念强化，巧妙突破学生表述的难题。这样教师既能分析出班级整体学习的共性，又能了解学生个体的学习情况，进而更加全面地掌握学生的学习需求，采取更具针对性的教学措施来提升教学的质量。

3. 依据学生数字画像，定制专项个性练习

学生本身已有知识水平、理解能力有所不同，如果给每位学生布置相同的作业，会出现有能力的孩子"吃不饱"、后进的孩子"消化不了"的情况。因此，利用学校智慧教学平台，教师可在不改变教师传统教学场景和习惯的前提下，将线上和线下结合，充分了解学生当堂课或者近阶段的上课情况和知识水平，布置与其相应的练习。例如，教师利用 AI 课堂教学平台授课，通过终端收集和处理某位学生课堂上的学习和互动过程、作业完成情况等具有即时性特征的数据，将这名学生的学习状态、课堂表现和知识水平收集整合，分析得到这名学生在该堂课的数字画像。与此同时，AI 测评基于海量的优质测评资源，为该学生提供课后作业、智能测评、统计分析、学习诊断及

习题推送等服务，让教师精准教，学生个性学，并进行多维分析，精准反馈。

三、精准共进：大数据赋能课堂延伸

大数据除了可以在课堂中实现精准交互外，还可以精准提升学生课后自主学习能力，将学校、家庭、社会有机融合，赋能课后学习。同时，大数据系统通过对学生的学习结果及教师的教学效果做出智能化、客观化、精确化的分析诊断，帮助师生准确定位自己，有效推动"五育"并举评价建设，实现学生个性化发展的育人目标。

1. 大数据构建互动平台，精准提升自学能力

教育的本质在于对学生核心素养的培育，其中最重要的便是对学生自主学习能力的培养。基于大数据技术，学校提前制作相关知识点的讲解视频或者向学生提供相应学习资源的答疑平台，学生遇到难点时，也可以向教师或者家长求助。例如，在学习三年级上册"认识分数"这一章节内容时，学生在校期间已经初步认识了分数，但是由于课堂时间有限，无法全面了解并灵活应用。因此，课后，教师在平台上将"多彩的分数条""认识分数的历史"等趣味实践任务推送给不同学力的学生，让学生在课余时间展开自主探究学习，挑战多种分法，并上传平台进行分享交流。这种方式不仅可以巩固课堂教学内容，还能有效提高学生的自主学习能力。

2. 大数据建立关系纽带，精准推进家校共育

当下，教学结构要素由教师、学生、家长与技术组成。以信息技术为依托，教师、家长都能够通过实时数据了解学生的学习情况。家长不仅能够随时掌握学生的学习情况，还可以发现学生现阶段学习成效的直接影响因素，从而有意识地在家庭教育中进行弥补和调整。与此同时，教师可以依托家校共育，帮助学生在家长的指导下合理运用各类数据软件。积极借助大数据平台开展家校共育活动，将家长由"旁观者"转变为"参与者"，提升家长的教育意识与能力水平，促进学生健康、全面与个性化发展。

3. 大数据构建评价体系，精准融合教育评价

基于大数据的教育评价系统，对学生整个课堂过程进行客观、科

学、系统的评价，实现教师教学、学生学习和管理服务的数据化、可视化、透明化和回溯化。大数据系统帮助师生诊断学情，生成诊断报告，形成学科自画像、精准捕捉学生的薄弱环节，帮助教师关注学生的个体差异，实现因人而异的教学评价，既提升教学质量，又不增加学生的负担。依托评价系统，借助大数据驱动大规模因材施教，为每一位学生提供量身定制的教育，最终实现学生个性化发展的育人目标。

实践证明，大数据基础上的小学数学课堂教学大大减轻了教师和学生的负担，同时提升了学生学习的有效性和针对性。将大数据技术的独特优势融入到小学数学这门抽象难懂的课程中，开启精准研判，推进精准交互，实现精准共进，有利于提高课堂教学效率，提升学生的学习兴趣，更好地落实素质教育的根本宗旨，推进教育教学改革。

（包婧怡，本文曾发表于《小学教学研究》2023年第26期，此处稍作修改）

精准教学：让美术学习个性可见
——以小学美术《飞天》为例

我国春秋时期孔子践行的"因材施教"理论、古希腊时期苏格拉底实施的"启发式教学"方法，这是国内外关于"精准教学"最早的理论雏形。20世纪60年代美国学者奥格登·林斯利提出了"精准教学"理论，即通过设计合理的测量工具来有效追踪学生的学习表现，为教师的教学决策提供真实数据支撑，以便"将科学放在学生和教师的手中"，让教学策略与实施对象更加匹配。

"精准教学"虽不是新理论，但随着大数据的发展，该理论为学科教学的发展提供了新思路和新技术支持。如何让因材施教可见，基于精准教学可衡量、可调控的特点，运用大数据技术和思维模式，改进学科教学，促进教育的发展，是一个值得思考和研究的课题。

一、精准教学的理念
1. 精准教学的要义
（1）以斯金纳"行为学习理论"为依据

美国新行为主义心理学家伯尔赫斯·弗雷德里克·斯金纳认为，人类行为主要是由操作性反射构成的操作性行为，操作性行为是作用于环境而产生结果的行为。斯金纳很重视R（反应）型条件反射，因为这种反射可以塑造新行为，在学习过程中尤为重要，斯金纳认为学习是通过刺激——反应——强化而形成行为的。精准教学强调课堂上的行为目标和及时反馈，明确学生应达到的目标并全程监控围绕目标的学习过程，以练习、反馈和纠错等措施，形成目标所要求的行为并及时强化。

（2）以"流畅度"为衡量指标

精准教学中的最大"精准"在于教学评价。由此，精准教学以流畅度来衡量学生的学习表现与质量。流畅度涵盖"准确度"和"速度"两个方面，即学生的学习需要做到又好、又快。流畅度从五个方面衡量学生的行为：一是能否明晰内需学习；二是能否持之以恒学习；三是能否心无旁骛学习；四是能否融合新情境学习；五是能否举一反三学习。

（3）以"练习与测量"为程序方法

精准教学的程序方法对学生日常练习的表现进行长期并持续的精准测量。测量的数据记录于学生专属的"数据电子包"，该数据包全面记录的学习流畅度，以判定学生当前的学习表现，便于教师精准修改干预措施。

2. 精准教学的现状

（1）精准教学的研究现状

国外除奥格登·林斯利之外，欧文·怀特等学者也进行了相应的研究，提出了效率值、四原则等理论。我国精准教学研究则处于起步阶段，主要集中于教学活动设计、翻转课堂教学模式、教学决策等方面。主要有：祝智庭提出了基于递归思想的精准目标确定方法；张灵芝提出了翻转课堂下的精准教学模式及其实践策略；郑怡文通过提取人脸表情和体态特征对学生进行精准关注。

基于以上现状，笔者认为精准教学研究具有较大研究空间与价值，利于师生教与学方式的深入与变革，学校通过对大数据等教育评价体系的建立与实施，展开对学生的学习习惯、学习需求、学习能力、学习成果、学习过程、学习环境的研究。

（2）精准教学的应用现状

回顾当下教学现状，精准教学应用并不乐观。一是过程性与个性化未得到彰显。当下精准教学大数据的运用更多是全体的终结性测量与评价，缺乏对学习行为过程和个体的关注。二是大数据技术支撑度不够。当下的精准教学的测量与评价内容过于单一化、扁平化，大数据分析、可视化等多种技术特征未得到充分运用。

3. 精准教学的要求

（1）课前准备：利用大数据存储大、运行快、推送多的特征，构建一个资料丰富、类别繁多的数字化资源库。教师应充分利用这一技术优势，积极拓展学科教学的数据来源，深入挖掘学情信息以及课程数据，以大数据为技术依托，提升学情分析与预判的精准度。

（2）学习目标：基于课程标准，切实解决好"学生将知道什么""学生将理解什么"和"学生将做到什么"三大问题。学习目标的行为主体是学生，学生参与其中，运用学科语言描述，确保目标准确、具体、可操作、能测量、有层次，还要做好预设及生成。

（3）学习内容：在精准教学中，教师针对学生知识的短板或技能的缺失，多方面地开发数字化教学内容。将这些教学内容科学化、趣味化，以问题式、故事式递进深入展开。利用大数据特有的传播、认知、沟通等方式，帮助教师及时解决问题，提升课堂教学精准度。

（4）学习过程：精准分析与学科知识结构优化分层的结合能形成以学生需求、知识获得为中心的师生互动式学习过程。在这一过程中，教师不仅能对学生学习行为数据同步采集分析，精准把控教学过程，还能运用多种教学方法让课堂教学始终保持新鲜感。

（5）作业设计：大数据不但可以让作业设计变得精准、高效、科学、及时与个性化，而且还可以做到分层设计、作业量适度、批改及时、评价多元，让教学内容得到有效巩固，知识盲点得到及时排除，问题得到精准指导。

（6）学习评价：精准教学的评价始终与课程、目标、内容一致，与学习过程平行。在评价方式上以多元评价、动态评价、团队评价为主，做到定量评价和定性评价相结合，过程评价和终结性评价相结合，绝对性评价与相对性评价相结合。

二、基于"精准教学"的小学美术《飞天》课堂教学

《飞天》出自人美版小学美术四年级上册第7课。

1. 课前准备

课前利用大数据资源库，向每位学生推送了动漫《你好，飞

天!》,让学生完成相应的预习任务单,并通过大数据直接提交任务。根据学生的任务完成情况对已经制订的学习目标进行更精准的分解。

(1) 对80%以上学生已经掌握的知识点,课堂教学中简要巩固。对少部分未掌握的学生,课堂上采用小组模式互帮互助,对于仍存在学习困难的学生,教师则一对一辅导。

(2) 对40%~80%学生掌握的知识点,课堂教学中通过引导学生小组讨论的形式,以"先知"带"后觉",使学生在自我探究学习中突破障碍,获得知识。

(3) 对40%以下学生能掌握的知识点,在全班开展讨论学习,教师在控制课堂效率下介入干预和引导,实时对知识点进行更科学化的描述,再利用大数据资源库拓展巩固。

第一课时预习任务单如下。(图2-12)

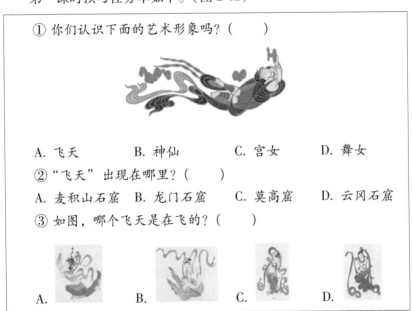

图 2-12

通过大数据的反馈,得到预习任务情况如图2-13所示。

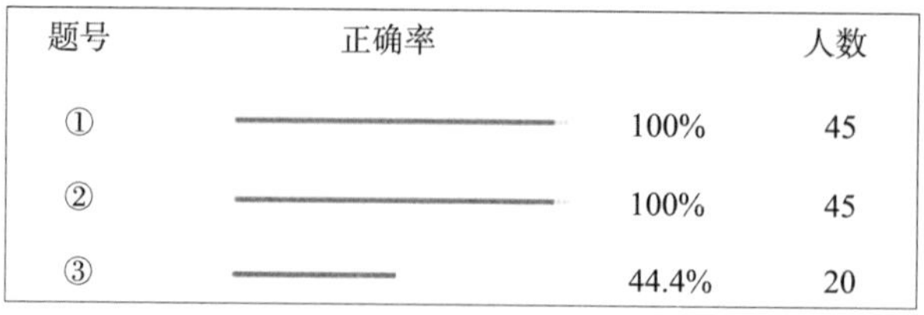

题号	正确率	人数
①	100%	45
②	100%	45
③	44.4%	20

图 2-13

从以上大数据反馈可知：

学生在预习时第一、二项任务时，能自行解决这两个问题；但第三项明显看出有 25 名学生对飘带与人物的动势关系不是很了解。

2. 学习目标

《义务教育艺术课程标准（2022年版）》指出，要充分利用学生的生活经验和社会文化资源，鼓励学生进行体验性、探究性和反思性学习，为学生提供生动有趣、丰富多彩的内容和信息，拓展艺术视野，提高整体素质，并使艺术学习更有趣、更容易，使每个学生获得成功感。根据学生的学情，以《飞天》第一课时为例，制定学习目标如表 2-2 所示。

表 2-2 学习目标

单元总目标	K（学生将知道）：认识和体会图像阅读的途径和方法，飞天作为敦煌文化载体所体现的独特形式，也是我国重要的非遗文化瑰宝之一，了解当今飞天成果和发展历程 U（学生将理解）：图像是记录历史文化的载体。飞天的形式语言是为了释放美的精神，形式语言的运用是为了更好地表达其特征和文化 D（学生将能做）：感受敦煌壁画的美感，感悟飞天特有的艺术语言，提高对传统艺术文化学习的热情与兴趣，学习描述飞天轻盈飘逸的线描方式以及对现代飞天精神的表达
第一课时小目标	1. 审美感知：了解天飞历史，感悟敦煌文化传统造型艺术的魅力 2. 艺术表现：了解飞天在造型、色彩、线条的表现手法，初步感受飞天形象 3. 创意实践：通过小组合作的探究交流，培养合作探究意识，提升学习美术的兴趣 4. 文化理解：感悟我国传统艺术文化的博大精深和劳动人民的创造才能，增强学生热爱民族传统文化的情感及民族自豪感

单元学习后,通过大数据的作业反馈、多元评价数据显示,学生对本单元飞天相关知识的学习情况较好,94%以上的学生都完成了每一个目标的学习,如图2-14所示。

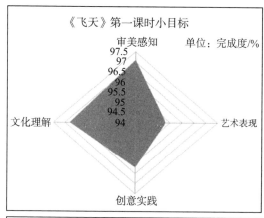

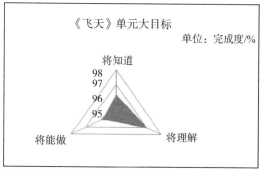

图 2-14

3. 学习内容

在安排《飞天》学习内容时,针对学生对于石窟、壁画这种艺术形式缺乏感性认识,对飞天的特点不了解这一真实学情。在活动中,在大数据中借助智慧教学平台,利用手机、平板电脑、录屏软件来实现可视化,设计从学生视角以故事形式讲述飞天发展历程和不同时期风格特点和历史文化艺术语言的活动,这种学生喜闻乐见的形式使得本课的学习更有意思。

以《飞天》第一课时为例设计学习内容如表2-3所示。

表 2-3 《飞天》第一课时学习内容

学习环节	学习内容	辅助工具
任务一：飞天，我知道——初步感知飞天形象	1. 观看视频：《〈如果国宝会说话〉飞天 天衣飞扬》 2. 教师出示北凉272窟壁画，学生欣赏观察初期飞天形象	平板电脑
任务二：飞天，我了解——认识飞天的不同时期	1. 视频对比欣赏：从十六国到元代，敦煌莫高窟各时期的飞天图集 2. 认识发展和鼎盛时期的飞天 3. 再次感受鼎盛时期的飞天 4. 游戏巩固：不同时期飞天我知道	手机、平板电脑、录屏软件
任务三：飞天，我赞美——再次感受飞天的美	1. 诗歌中的飞天之美——来自文人的赞美 2. 舞蹈中的飞天之美——流动的飞天之美 3. 绘画中的飞天之美——线条之美 4. 师生眼中的飞天之美——叙写飞天的美 5. 交流飞天之美——我叙写我骄傲	平板电脑、录屏软件

4. 学习过程

自《义务教育艺术课程标准（2022年版）》颁布以来，"大概念""大单元""任务群"等是当下课堂教学的核心概念。精准的学习任务是大单元教学的一种方式，更是大数据支撑下的师生精准互动的学习过程。《飞天》运用逆向设计理念，创设有趣味与挑战的主题，设计真实性的任务内容，以递进式的学习任务单对学生不同学习时段的学习行为数据进行同步采集分析，精准把控学习过程，使用多种学习方式保持课堂学习新鲜度。见表2-4、表2-5。

表 2-4 《飞天》学习大任务单

第一课时	主要任务：欣赏飞天的美，表达自己的感受 感知敦煌壁画特有的历史文化美，了解飞天发展历程、不同时期风格特点和历史文化艺术语言，学会用简单的语言表达飞天的特点 学习方式：欣赏法、比较法、观察法、体验法

续表

第二课时	主要任务：体验飞天的轻盈飘逸，感受线条的魅力 感知飞天的动势轻盈之美，学习运用不同线条表达飘带随风飘动的技巧方法，在理解飞天造型和动势的基础上，创作出更多动态的飞天 学习方式：对比观察法、探究法、实践法
第三课时	主要任务：探究现代飞天，感受航天与科学精神 激发学生探索太空奥秘的浓厚兴趣，启发学生大胆想象。描绘人类探索太空的情景 学习方式：欣赏法、实践法、体验与感悟

表2-5 《飞天》第一课时小任务单

任务单	任务内容			学习方式	展示方式
任务单一	什么是飞天？			独立完成	个人展示
	对初期的飞天，你有什么感受？				
	从哪里感受到的？				
任务单二		前期	鼎盛时期（唐）	小组交流完成	小组展示
	造型				
	线条				
	色彩				
任务单三	我眼中的飞天之美 （小提示：请从历史变迁、造型、线条、色彩等方面写一写你对"飞天"的感悟。可以图文并茂。）			独立完成	小组展示

通过大数据的反馈，任务完成情况如图2-15。

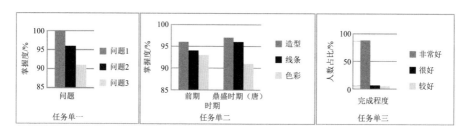

图 2-15

从《飞天》第一课时实时的任务学习数据反馈，可以精准得出90%以上学生对飞天的发展历程、不同时期风格特点和历史文化艺术语言等知识点掌握较好，接近90%的学生能非常好地用自己的语言表达飞天特点。

5. 作业设计

《飞天》的作业设计紧紧抓住大数据识别和理解图像传递信息这一功能，让学生采用绘画、版画、手工制作、视觉笔记、绘本创作等多元化的表现方式与手段进行创作（表2-6），并将创作过程与成果在大数据平台中加以展示分享，沉浸式体验艺术实践过程。（图2-16）

表2-6 作业内容与表现形式

作业内容	表现方式与手段
用简单的肢体语言和口语评述不同时期的飞天特点	视觉笔记
运用流畅的线条创作出百变的飞天	绘画或版画
用漏印法把自己剪刻的飞天纹样装饰到生活用品中	手工制作、视觉笔记
用线描方式表现现代人类飞天	绘本创作

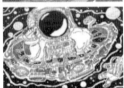

图2-16

6. 学习评价

本课利用大数据对学生学习内容进行实时形成性与终结性评价（表2-7、表2-8），以电子问卷形式进行学习情况进度的追踪，教师能够全面地掌握学生学习情况的一手资料，从而依据学生的认知水平、掌握的技能方法提出个性化的学习方案，真正让每个学生都能得到切实的发展。

表 2-7 根据学习目标制作形成性评价表

课时	序号	评价内容	评价等第（星级制）	评价要求
第一课时	1	*知道飞天的含义和来历		采用"自评"与"师评"结合评价（带*为自评项），用"星级制"打等第，分为五星级（优秀）、四星级（良好）、三星级（合格）、二星及以下（不合格）
第一课时	2	*了解飞天的发展时期		
第一课时	3	*学会简单评述飞天		
第二课时	1	*学会飞天动态创作		
第二课时	2	掌握飞天服饰特色的添加		
第二课时	3	*掌握飘带飘逸之感的线描		
第三课时	1	*现代人类飞天故事我知道		
第三课时	2	现代中国飞天故事我知道		
第三课时	3	感悟到了民族自豪感		

表 2-8 根据学习目标制作终结性评价表

小组成员			
被评价人		评价时间	
评价项目	评价结果		
	自评	小组互评	总体评价
能服从小组的任务分工	☆☆☆☆☆	☆☆☆☆☆	☆☆☆☆☆
能认真完成自己的任务	☆☆☆☆☆	☆☆☆☆☆	☆☆☆☆☆
能主动表达自己的观点	☆☆☆☆☆	☆☆☆☆☆	☆☆☆☆☆
能认真倾听他人的观点	☆☆☆☆☆	☆☆☆☆☆	☆☆☆☆☆
能协作小组开展活动	☆☆☆☆☆	☆☆☆☆☆	☆☆☆☆☆
能整理完善自己的成果	☆☆☆☆☆	☆☆☆☆☆	☆☆☆☆☆
能充分发挥自己的特长	☆☆☆☆☆	☆☆☆☆☆	☆☆☆☆☆
学习本课的收获与不足	（学生自己填写）		

通过以上两种评价的大数据收集，为每个学生定制属于自己的"数据电子包"，这个数据包里横向、纵向记录、分析了学生在《飞天》一课中学习的全面情况，形成集体与个人精准画像，让因材施教成为可能，确保了学习效果。（图2-17）

图 2-17

曹宝龙指出："认为教学行为越精准，说明教育理念、教育方法越先进。这种观点也是值得商榷的。我认为，精准教学不能在精准的道路上钻牛角尖，否则，很有可能影响学生对学习内容的整体认识，反而阻碍学生的素养发展。"由此可见，没有任何一种教学方法是最好的，教学方法的采用必须因学科而异、因学生而异、因教学环境而异、因教学设备而异。对任何一种教学模式的提出、构建与推广，都需要明确其适用性与局限性，精准教学作为一种教学模式也能不例外。

（于增忠、刘雅君，本文曾发表于《教学方法创新与实践》2023年第22期，此处稍作修改）

第三篇

大数据应用于教学的课例

大数据背景下"慧学"课堂模式的建构
——以《陶罐和铁罐》为例

一、"慧学"课堂模式的提出

《国家中长期教育改革和发展规划纲要（2010—2020年）》明确提出"关注学生不同特点和个性差异"，《中国智慧教育蓝皮书（2022）》指出"为每个学习者提供适合的教育"，《教育信息化2.0行动计划》明确指出"探索在信息化条件下实现差异化教学、个性化学习、精细化管理、智能化服务的典型途径"。关注个性化学习、尊重个体差异、促进学习者个性化发展，是我国未来教育发展的重要内容。

学生学业负担重的重要原因之一是教师对学情掌握不准。教师的教学效果与其对学生的了解程度呈正相关。将学生的负担真正减下来，不仅需要理念的提升，更需要技术的支撑。大数据时代，教育从"用经验说话"转变为"用数据说话"，大数据通过分析学习行为，能够准确识别学习者特征，预测学习结果，有利于教师给予个性化学习干预、指导。有了大数据的支持，教与学都将不再盲目，而是更有针对性，因此，我们积极打造基于大数据评价的"慧学"课堂模式。

"慧学"课堂利用数字技术赋能整个教学过程的"教、学、测、评、管"，实现了"一减一增"，减弱了教学的盲目性，增强了教学的精准性。"慧学"课堂分三阶段：检查预学阶段，对学生的预习数据进行分析，精准把握基础学情；共学研讨阶段，创设情境，互动学习，生成课堂学情图谱；课堂反馈阶段，依据个性差异，推送"靶向"练习。努力实现因材施教，精准施教。

二、"慧学"课堂模式的价值

"慧"，即聪明、智慧，"慧"亦谐音"会"。"慧学"意即学会学习，在学生掌握科学的学习方法后能够自主学习，轻松获取知识。

在新课程理念的指引下，我们期待创设真实而富有意义的学习情境，通过围绕核心素养和学科要素的学生任务群开展活动，并在活动中凝练和运用学法，达成学生智慧的发展。"为智慧的生长"是"慧学"课堂的核心，"慧学"课堂关注从教师的"慧教"走向学生的"慧学"，最终实现个性化学习。

"慧学"课堂同时也对教师提出了新的要求，教师"慧教"不仅要有基本的信息技术素养，还要有深度解读教材的能力，更要能驾驭开放性的课堂。该模式对促进教师的专业成长有着积极的作用，也让教师的教学技能在短时间内快速提升，在一定程度上实现师生双向的智慧成长。

三、"慧学"课堂模式的建构

大数据驱动下的"慧学"课堂覆盖课前预学、课堂共学、课后延学全过程，不仅统计学生的学习态度、学习负担、学习习惯等方面的数据，还进行数据间的对比和相关性分析，考查学生学习力成长的影响因素，让教师对学生有更透彻的了解，并随时随地互动反馈，凸显教学的个性化、智能化。

课前预学：（1）学生预学。课前，教师根据本节课知识点、能力点生成预学单，并通过大数据教学平台推送给学生，学生按要求自学并完成预学单。（2）分析反馈。学生完成预学单后提交，系统自动对客观题进行批阅，教师对主观题进行批阅，系统自动生成一份关于知识掌握情况的学情分析报告。（3）复备调整。教师根据学生预学单反馈情况进行复备，调整课堂学习单，重新确定课堂"主问题"及解决策略，真正做到以学定教，因材施教。

课堂共学：（1）自主探究。教师根据预学反馈数据和本课主题要素凝练"主问题",学生根据"主问题"和课堂学习单,自主探究,攻克本节课的重难点。(2)互动交流。依托大数据课堂教学平台,学生可以深度参与到小组合作交流活动中,提升合作学习的效率,突破交流时空的限制。(3)即时答疑。教师结合学生的学习情况在课堂教学平台上实时推送随堂小练,并利用课堂教学平台的实时反馈数据,对学生掌握薄弱的知识点进行有针对性的分析、讲解、强化,实现个性化学习。

课后延学:(1)个性化推送。根据学生在课堂的学情反馈,教师可将学生分成多个组别,分别推送不同要求和难度的作业。如为能力较好的学生推送 A 组作业,为能力较弱的学生推送 B 组作业;同时学生也可以根据自身实际情况选择完成 A 组或 B 组的全部作业或部分作业。(2)个性化辅导。学生提交作业之后,教师依据作业系统和测评系统中的数据分析报告,针对不同学生的情况施行个性化辅导:可推送同类型的强化练习,可进行个性化答疑解惑,或制作相应的作业解析微课,推送给某个或某类学生,达到精准纠学的目的。(3)个性化反思。学生通过接收来自平台的客观题和教师的主观题反馈,能直观地看出自己哪个知识点相对薄弱;再借助教师的错题解析微课,进行自我提升。

四、"慧学"课堂模式的实践探索(以《陶罐和铁罐》为例)

【教学内容】

部编版语文教材三年级下册第 6 课《陶罐和铁罐》。

【教材分析】

《陶罐和铁罐》是部编版语文教材三年级下册第二单元的一则故事,全文可分为两部分:第一部分主要讲骄傲的铁罐看不起陶罐,常常奚落它;第二部分主要讲许多年过去后,人们发现了陶罐,铁罐却早已氧化。这个故事告诉人们:每个人都有长处和短处,要善于看到别人的长处,正视自己的短处,相互尊重,和睦相处。

故事主要通过对话展开情节、推动故事的发展,这是本课表达上的特点。铁罐的傲慢、蛮横无理和陶罐的谦虚、友善、克制都在人物的对话中充分展现。此外,具体、生动的神态和动作描写,使铁罐、陶罐的形象更加鲜明突出。

【教学目标】

1. 学习本课中要求会读会写的字，会写"国王""骄傲"等词。

2. 结合课文相关语句，了解陶罐和铁罐不同的性格特点，并进行角色扮演朗读。

3. 抓住关键词句理解课文内容，了解寓言蕴含的道理。

【教学重难点】

重点：通过课文对陶罐和铁罐对话、神态的描写，了解铁罐的傲慢无礼和陶罐的谦虚而不软弱。

难点：理解课文讲的道理，即不能用自己的长处和别人的短处比较。

【教学准备】

陶罐和铁罐的头饰、多媒体课件、数字移动终端。

【教学过程】

(一) 预学监测，反馈调整

1. 明确任务，课前预习。

(1) 编写《陶罐和铁罐》预学单（图3-1），学生自主预学。

---

1. 朗读课文。

(1) 本课共（　　）自然段。

(2) 默读两遍，朗读三遍，读通、读顺课文。

2. 识字。

(1) 把汉字与正确的读音用直线相连。

(2) 拼读并在田字格中抄写生字。

3. 理解词语，根据要求选择合适的词语。

(1) 懦弱的反义词是（　　）。

A. 胆小　　B. 坚强　　C. 内向　　D. 柔顺

(2) 轻蔑的近义词是（　　）。

A. 尊重　　B. 爱戴　　C. 重视　　D. 蔑视

(3) 荒凉的近义词是（　　）。

A. 繁荣　　B. 艳丽　　C. 荒芜　　D. 茂盛

> 4. 理解内容。
>
> 本课课文是一篇寓言，讲的是国王橱柜里的铁罐认为自己_____，瞧不起陶罐。然而，埋在土里许多年后，陶罐出土成了_____，铁罐却已_____。这对你有什么启示？
>
> 5. 自主质疑。
>
> 通过预习，你如果还有不明白的地方，就在下面写一写吧。

图 3-1

（2）完成方式。

通过 AI 测评进行发布提交，截至该课文讲解前一天晚上 22：00。

（3）数据分析。

应提交人数 45 人，实际提交 45 人；预学测评数据如图 3-2 所示。

> 1. 第 1、2、4 题正确率 95.6%，个别同学连线出错。
> 2. 第 3 题（2）（3）正确率 91.1%，第 3 题（1）正确率 77.8%，数据显示部分同学对"懦弱"一词的理解还存在偏差。
> 3. 第 5 题为学生自主质疑。48.9% 的同学提出的问题具有一定的价值，其中大多数同学对文中揭示的道理存有困惑。26.7% 的同学对文中的一些句子提出疑问。15.6% 的同学对词语的理解提出疑问。8.8% 的同学提出的问题过于简单。

图 3-2

（4）反馈调整，导入新课。

部分同学对"懦弱"一词的理解还存在偏差，在教学中要注重指导。教学中，须注意提升学生质疑问难的能力，使学生通过体会陶罐和铁罐的特点和结局有所启发。

2. 复习导入，预习反馈。

（1）出示三组词语。

谦虚、价值、光洁、朴素（描写陶罐的）。

奚落、骄傲、轻蔑、神气（描写铁罐的）。

和睦相处、感到羞耻（提醒："处"读三声，"耻"是翘舌音）。

（2）指导学生写字，重点指导学生写好"懦"字。

把词语送入文中，同时结合插图，想想课文讲了陶罐和铁罐的什么事。依据故事发生的不同场景、时间，理清课文思路。

设计意图：课前，教师根据本节课知识点、能力点生成预学单，并通过大数据教学平台推送给学生，学生按要求自学且完成预学单后提交。系统自动对客观题进行批阅，教师则对主观题进行批阅，系统自动生成一份知识掌握情况的学情分析报告。教师根据学生预学单反馈情况进行复备，调整课堂学习单，重新确定课堂"主问题"及解决策略，真正做到以学定教。

（二）限时讲授，全向互动

1. 明确目标，自主探究。

出示同学们课前预习所提出的问题，归纳出本课的主问题：铁罐为什么奚落陶罐？又是怎样奚落陶罐的？结果怎样？

2. 合作交流，精讲巧拨。

（1）默读2~9节，说一说铁罐为什么奚落陶罐。

学习提示

读一读：陶罐、铁罐的对话。

看一看：描写陶罐、铁罐神态的词语。

说一说：铁罐为什么奚落陶罐？

（2）合作交流。

第一次奚落：结合"你敢碰我吗"体会铁罐坚硬的特点，结合"陶罐子"的称呼体会铁罐傲慢的语气，指导学生读出"傲慢"。

第二次奚落：抓住关键词"懦弱""轻蔑"，理解词义。联系插图，体会铁罐叉着腰，闭着眼，鼻孔高高翘起，一副不屑的样子（小结学法：抓关键词，联系插图，走进对话），指导学生读出"不屑"。

第三次奚落：读对话，体会铁罐的恼怒。引导学生思考：陶罐的话有道理吗？铁罐能听进去吗？

第四次奚落：出示"和你在一起，我感到羞耻，你算什么东西！"铁罐（　　）地说，"走着瞧吧，总有一天，我要把你碰成碎片！"让学生选择合适的词语填空（火冒三丈、咬牙切齿、气急败坏）。

（3）把四次"奚落"放在一起，想一想铁罐为什么要去奚落陶罐。如果两只罐子真的要较量，它们应该比什么呢？

（4）全向互动，角色扮演朗读对话（通过平板电脑发送朗读邀请，超时空分角色朗读）。

（5）陶罐真的这么懦弱、易碎吗？读10～17节，完成表3-1并思考。

表3-1　对铁罐与陶罐的对比与思考

名称	特点	结局	思考
铁罐	坚硬	连影子也没见到	你有什么想对陶罐或铁罐说的吗？
陶罐	易碎	还是那样光洁、美观	

3. 明确要求，即时练习。

（1）小练笔：如果铁罐幸运地被保存下来，当他们再次相遇的时候，他们会说什么呢？

（2）即时展示，学生在线评比优秀作品。

设计意图：教师根据预学反馈数据和本课主题要素凝练"主问题"——"铁罐为什么奚落陶罐？又是怎样奚落陶罐的？结果怎样？"学生根据"主问题"和课堂学习单，自主探究，攻克本节课的重难点。依托大数据课堂教学平台，学生可以深度参与小组合作交流活动，提升合作学习的效率，突破交流的时空限制。在此基础上，老师结合学生的学习情况在课堂教学平台上实时推送随堂小练，并利用课堂教学平台的实时反馈数据，对学生掌握薄弱的知识点有针对性地进行分析、讲解、强化，实现个性化学习。

（三）分层拓展，社区互联

1. 分层拓展。

根据学生在课堂的学情反馈，教师可将学生分成多个组别，分别推送不同要求和难度的作业。同时学生也可根据自身实际完成部分或全部"选做题"。

（1）必做题：读一读《北风和太阳》，想一想北风和太阳之间发生了什么事。从这个故事中，你明白了什么道理？和同桌分享一下自己的看法。

（2）选做题 A：把《陶罐和铁罐》讲给家长听，可加入自己的想象。

选做题 B：继续阅读《中国古代寓言》《克雷洛夫寓言》《伊索寓言》。

2. 社区互联。

学生在小伙伴学习社区就如下两个问题发表自己的观点，并对同学的观点进行评价。

（1）想一想：《北风和太阳》中的北风和课文中的铁罐有没有相似之处？

（2）《骆驼和羊》这则故事又告诉了我们什么？在寓意上与《陶罐和铁罐》《北风和太阳》两篇故事有什么不同？

设计意图： 通过分层拓展、社区互联对课堂教学进行查漏补缺、检验学生的课堂学习效果，并根据课堂学习数据推送"靶向"练习。共性问题集体解决，个性问题个别解决，补齐学生的知识短板，努力实现大规模的因材施教和学生的个性化成长。

【教学反思】

大数据时代，教育从"用经验说话"转变为"用数据说话"，大数据通过分析学习行为能够准确识别学习者特征，预测学习结果，有利于教师给予个性化学习干预、指导。有了大数据的支持，教与学都将不再盲目，而是更有针对性。

在《陶罐和铁罐》的教学中，我们积极探索大数据背景下"慧学"课堂模式，利用数字技术赋能整个教学过程的"教、学、测、评"，实现了"一减一增"，减弱了教学的盲目性，增强了教学的精准性。

"慧学"课堂模式含"预学监测，反馈调整——限时讲授，全向互动——分层拓展，社区互联"三大阶段。"预学监测，反馈调整"阶段，教师可录制课前微课或推送视频、图文等学习资源，让学生课前观看并完成相关的预学单；教师则通过大数据平台进行"学情检测"，针对学生存在的问题灵活进行教学重难点的调整。"限时讲授，全向互动"阶段，教师注意创设真实并有意义的学习情境，围绕课标及文本要素设计进阶的学习活动——"铁罐为什么奚落陶罐？又是怎样奚落陶罐的？结果怎样？"课堂上教师力求限时讲授，主要组织、引导学生充分展开合作学习，实现师生互动、生生互动，学生在合作中实现知识的碰撞和积累。"分层拓展，社区互联"阶段，教师通过分层拓展、社区互动对课堂教学进行查漏补缺、检验课堂学习效果，并根据课堂学习数据推送"靶向"练习。共性问题集体解决，个性问题个别解决，补齐学生的知识短板，努力实现大规模的因材施教和学生的个性化成长。

【板书设计】

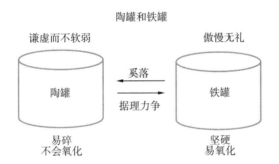

（张宏宽）

大数据评价支持下的《海的女儿》教学设计

【教学内容】

部编版语文教材四年级下册第 28 课《海的女儿》。

【教材解读】

《海的女儿》是部编版语文教材四年级下册第八单元的一篇童话，是一篇略读课文。课文选自《海的女儿》开头部分，讲述了海底世界的奇妙，引出了主人公小人鱼，为她上岸遇见王子做了铺垫。

本单元课文主要是围绕"童话故事"这个主题进行编排的，目的是引导学生感受童话的奇妙，体会人物真、善、美的形象，甚至按照自己的想法新编故事。由于是略读课文，所以教师主要依据课标和阅读提示着手制订教学目标和教学内容。同时，教学时需要关注文体，按照童话的体裁设计课堂，培养学生的阅读兴趣，从而引导学生课后主动阅读整本书，初步理解主要内容，感受作品中生动形象和优美的语言，主动和同学分享自己的阅读感受。

最后，在对小人鱼的形象理解上，教师需要注意人物形象的立体性，小人鱼沉默且富于深思，对外面的世界充满好奇，这也为后来她追求永恒灵魂做出了铺垫。教学时，教师可借助拓展资料，逐步深化学生对小人鱼的认识，制造悬念，引起学生的好奇心，从而让其主动阅读整本书。

【教学目标】

1. 快速浏览课文，了解整个故事的主要内容，简述故事，初步感知故事内容。

2. 能说出海底世界的奇幻之处,感受童话想象的神奇。

3. 品读人鱼公主的奇特之处,感受小人鱼的"美丽"内涵,感悟童话真、善、美的主题。

4. 发现童话语言的特点,激发阅读童话的兴趣。

【教学重难点】

1. 能说出海底世界的奇幻之处,感受童话想象的神奇。

2. 品读人鱼公主的奇特之处,感受小人鱼的"美丽"内涵,感悟童话真、善、美的主题。

【教学准备】

平板电脑,AI 课堂系统,AI 测评系统。

【教学过程】

(一)预学导入

1. 预学反馈,分析学情。

(1)教师:在昨天的预学中,请大家给以下七个字注音:矢、殿、抚、硫、鲸、昵、恰。数据显示,全班45名同学中,44位同学都能正确认读"殿、抚、硫、恰",有10位同学把"矢"字认成了"失","矢"在文中"矢车菊"一词中出现,有8位同学没有读出"鲸"字的后鼻音,还有较多同学把"昵"认成了"呢",二者要区别开来。一起来读读这三个有难度的字。

(2)教师:在昨天的预学单中,老师呈现了童话大王安徒生的资料,通过资料的学习,你知道了什么?

预设:安徒生是丹麦人,安徒生创作了很多经典的童话,比如:《丑小鸭》《拇指姑娘》《海的女儿》……

2. 今天就让我们走进安徒生《海的女儿》,继续感受奇妙的童话世界。

3. 我们的预习单上有一个供大家思考的问题:课文主要写了哪几个部分的内容?

预设:海底世界的样子、人鱼公主的生活、小公主对人类世界的向往、最大的公主浮出水面。

4. 这四个部分其实就是围绕海底世界和人鱼公主这两个方面来

写的。(板书:海底世界、人鱼公主)

5. 课文是从哪三个方面来写海底世界的?

预设:海水、宫殿、花园。

设计意图:通过 AI 课堂的前置预学,将生字认读、作者资料、课文内容前置到预习阶段,激发学生自主学习的兴趣。

(二)任务一:走进奇幻的海底世界

过渡:现在,让我们先来看看海水究竟奇妙在哪里(指学生朗读)。

(1)(海水的蓝:像最美丽的矢车菊花瓣)教师引导:矢车菊我们平时不常见,这是蓝色的矢车菊,我们来看看它的花瓣,你感受如何?(教师点出纯净的感受)蓝得多么纯粹、蓝得多么神秘、蓝得多么深邃。尝试读出这种感觉。

(2)(海水的清:像最明亮的玻璃)教师引导:最明亮的玻璃是怎样的?

预设:干净的,没有污渍的。

教师:远处的海水就是这般清澈透明。

过渡:那这里有没有让你觉得非常奇妙呢?

(3)(海水的深)教师引导:从哪里读出海水的深?

预设:深得任何铁锚都达不到底。

教师:还能从哪里读出来?

(4)教师:这就是教堂的尖塔,安徒生生活的那个年代,小镇上最高的建筑就是教堂的尖塔,文中说,"要想从海底一直达到水面,必须把许多许多教堂的尖塔一个一个地叠起来才成。"要把无数个这么高的尖塔一个一个叠起来,你有什么感受?

预设:这么高的尖塔一个一个叠起来,一定是很长的距离,可见从水面到海底是很深很深的。

(5)小结:远处的海水蓝得那么梦幻,清得那么透亮,深得难以预测,安徒生用奇妙的想象,一下子就把我们带入到了奇幻的海底世界,真是让我们有一种身临其境的感觉。让我们通过朗读再去感受感受。

过渡:宫殿和花园还奇幻在哪里呢?

活动 1:请同学们默读课文,把奇幻之处填入表 3-2 中,并和同桌说说自己的感受。

表 3-2　海底世界的奇幻之处

海底世界	奇幻之处
海水	蓝、清、深……
宫殿	
花园	

（1）宫殿：找到珊瑚、琥珀、珍珠。不仅如此，蚌壳打开还有珍珠呢，再看看平板电脑上老师推送的图片，你发现了什么？

预设：都是非常稀有的、珍贵的。

教师：用这样珍贵的事物做宫殿，你能用一个词来形容吗？

预设：富丽堂皇、金碧辉煌。

（2）花园：找到花园的颜色，你觉得奇幻在哪里？

预设：花园里颜色很多。

教师：不仅仅奇在颜色多，在生活中我们见到的沙子是什么颜色的？这里的沙子居然是蓝色的，而且蓝得像硫黄燃烧时发出的火焰，那你觉得还奇幻在哪里。

预设：与平时不一样，蓝得特别光亮。

教师：这样奇特的颜色让花园更加绚丽多彩。

小结：让我们再走进这富丽堂皇的宫殿，走进这绚丽多彩的花园，去读一读吧。

活动2：安徒生的奇妙想象让海底的世界变得如此的奇幻有趣。其实海底还有很多有意思的景象。

比如说海马、海藻、寄居蟹……那它们又奇幻在哪里呢？（教师通过平板电脑推送一段神奇海底世界的视频）孩子们，请大家欣赏平板电脑上推送的视频，发挥想象，选一样事物来写一写，看看谁能像安徒生一样展现奇幻的海底世界。

教师通过平板电脑的拍照功能，分享学生所写，如图3-3所示。

评价1：哇，海底居民的出行方式真是奇特啊！

评价2：你的想象也很奇妙，让海底植物也变得奇幻起来。

评价3：给你的奇思妙想点赞。

过渡：人鱼公主们就住在这奇幻的海底世界中，这篇故事的主人公就是最小的人鱼公主。

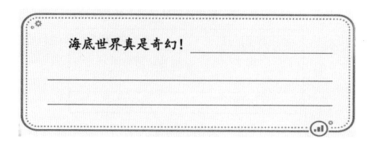

图 3-3

设计意图： 通过快速浏览课文，圈画关键词句，让学生能说出海底世界的奇幻之处。通过感受童话想象的神奇，让学生能书写奇幻的海底世界，并通过平板电脑分享。

（三）任务二：认识奇特的人鱼公主

活动 3：最小的人鱼公主给你留下了怎样的印象？请同学们默读课文，以小组为单位，填一填（图 3-4）。

图 3-4

预设①：美丽。那你觉得美在哪里？你看见了她皮肤的光滑，感受到了眼神的深邃，这是多么美丽的小公主。

预设②：真实。正是这份与众不同让她显得很真实。

预设③：向往人类世界。

预设④：沉默。沉默而富于深思。每个夜晚，她都会透过深蓝的海水朝上面凝望，你觉得她会想些什么？……你走进了小人鱼的内心/从你的讲述中，我更加感受到了她对人类世界的向往。

小结：孩子们，通过你们刚才的交流，小人鱼给你留下了……印象。

活动 4：其实在原文中，还多次描写到了她，接下来，请在平板电脑上阅读这段原文，边读边批注，想想小人鱼又给你留下了怎样的印象。

① 这时小人鱼才知道他们遭遇到了危险，她也得当心漂流在水上的船梁和船的残骸……每个人都在尽量为自己寻找生路。她特别注

意那位王子。

不成，绝不能让他死去！所以她在那些漂着的船梁和木板之间游过去，一点也没有想到它们可能把她砸死……要不是小人鱼及时赶来，他一定是会淹死的。她把他的头托出水面，让浪涛载着她跟他一起随便漂流到什么地方去。

②"把这服药吃掉，你的尾巴就可以分作两半，收缩成为人类所谓的漂亮腿子了。可是这是很痛的——这就好像有一把尖刀砍进你的身体……"

"我可以忍受。"小人鱼用颤抖的声音说。这时她想起了那个王子和她要获得一个不灭灵魂的志愿。

"……假如你得不到那个王子的爱……在他跟别人结婚的头一天早晨，你的心就会裂碎，你就会变成水上的泡沫。"

"我不怕！"小人鱼说。

（1）你对小人鱼有了什么新的印象？

预设①：小人鱼很善良，她救了王子。

预设②：小人鱼很勇敢，为了能去她向往的人类世界，忍受了巨大的痛苦。

教师配乐讲述：小人鱼在狂风暴雨中救下了王子，王子却并不知道是小人鱼救了他。小人鱼为了能够接近王子，勇敢地喝下了巫婆给她的毒药，失去了美妙的声音。后来王子要和邻国公主结婚，小人鱼知道后伤心极了，姐姐们为了救她，用美丽的长发从巫婆那里换来了一把刀，只要刺进王子的心脏，小人鱼就能重新变为人鱼。可当刀触及王子心脏的时候，她却猛然间把刀远远地抛到海里。最后，她再一次深情地望着王子，然后纵身跳到海里。这时她的身体正在一点一点地化为泡沫。

（2）此时此刻，如果让你再用一个词来形容这位人鱼公主，你会写什么？

预设：善良、勇敢、纯真。

（3）在故事的开始，我们惊艳于小人鱼的美貌，但在整个故事中，我们更惊叹于她内心的善良，这真是一位由内而外散发着美丽的人鱼公主。请同学们和老师一起写下"美丽"这个词。

设计意图：阅读欣赏课文相关语段，感悟人鱼公主的奇特之处，提升阅读鉴赏能力。通过拓展阅读原文链接，多角度感悟小人鱼的形象，体会人物的真、善、美，提升学生对童话主题的认识。

（四）任务三：感受奇妙的童话语言

（1）本文的作者是童话大王安徒生，他到底用了怎样的童话语言让我们感受奇幻的海底世界和美丽的人鱼公主？（板书：童话语言、比喻）

（2）其实这些比喻还藏着秘密，安徒生把海底的景象想象成了陆地上才有的事物，你觉得作者在暗示我们什么？

预设：小人鱼向往着人类世界，他在暗示小人鱼的内心世界。

（3）暗示还不止这里，在刚才老师讲述的故事中，小人鱼遇到了沉船、王子，而在我们的课文中，它早有暗示。快去文中找一找。

预设：美丽的大理石像、祖母的故事……

小结：看来，安徒生的语言不仅蕴含着丰富的想象，还处处藏有暗示，这是他语言的奇特之处。（板书：奇特的）

总结：正是这样的童话语言，向我们展现了安徒生奇妙的想象，把我们带入了奇幻的海底世界，认识了美丽的人鱼公主，下一节课请大家继续跟随老师编织属于自己的童话梦吧！

设计意图：通过朗读精彩语段，感受童话语言的奇妙，营造美好的意境、塑造美好的形象。通过发现童话语言中的暗示，体会故事的合理与巧妙。

【课后研学】

请同学们从平板电脑上下载《海的女儿》文本，读一读《海的女儿》其他部分及《安徒生童话》，体会奇妙想象，感受人物的真、善、美。

【板书设计】

海的女儿
奇幻的海底世界
美丽的人鱼公主
奇特的童话寓言

（张雪艳，本课例曾获 2022 年苏州市小学语文基本功大赛一等奖）

大数据赋能：
走向智慧课堂的教学评价
——《梅兰芳蓄须》教学设计及意图

【教学内容】

部编版语文教材四年级上册第23课《梅兰芳蓄须》。

【教材解读】

部编版语文教材四年级上册第七单元以"家国情怀"为主题，编排了《古诗三首》《为中华之崛起而读书》《梅兰芳蓄须》《延安，我把你追寻》四篇课文。本单元以"天下兴亡，匹夫有责"为人文主题，呈现了不同历史时期的人们在国家大义面前的不同风采。本单元的语文要素是"关注人物和事件，学习把握文章的主要内容"，这一重点已在《为中华之崛起而读书》一课中得到落实。

《梅兰芳蓄须》一课重点讲了我国京剧表演艺术家梅兰芳蓄须罢演的民族气节。本课作为一篇略读课文，侧重引导学生通过"先弄清每件事讲了什么，再把几件事情串联起来"的方式把握课文主要内容；再勾连第六单元的批注法对课文进行自主感悟，在领略梅兰芳先生高尚民族气节的同时达成"天下兴亡，匹夫有责"的共识。

【教学目标】

1. 会读"蓄""迫"等11个生字及相关词语，读准多音字"宁""要"。

2. 能说清楚梅兰芳用了哪些方法拒绝为日本人演戏，以及期间遇上的危险和困难。

3. 能根据思维导图梳理故事情节，概括出文章主要内容；结合批注法并联系课文重点词句感受梅兰芳高尚的爱国情感和坚定的民族气节。

【教学重难点】

重点：能说清楚梅兰芳用了哪些方法拒绝为日本人演戏，以及期间遇上的危险和困难。

难点：能根据思维导图梳理故事情节，概括出文章主要内容；结合批注法并联系课文重点词句感受梅兰芳高尚的爱国情感和坚定的民族气节。

【教学过程】

（一）课前小游戏

1. 教师引导学生打开平板电脑，完成"京剧人物知多少"的小游戏。

2. 教师浏览后台数据，进行总结。并介绍730智慧评价系统"魔法棒"的"神奇"。

设计意图："兴趣是最好的老师"，上课伊始，教师引导学生利用平板电脑来完成"京剧人物知多少"的配对游戏，在教师终端能够呈现学生的完成结果，根据反馈结果，教师对学生的预习情况有了初步的了解。同时，引出本堂课的评价工具——"魔法棒"，激发学生的上课热情。

（二）了解人物，揭题导入

1. 导入：有这样一位京剧艺术家，他的一生在舞台上塑造了180多位旦角形象。他就是——梅兰芳。课前通过查阅资料，你了解到哪些相关信息？（学生交流，教师及时点评）

2. 出示梅兰芳资料，指名读并交流感受。

3. 教师总结：梅兰芳真是一位了不起的京剧大师。今天我们就来读一个和他有关的故事。

4. 解题："蓄"是什么意思？请学生用电子词典查阅。出示一些选择题，请学生来选一选。（展示后台做题数据，点评、讲解）

5. 指名说课题的意思。

6. 出示第一段关键句，提问：梅兰芳是一名旦角演员，演出的时候应把胡子剃得干干净净的,他为什么要蓄须?

设计意图:课堂上利用平板电脑进行教学,在平板电脑资料库中有本节课关于重难点词语的解释,学生利用这些资料,自主进行学习,并完成课堂上关于词语理解的小练习,教师在课堂上精准评价学生的词语理解情况,有的放矢。

(三)整体感知,概括事件

1. 学生自由朗读课文,结合资料库中的生字词资料,读通句子,读懂文意。

2. 出示词语,引导学生正确朗读。

3. 这位享誉世界的京剧艺术家,为了拒绝在日本侵略者的统治下演出,用了哪些办法?(全班交流)

4. 借助时间轴梳理梅兰芳拒绝为日本人演戏的三件事。

5. 师生共同梳理事件一,指名说梅兰芳是用什么办法来躲避日本人的纠缠。在文中圈画出关键词并填写在学习单上。

6. 交流梅兰芳在这个过程中经历的困难和危险是什么。引导学生圈画自己找到的关键词并填进学习单。教师总结。(板书:提取关键词)

设计意图:文章的主要考查重点是提取关键词来概括课文内容。在本环节,教师和学生共同完成事件一的概括任务,这是一个"授生以渔"的过程,让学生掌握方法。

7. 学生默读第3~7自然段,小组内讨论交流完成任务一,小组长把组内的讨论结果拍照上传。(限时5分钟)

8. 小组派代表交流汇报。

9. 借助时间轴上的关键时间节点和主要事件,同桌之间合作讲讲这个故事。教师指名交流。

设计意图:学生自主完成后面两个事件的概括任务。本环节借助平板电脑,让学生通过小组合作的方式完成任务并上传学习结果,平板电脑上将呈现各个小组的学习结果,教师可以对每个小组的学习成果进行评价。

(四)多方法,深入解读人物

1. 通过关注主要事件,交流:梅兰芳是个怎样的人?

2. 学生交流汇报、板书。

3. 教师总结：梅兰芳先生有如兰花一样的贤德品性，难怪有人评价他"戏子人生，君子人格，台上假女子，台下真丈夫"。

4. 梅骨兰香，芳远益清，真是人如其名，让我们铭记这位艺术大师，响亮地喊出他的名字。

【板书设计】

梅兰芳蓄须

提取关键词	事件一 藏身租界	爱国、有气节、有骨气
整合信息	事件二 蓄须明志	坚强、真君子……
	事件三 打针装病	

（郭佳佳）

大数据支持下
数学课堂教学的有效尝试
——《认识几分之一》的实践课例

【教学内容】

苏教版小学数学三年级上册《分数的初步认识》第1课《认识几分之一》。

【教学目标】

1. 结合具体情境和直观操作，使学生初步理解分数的意义，体会学习分数的必要性，并会正确地读写分数。

2. 会用折纸、涂色等方式表示简单的分数，初步培养学生的分数数感。

3. 通过动手操作，培养学生的观察能力、动手操作能力、口头表达能力，并感受分数与实际生活的密切联系。

4. 通过大数据评价手段，帮助学生积极参与学习全过程，并实时关注各个环节的实施效果。

【教学准备】

平板电脑，AI课堂系统，AI测评系统。

【课前自学评估】

（一）自学问题设计

1. 你在生活中见过或听过分数吗？

2. 写一个你最熟悉的分数。

3. 你知道自己写的分数的意义吗？可以画图表示。

（二）完成时间和方式

通过 AI 测评进行发布提交，上课前一天晚上 21：00 截止。

（三）数据分析结果

通过学生提交情况，分析结果如下：

1. 应提交人数 44 人，实际提交 43 人。

2. 听过或见过分数的共有 43 人，占总提交数的 100%。

3. 能正确书写分数的共有 40 人，占总提交数的 93.02%。

4. 会用灵活的方式正确表示分数意义的共有 27 人，占总提交数的 62.79%。

设计意图：通过对学生自学结果实时分析，大多数学生对分数有了一定的认识，相当数量的学生可以通过自己的理解正确表示简单分数的意义，所以新授环节可以适当调整新知识教学比重，加强练习与变式的训练。

【课中教学环节】

（一）创设活动情境

创设情境：熊大吃饼——每天吃一半。

（二）探索新知

1. 认识分数。

第一天：熊大吃 4 个饼的一半。第二天：吃 2 个饼的一半。第三天：吃 1 个饼的一半。

探究出 1 个饼的一半就是 1/2 个，掌握 1/2 的读法、写法、各部分名称及意义。

2. 动手操作。

通过继续操作强化对 1/2 的认识，让学生利用正方形纸折一折、分一分、涂一涂表示出 1/2。

引导：除了 1/2 这个分数，你们还能表示出哪些分数？

学生可以通过 AI 课堂拍照功能上传作品，全班对此进行讲评。

设计意图：通过使学生使用不同的方法表示出 1/2，利用信息化手段及时上传达成快速比较的目的，让学生直观感受到涂色部分的形状可能不同，但只要遵循等分成 2 份，那其中的 1 份就是 1/2，从而增加学生对分数本质的理解。

3. 练习1。

教师：刚刚我们一起认识了分数，也一起动手进行了折一折，那我要考考大家，你能快速用分数表示涂色部分吗？如图3-5。

学生可以通过AI课堂的抢答功能，积极参与课堂学习。

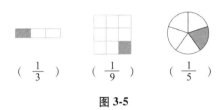

图 3-5

4. 练习2。

教师：有时候猛地一眼看上去好像是对的，可是仔细瞧瞧又不一定是这样了，所以眼睛有时会骗人，要再用脑袋想一想。你看，这里有3幅图（图3-6），这个是1/2吗？这个是1/3吗？这个是1/4吗？

图 3-6

可以通过AI课堂发布习题，学生在原图中进行表示。

设计意图：利用信息化手段将习题推送给每一位学生，可以有效调动学生参与学习的积极性。同时学生可以把头脑中对图形的理解加工在个人学习终端以及时呈现，第一时间感受到可以利用涂色部分作为一个标准量去度量图形整体，从"合"的角度去理解分数各部分与整体之间的联系。

5. 估一估。

教师：学了分数，也不能忘了我们之前学的数。这里有个长方形，你们想到了什么数字？如果将长方形依次像图3-7这样等分，其中的每份又可以用哪个分数表示？

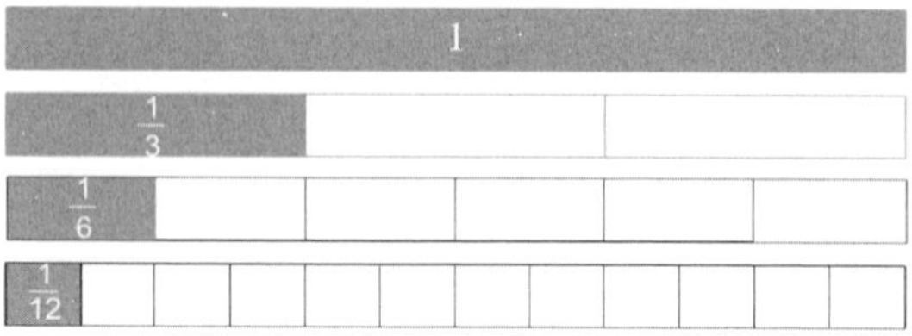

[图示：分数条，依次为 1，1/3，1/6，1/12]

图 3-7

设计意图：通过 AI 课堂发布选择题，直观呈现学生完成的时间与正确率，对于正确率低于 80% 的题目进行重点讲解，其他题目进行选讲，有效提高教学效率。

6. 练习 3。

教师：我们对分数其实并不陌生，分数在生活中随处可见。我们的黑板报里（图 3-8）就有分数。你能说出"科学天地"大约占黑板报的几分之一吗？那"艺术园地"占几分之一呢？哪个部分更大一些？

图 3-8

7. 生活中的分数。

教师：除了我们的板报，生活中也处处都是分数，你能找到吗？

（三）小结

教师：今天，我们认识了一个新数，叫作分数。我们认识了几分之一这一类分数，你能介绍一下这位新朋友吗？

教师：除了几分之一这一类分数，猜一猜，还有哪些分数？

【课后拓展提升】

教师：为什么我们今天所学的几分之一都在 0 和 1/2 之间？请你在下图中随机找一个几分之一，看看它大概在线段的什么位置（图 3-9）。1/3、1/6、1/12，这些分数的分母越大，数反而越小，看来光变分母不行了，要想突破 1/2，只有让分子变大。根据图 3-9 想一想，1/5 没有 1/2 大，那五分之几才能大于 1/2？

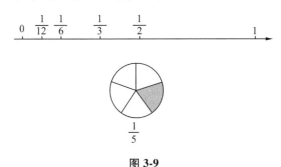

图 3-9

教师：1/2 和 1 之间有分数吗？有没有比 1 大的分数？

通过 AI 测评发布问题，学生利用学习社区功能进行小组合作讨论，及时提交完成。

【教学反思】

通过有效的信息化手段对原本的课堂进行改造，凸显教学反馈的及时性、真实性，教师可以利用这些数据及时调整、优化教学内容与环节。《认识几分之一》是学生第一次认识自然数之外的数，是学生对数的认识的一次跨越式拓展，其本质是通过均分的方式，理解个体与整体的关系并加以有效地表达。利用有效的信息手段让学生参与其中，将学生对分数的理解通过图示等方式充分地表示，通过一次次作业提交得到大量的数据反馈，这些实时数据的价值让我们对教与学的关系有了更加深刻的认识，敢于走出传统的大量低效训练的题海模式，真正做到让学生成为学习的主人，这样的课堂教学模式才是我们一直追求的。

（王进，本文为全国第六届无痕教育学术年会执教观摩课课例）

大数据赋能：小学数学课堂精准教学的课例研究

——《因数与倍数》整理与练习教学实践及思考

【教学内容】

苏教版数学教材五年级下册第三单元《因数与倍数》单元整理与练习。

【教学准备】

硬件设施：一体机，平板电脑。

软件设施：AI课堂，演示文稿。

【教材与学情分析】

本单元要求着重学习自然数之间的因数与倍数关系，求各个自然数的因数与倍数、两个自然数的公因数与公倍数等。显然，这些知识能丰富学生对自然数的认识，而且为分数的约分、通分教学做了必要的知识准备。本单元的整理与练习分两课时，本节课是第一课时，重点整理例1到例8的知识，概念知识较多。在之前的单项练习中，学生完成的正确率相对较高，综合运用错误却较多。另外五年级学生已积累了一定的整理知识的方法，并且有使用 AI 课堂上课的经验，会借助平板电脑进行学习和交流。

【预学评价】

根据学生实际情况及课标要求，设计了 10 道不同层次难度的习题，图 3-10 是学生得分情况的反馈。

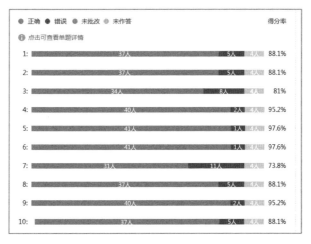

图 3-10

【设计思路】

整理和练习既不像新授课那样有"新鲜感",又不像练习课那样有"成就感",但它担负着查漏补缺、补充完善和巩固提升的重任;《因数与倍数》涉及概念较多,内容枯燥抽象,与学生生活经验联系较少,学生也较易混淆。因此,作为第一课时的整理教学要注意培养学生的学习方法,为下节课做好准备。学生对这些概念之间的联系与区别有一定的认识,但从预学评价中可以看出学生的知识网络不够完善,有序列举的意识不是很强,思考不够全面。针对数据反馈和教学要求,教师利用 AI 技术设计教学活动,以"兴趣"贯穿全堂,以"数据"即时反馈,调控教学,深化学生对概念的理解和掌握的同时,提升学生的信息素养。

【教学目标】

1. 使学生加深对因数与倍数的认识，使用多种方法找一个数的因数或倍数，进一步认识质数和合数，掌握 2、3、5 的倍数的特征，进一步认识偶数和奇数；加深理解质因数，能正确分解质因数。

2. 使学生能整理因数与倍数的知识内容，感受知识之间的内在联系，培养有序列举和全面思考的意识；加深对数的认识，进一步提高数感。

3. 使学生主动参与回顾、整理知识和分析、解决问题等活动，感受数学的趣味和奥秘，提升信息素养。

【教学重难点】

让学生构建完整的知识结构，培养学生有序思考的能力。

【教学过程】

（一）预习反馈，精准分析学情

教师：课前我们进行了预习诊断，大家第 5、6 题完成得特别好，而第 7 题错误率较高，我们具体分析一下。

与做错的学生交流互动，纠正错误，加强巩固。

（二）激活经验，建构知识网络

教师：回忆一下在《因数与倍数》单元我们学习了哪些知识？

学生回忆，有序交流，整理成思维导图。

设计意图：本环节在建构知识网络结构的过程中，以学生为主体，让学生展开组内交流和全班交流，教师适时给予点拨，引导学生多表达自己的思考和想法，把有内在联系的知识点串在一起，形成良好的知识网络，让学生在原有的基础上有所收获，在愉悦的氛围中开展有序、有效的整理和练习。

（三）基础达标，闯关趣味游戏

教师课中推送基础练习，以游戏闯关的形式激发学生兴趣。

师生查看即时反馈，有针对性地查漏补缺（图 3-11）。

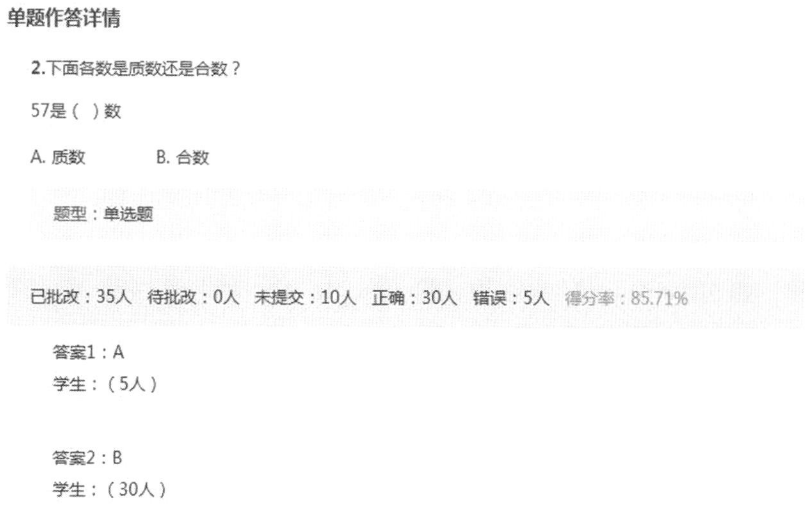

单题作答详情

2. 下面各数是质数还是合数？

57是（ ）数

A. 质数　　　B. 合数

题型：单选题

已批改：35人　待批改：0人　未提交：10人　正确：30人　错误：5人　得分率：85.71%

答案1：A
学生：（5人）

答案2：B
学生：（30人）

图 3-11

设计意图：本环节的设计目的是将枯燥的做题转化为闯关游戏，使学生快速进入学习状态，让学生在欢乐轻松的活动中层层深入，既遵循了学生的认知规律，又唤起学生的学习热情。

（四）典例展示，把控实时生成

活动1："开启智慧"，开启抢答模块。

活动规则：从给出的一个数的因数或倍数中，选择一张翻开查看（只有一次机会），猜猜这个数是多少。

活动2："火眼金睛"（图3-12），推送投票模块。

从给出的一组数中，快速找出"与众不同"的数，并说出理由。

名称	完成度	投票最多选项	
火眼金睛2　投票 2023-01-09 13:38 一天前	86.67%	B.54	查看
火眼金睛3　投票 2023-01-09 13:40 一天前	86.67%	E.18	查看
火眼金睛4　投票 2023-01-09 13:41 一天前	80.00%	C.9	查看
火眼金睛5　投票 2023-01-09 13:42 一天前	84.44%	A.13	查看

图 3-12

活动3："知识链接"，推送音频模块。

活动4："误区小诊所"，针对练习。

教师：通过刚才的活动，相信同学们对概念的理解更透彻了，接下来我们一起走进“误区小诊所”。

教师推送练习“误区小诊所”。

学生独立完成，屏幕展示实时生成的数据（图 3-13）。

师生讨论错误率高的第 4 题：下面各数是质数还是合数？

小结：判断非 0 自然数是质数还是合数时，可以记住几个易错数，如 51 = 3×17、57 = 3×19、87 = 3×29、91 = 7×13，因此 51、57、87、91 这 4 个数都是合数。

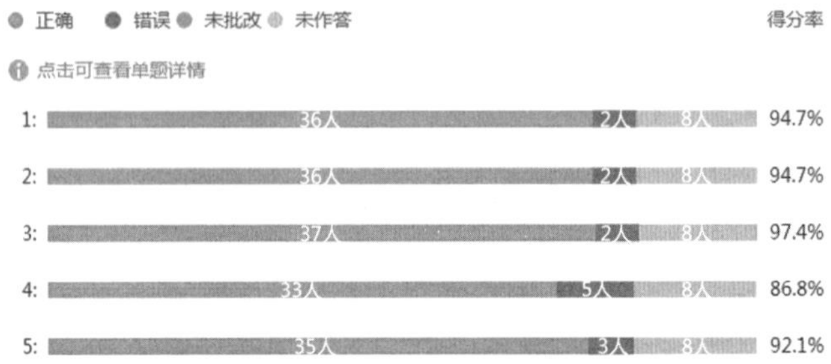

知识点	题目	班级得分率
其他	3	97.3%
奇数与偶数的初步认识	2	94.6%
合数与质数	1，2，4，5	91.9%
质数与合数	4，5	89.2%
自然数的认识	4	86.5%

图 3-13

设计意图：本环节的设计是让学生在完成“基础达标”后，通过不同的活动形式进行练习。“开启智慧”活动，这一趣味化的形式将枯燥的概念进行整合，以互动抢答、点名等形式，集中学生注意力，有助于学生内化知识。“火眼金睛”活动，让学生找出“与众不同”的数，再独立投票，通过实时数据反馈，在互动讨论中又一次比较、辨析了概念。“知识链接”，更是利用 AI 技术平台赋能课堂延伸。最后从“误区小诊所”的练习情况分析，可以看出学生做题的准确率在提高，而仅有的错题数据均来自几位后进生，由此确定了教师延时服务的帮扶对象。

（五）能力进阶，培养数学思维

过渡：看来同学们掌握得都不错，给每一位同学送上智慧星。

挑战1：学生独立，计时完成。

教师屏幕截图，将挑战1推送到学生端，学生在平板电脑屏幕上进行书写，完成后提交作品。

挑战2：同桌讨论后汇报。

寻数启事：我既是36的因数，又是6的倍数，猜猜我可能是几？

设计意图：本环节是针对"预习诊断"时学生的不足之处进行设计的。通过本节课的整理，相信学生对知识掌握得更扎实了，此时再推送课前的薄弱知识点习题，让学生独立完成，总结有序思考的方法，培养学生自主学习的能力。这节课的全程深度参与，也让学生感受到数据的优势和作用，能更科学地借助信息技术进行数学学习，从而提升学生的信息素养。

（六）纵向延伸，制定分层作业

教师根据学情报告，分组布置作业。

设计意图：AI测评系统基于海量的优质测评资源，为不同层次的学生提供课后作业、智能测评、统计分析、学习诊断及习题推送等服务。持续的作业数据诊断，助力教师针对性辅导，指导学生高效学习，实现共同提质增效。

【教学反思】

本节课基于跨终端、全时空、多角度的大数据云平台，为教师有效教和学生深度学提供了保障。

1. 课前精准预判。

课前教师在AI课堂软件平台推送有针对性的预学评价，学生在家用平板电脑查看，完成后自动提交。教师通过后台数据反馈查看学生预学情况，精准把握哪位学生的哪个知识点还未掌握，锁定教学目标，确定重难点，有效设计教学活动。

2. 课中精准交互。

针对预习诊断时学生的不足之处，教师以闯关游戏的形式使学生快速进入学习状态，而后采取了不同的活动形式进行练习。"开启智慧"活动，以趣味化的形式将枯燥的概念进行整合，以互动抢答、点名等形式，集中学生注意力，有助于学生内化知识。"火眼金睛"活动，让学生找出"与众不同"的数，再独立投票，实时反馈数据，学生在互动讨论中又一次比较、辨析了概念。"知识链接"活动，更是利用 AI 技术赋能课堂延伸。

3. 课后分层共进。

课后针对学生课前薄弱知识点推送练习，再根据终端收集每位学生课堂上的学习情况，整合分析，为不同层次的学生制定专项分层练习，精准辅导。

AI 课堂平台既能对学生课前、课中、课后生成的数据实时反馈，有序统计，保证了数据的全面采集；也可通过内置的互动及测评模块，如投票、选择、游戏和分层作业等，调控课堂生成及课后测评，精准教学评价，优化教、学、评方式，实现教师高效教，学生深度学。

（李英，本文为 2023 年 3 月苏州市教育信息化工作调研执教展示课例）

大数据视野下
教学大计量单位的新思路
——以《千米和吨》为例

【教学内容】

苏教版数学教材三年级下册第 20~21 页例 1，"想想做做"第 1~4 题。

【教材与学情分析】

《千米和吨》是苏教版数学教材三年级下册的一节概念课。千米是学生在小学阶段认识的最后一个长度单位，在此之前，学生已经学习了米、分米、厘米、毫米等长度单位，初步建立了 1 毫米、1 厘米、1 分米、1 米的量感，建构了长度单位的概念体系，认识到"相邻两个长度单位之间的进率是 10"。然而，千米是打破了这一规律的新的长度单位（1 千米 = 1000 米）。如何在已有的认知基础上，引导学生合理推演其他长度单位，基于原结构建构更加完整的长度单位体系？对三年级学生来说，"千米"这个单位既熟悉又陌生。说熟悉，是因为学生在生活中经常听到、见到千米、公里等概念；说陌生，是因为千米比米、分米等长度单位更加抽象，学生基本没有"1 千米有多长"的直接经验，也很难进行直观感知，他们难以直接建立相应的表象。表象是从具体感知到抽象思维的"渡船"，没有这只"渡船"，就不可能有抽象思维和理性认识，无法发展千米的量感。

【备课思考】

大数据信息来源有多重渠道，在具体应用时，务必要注意学生已有的认知基础。千米表象的建立，一方面需要学生用已有的知识基础（先前学习的四个长度单位及其关系）辅助，用整体的眼光来接受新知，将千米纳入已有的认知之中，建构完整的长度单位体系；另一方面更需要依赖于学生熟悉的现实世界以及生活情境中具有代表性的实物，在渐进式的活动中逐步感受 1 千米的实际长度，建立清晰、科学、全面的空间表象，获得直观感受和对 1 千米的长度的感觉。因此，通过科学运用大数据信息资源，对教学设计、课堂引导、教学训练、拓展实践等进行多元探究，以形成崭新学习契机，在"千米"这一大计量单位的教学中，将上述内容构成学生学习"千米"的重要支撑。

【教学目标】

1. 结合具体情境和实践活动，认识长度单位——千米，初步建立 1 千米的长度表象，知道"1 千米 = 1000 米"，能进行简单换算和估算，初步形成 1 千米的量感。

2. 了解千米在日常生活中的实际应用，能选择合适的长度单位进行交流，会合理估计长度，在观察、推算、估计、校正的过程中，发展推理、估测能力。

3. 在观察、体验的过程中感受千米与生活的关联，积累数学活动经验，提升量感，在合作、交流中形成积极的数学学习情感。

【教学重点与难点】

重点：认识长度单位——千米，知道千米和米之间的进率。

难点：建立千米的表象模型，形成对千米的量感。

【教学准备】

课件、米尺、学习单。

【教学过程】

（一）数据赋能：以问题为支点，逐步探究

1. 创设亚运情境，开启探究之旅。

创设情境：三个亚运宝宝，带来了一条赛况播报。（视频播放 20 公里竞走决赛结果）

引入课题：公里，在数学上又叫作千米。今天我们就一起来认识千米。

2. 夯实基础单位，创造刻画条件。

唤醒旧知：在这根米尺上，你找到了我们之前学过的哪些长度单位？

逐步累加：几个1毫米是1厘米？几个1厘米又能合成1分米？几个1分米合起来又是1米？

3. 逐级推想，创造十米、百米。

从米推想十米：按照这样10个10个地接下去，在米后面，你想到了什么单位？请同学们用手上的米尺连出十米。

从十米推想百米：刚才我们从10个1米推想到了1个十米，按照这样的规律，十米的后面你又想到了什么新单位？

设计意图：结合生活选取数据，是对大数据运用的初步认知。因此，在教学伊始，教师选用米尺作为学习工具，使得推理想象的过程更加具象，通过在教室连出1个十米、在操场上连出1个百米的过程，从十米、百米逐步过渡，经过估测、验证等思辨过程，为"千米"模型的建构夯实基础。

（二）数据助力：以直观助抽象，多维体验

1. 步行100米，推算1千米。

体验：观看百米跑道上走100米的视频，回忆课前走100米的感受。

推算：步行100米，要走约150步，用时约90秒。推算步行1000米，大约要走多少步，用多少分钟？见表3-5。

表3-5 步行100米与1000米需要的步数与时间

计量类型	100米	1000米
大约走多少步	150步	1500步
大约用多少秒	90秒	900秒（15分钟）

启发：这里的1000米和我们今天要学的1千米有什么关系呢？

揭示：1千米=1000米。

小结：同样是表示1千米，后面单位变大了，前面的数字就变小了，这样看起来就会更加简洁。

2. 联系生活，体会价值。

提问：十米和百米这两个长度单位，在生活中运用得不是那么广泛。千米在生活中却经常见到，说一说，生活中你在哪里见到过千米？

小结：计量路程或测量铁路、公路、河流的长度，通常用千米做单位。

3. 跑步 1000 米，感受 1 千米。

提问：亚运会的田径场 1 圈长 400 米，跑几圈是 1 千米？学校的操场一圈长 250 米，跑几圈是 1 千米？

体验：跟着视频跑 1 圈，体验一下跑 1 千米的感受。了解跑步 1 千米，大约需要 5 分钟。

4. 走出校门，估计 1 千米。

提问：如图 3-14 所示，从宝带实验小学出发，向西而行，走到哪里会是 1 千米？

图 3-14

视频验证：在学校周边的市区道路上，驾车 1 千米，大约需要 2 分钟。

5. 丰富表征，感受高度 1 千米。

启发：刚才我们无论是步行、跑步还是驾车，都是研究了 1 千米有多长，那如果把这个 1 千米竖起来该有多高？

比较：十米跳台，高约 300 米的东方之门。

想象：1 千米比 3 个东方之门的高度还要高一些。你们对 1 千米的高度有什么感觉？

设计意图：大数据进入数学课堂教学之中，我们要重视数据应用的价值。大数据一方面可以为教师的教学设计提供参考，另一方面也可以为教学实践提供教法及规划意见。教师在设计课堂教学情境时，需要充分关注教材学习内容特点和学生接受能力，这就需要大数据的支持。在学习千米之前，学生每认识一个计量单位，都要弄清楚这个计量单位的具体量值是多少，以及它与其他同类计量单位之间的关系。因此，亲身体验"1千米有多长""1千米有多高"，对学生建立1千米的概念至关重要。由于条件限制，课堂上不能让学生完整地走一趟1千米的路程。但是，充分利用学生熟悉的生活情景，通过步行、跑步、驾车的方式，使其推算、感受、估计1千米有多长，并想象1千米竖起来有多高，从一维到二维，成功帮助学生建立了"千米"的表象，该表象在反复调用中，逐渐清晰起来。学生逐步会用脑海中的"千米尺"进行简单的估测活动，而表象又在估测中得到进一步的调整、完善。

（三）数据支持：以应用为归宿，拓宽视野

1. 借助生活经验，在图3-15中连一连。

15千米　　250千米　　4千米　　80千米

图 3-15

2. 运用所学新知，在图3-16中填一填。

图 3-16

3. 解决实际问题，估一估。

创设情境:爱旅游的亚运宝宝们带着大批游客来到了我们美丽的西山风景区,为了更好地接待他们,景区工作人员打算开辟下面三条旅游专线(图 3-17)。已知从景区入口到西山岛开心农场的距离大约是 3 千米,你能估一估每条旅游专线大约多少千米吗?

图 3-17

4. 全课小结,拓宽视野。

结束语:今天我们从长度单位的累加开始,认识了一个新的长度单位——千米,有没有比千米更大的长度单位?有没有比毫米更小的长度单位?

学无止境,学海无涯,让我们带着推算、感受和估计的学习方法,不断探索,你一定会在长度单位的大家庭里认识更多的新朋友!

设计意图:数学学科具有抽象性、逻辑性,教师利用大数据展开教学,势必能够为学生带来学习的触动,以形成崭新的学习动力。学生在生活中经常遇到千米,以学生熟悉的景点创设问题情境,能够激发学生的兴趣,且具有现实意义。本环节既是对前面环节学生所学知识的考查,又培养了他们用数学眼光观察现实世界的能力与意识。

【教学反思】

大数据时代的快速到来,为课堂教学带来更多的成长机会,教师需要有与时代接轨的意识,对课堂构建展开创新实践探索。大数据进入数学课堂教学,无疑属于崭新的教学实践尝试。比如,大数据能够帮助教师在教材教法、学法用法、教学意识、学习理念、教学反思和实践操作等方面获取更多支持力量,提供更为精准的数据信息。在本课中，首先播放亚运会20公里竞走决赛视频，随后整合大数据信息资源：操场一圈400米，跑两圈半是1千米，操场一圈250米，跑四圈是1千米；东方之门高约300米；等等。其次启动大数据程序：步行1千米，约走1500步，约用15分钟；跑步1千米，约5分钟；驾车1千米，约用2分钟，让学生通过不同出行方式体会1千米有多长。通过为学生准备电子课件内容，用模拟动画的形式给学生带来视觉触动，这也是大数据运用的结果。最后优化大数据应用环境，通过连一连、填一填和估一估等形式给学生带来全新感知和实践体验，大数据提供了学习方法资源，给课堂教学带来更多启迪，也为学生学习方法的积累创造条件。在具体操作中，学生通过实践形成了基础的学习方法，其学习方法具有更高"含金量"。

（章华丽，本课例曾获2023年苏州市吴中区小学数学优质课评比一等奖）

AI 课堂：小学数学信息化精准教学的案例研究
——《复式统计表》教学实践及思考

【教学内容】

苏教版数学教材五年级上册第六单元第 1 课时《复式统计表》。

【授课环境】

硬件设施：一体机，平板电脑。

软件设施：AI 课堂，希沃白板，Excel 表格，视频播放器。

【教材与学情分析】

本课是"统计与概率"领域下，"数据的收集、整理与表达"主题下的内容。把两个或多个统计项目的数据合并在一张表上，可清晰明了地反映数据情况的统计表即为复式统计表。这种处理、呈现数据的方法，为学生以后学习复式条形统计图、复式折线统计图打下了基础。学习本节课之前，学生已经对收集数据、整理数据的方法有了初步的体验，会将数据整理后填入单式统计表，能根据统计表中的数据进行简单地分析并解决问题。本节课创设合理的信息化学习环境，利用信息技术，提供丰富的学习资源，以数据为研究对象，让学生从整体上感受到统计离不开数据，重点引导其用恰当的方式处理数据，在此过程中学习一些必要的知识和方法，感受数据蕴含的信息，从而培养数据意识。

【教学目标】

1. 引导学生在具体的统计活动中认识复式统计表，能根据收集、整理的数据填写统计表，对统计表中的数据进行简单的比较和分析。

2. 使学生基于解决问题的需要经历用数据解决问题的过程，感悟数据中蕴含的丰富信息，进一步增强数据意识。

3. 使学生在活动中进一步感受统计与现实生活的联系，会用数据说话，体会统计的意义和价值，提高学生的信息素养。

【教学重难点】

经历复式统计表的产生过程，认识其结构，会填写复式统计表并做出简单的分析与决策，培养数据意识。

【教学过程】

（一）问题驱动，激发统计需要

1. 创设情境，问题引领。

情境："双减"政策下，学校为同学们准备了课后延时服务，有丰富多彩的社团，包含文艺类社团、体育类社团、科技类社团等，其中蕴含着有趣的数学知识。

提问：学校计划为五年级安排三种体育类社团，需要了解什么信息？

预设：调查五年级学生报名体育社团的人数。

师生交流收集数据的方法。

演示：图片介绍收集数据的方法。

2. 复习旧知，激活经验。

引入：课前我们收集到了五（1）班学生报名体育类社团的情况，为了更好地统筹社团活动，可用数学上一种更简洁的方式呈现，即以前学习过的统计表。

启发：这张统计表由哪几部分组成？从统计表中你了解到哪些信息？

课件出示五（2）、五（3）、五（4）班学生报名体育类社团的情况统计表。

3. 聚焦问题，产生需要。

问题1：图3-18中的15有什么含义？

学生回答，教师评价：在读取数据时，既要看标题是哪个班级，又要看清是哪种社团。

问题2：观察图3-18中的数据，哪个班级报名足球社团的人数最多？你是怎么思考的？

开启抢答模式。

预设：五（4）班报名足球社团的人数最多，把四张表中足球社团对应的数据找出来，就能比较出来。

问题3：哪个体育社团最受五年级1~4班学生的欢迎？我们要怎么比较呢？

开启截图答题模式：学生在平板电脑上作出选择，软件反馈作答情况。

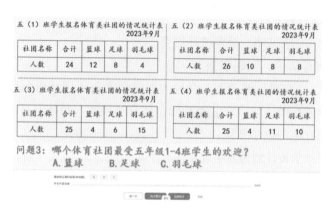

图 3-18

预设：要把四个表中对应社团的人数合起来才能比较，不太方便。

追问：刚才回答两个问题都需要同时看这四张统计表。那怎样能更方便地进行比较呢？你有什么好办法？

预设：将四张统计表合并成一张统计表。

设计意图：五年级学生具备一定的信息素养，对信息技术在课堂上的使用充满好奇，信息技术的直观性、便捷性与高效性给予课堂更多可能。本环节创设真实实例，根据问题驱动展开调查，结合线上方式收集数据，再用单式统计表整理数据，让学生注意到数据分散在四张不同的统计表上，因此数据寻找起来并不方便，进而产生需要——寻求更合适的整理数据的方法。

（二）自主探究，生成复式统计表

1. 合并统计表。

教师推送探究材料至学生的平板电脑。

学生自主操作探究，在讲台的屏幕上共享学生的操作过程。

（图3-19）

（1）思考：合并统计表时需要调整什么，增加什么，修改什么？

（2）交流：学生之间交流想法。

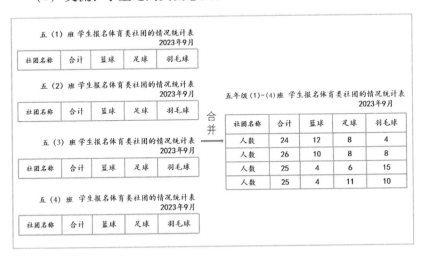

图 3-19

（3）操作：尝试合并，进行优化。

对比学生作品，并通过希沃白板演示，师生再回顾合并过程。

2. 设计表头。

问题：仔细观察这张统计表，你觉得哪些部分还不合适？

预设：第一排第一格横着看表示社团课名称，可是竖着看第一列应该表示班级。

追问：原来这个表格包括了三个部分，想想第一格可不可以也合并起来？

师生讨论，设计表头，动画演示。

小结：这一格非常重要，称为"表头"。看表头，我们知道横行的第一栏指横栏类别，竖列的第一栏是竖栏类别，而中间的部分表示数量，即表格要呈现的数据。

提问：现在看这张表，还能解决刚才的3个问题吗？

师生回顾前3个问题。

3. 调整表格。

追问：现在看这张表，能直接解决问题3吗？

预设：还不能，还要算出每种社团课的总人数。

学生计算，教师通过课件进行演示。

教师：这些重要的信息，也可以在这张表上表示出来，称为总计栏。为了保证数据的延展性，一般标在第一行。

追问：能看懂总计栏中每个数据的含义吗？那它表示什么呢？

小结：它既可以纵向求和，也可以横向汇总，表示五年级报名体育社团的总人数，所以计算的结果也是一致的。现在我们可以清楚地从表中看出羽毛球课最受五年级学生欢迎。

4. 比较单复式统计表。

揭示：刚才我们看四张统计表时，感觉分析数据不太方便，于是我们尝试着合并和调整，把几张表的数据整合在一起，这样的统计表叫作复式统计表。

提问：与之前单式统计表相比，复式统计表有什么优点？

预设：复式统计表是把两个或多个统计项目的数据合并在一张表上，由表头统领整张表格，可清晰明了地反映数据的情况，信息更加丰富，便于从整体上进行比较。

设计意图：从合并、设计、完善到比较，学生在平板电脑上自主探究，经历了复式统计表的再创造过程，获得了丰富的数学活动经验。"合并"不仅是数据量的增加，更有结构性的变化。在这个过程中，教师引导学生充分体会合并的必要性、制表的简洁性，聚焦复式统计表结构的本质特征，在再次解决相同问题的过程中体会复式统计表的优越性。

（三）精准反馈，体会数据价值

1. 推送巩固练习1。

过渡：作为篮球队教练，除了关心篮球社团的总人数，还得了解男、女生人数情况，以便之后安排训练及比赛。

提问：如果只整理五（1）班情况，你会选择什么统计表？

追问：如果要统计五年级所有报名篮球社团的男、女生人数情况，你会选择什么统计表？为什么？（同桌交流）

教师：看来复式统计表可以呈现多组数据。你能将信息整理到这张表格中吗？

开启截图圈画模式，学生填写。学生提交后互相查看作品，教师对比讲解。

2. 推送巩固练习 2。

提问：小明不小心将几滴墨水滴在了"五年级参加课后延时服务人数统计表"上，你能想办法将数据恢复吗？

开启截图圈画模式，学生在平板电脑上填写表格，交流方法。

教师：看来在复式统计表中，这些数据之间有着紧密的联系。我们可以根据"合计数"或"总计数"推算出缺失的数据。

追问：现在根据这张统计表，想想你的身高在全班男生或女生中处于什么位置？

问：你能推测出我们学校五年级身高在哪个范围的人数最多吗？

小结：看来对数据进行收集整理后，更加便于我们分析比较了。

3. 推送巩固练习 3。

过渡：同学们不仅会填表，还会分析数据，接下来请在平板电脑上完成练习，看看谁能全对。

开启选择题模式，及时反馈作答情况。

查看学生作答情况，针对错题反馈调整教学内容。

4. 链接 Excel 表格：亚运会数据。

过渡：其实复式统计表的优势在生活中随处可见，让我们走进 2023 年杭州亚运会的女子 10 米跳台决赛现场。

提问：前 4 跳后目前谁获得的总分较高？

操作电脑 Excel 表格求和。

设疑：现在能宣布陈宇汐获得冠军吗？谁有可能反超？

出示陈宇汐的第 5 跳成绩，观察总分变化。

教师：估计一下全红婵第 5 跳至少得多少分才能获胜？

播放视频：全红婵的第 5 跳。

教师：冠、亚军获得者都来自中国队，不止如此，中国队包揽了跳水项目的所有金牌。

出示杭州亚运会各代表队奖牌数量。

提问：从表中你能知道什么？（学生读取信息）

提问：中国队获得了第一名，那第二名是哪个队呢？

指出：要根据奖牌数量排名。

小结：比较表中数据，大家一眼就能发现中国队获得的奖牌数遥遥领先，这也是复式统计表带给我们的便利。

设计意图：统计的核心是培养学生的数据意识。本环节通过生活中真实的素材让学生亲近数据，感受数据蕴含的信息，产生"用数据说话"的内需，体会数据的真实性及其价值，培养数据意识。此外，教师创设合理的信息化学习环境，提供了丰富的学习资源，以数据为研究对象，让学生了解用信息技术的方式处理数据更便捷高效，从而提升学生的信息素养。

（四）沟通联系，体验整体性

回顾：这节课我们学习了什么知识？通过今天的学习，你又有什么新的想法？

结束语：学习是一个不断发现、不断探索的过程。今天我们学习了一种整理数据的好方法——复式统计表。看来像这样复式组合的方式，可以给统计工具带来神奇的变化，那其他整理数据的方法是不是也有单、复式之分呢？请你带着思考，课后继续研究。

设计意图：本环节将小学阶段统计的相关知识完整地串联起来，帮助学生对这部分知识有了整体的认知，进而建构知识体系，发展数据意识。

【板书设计】

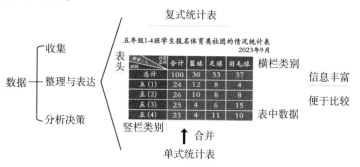

（李英，本课例曾获 2023 年 10 月苏州市吴中区小学信息化教学优课一等奖）

大数据赋能小学英语课堂评价
——以译林版英语教材四年级下册第八单元绘本融合教学设计为例

【教学内容】

绘本 *No School Today* 与第八单元"How are you?"的单元主题相匹配，可以作为教材内容的拓展阅读。从主题意义角度来说，绘本文本与教材文本都突出"关爱"主题。从语言知识角度来说，教材和绘本的内容都紧扣"打电话请假"这一情境，教师通过相似的情境，提问并回顾打电话用语，为学生的学习迁移搭建了桥梁，巧妙融合课内外语言点，激发学生的学习兴趣。

【学情分析】

本课的教学对象是四年级学生，经过三年的英语学习，他们有获取有关人物、时间、地点、事件等基本信息的能力，并能够运用功能句与他人进行简单的交流，能就语篇信息或观点形成自己的看法和意见。

【教学目标】

1. 语言能力目标

（1）学生通过本课的学习，能听懂、会说、会读和运用句型"Hello, this is... speaking.""May I speak/talk to...?"。

（2）通过绘本的学习，能够厘清故事的发展过程，并在板书和图片的帮助下用英文复述和表演故事。

2. 学习能力目标

（1）通过绘本的学习，学生能够掌握泛读、精读、合作读、读并圈画关键词等阅读策略，并主动调适英语学习策略，提升英语学习效率。

（2）利用 AI 课堂、平板电脑，完成扎实且有趣的学习任务，拓宽英语学习渠道，激发阅读兴趣，提高学习效率。

3. 思维品质目标

学生能理解故事中 Tom 的情绪变化"happy—unhappy—unhappy—happy"，并领悟到不仅仅 Tom 有这样的情绪变化，其实故事中每一个角色都在经历不同的情绪变化，并能体会到"Life is like a box of chocolate, and you never know what you are going to get"的道理。使学生在生活中遇到各种各样的事时，保持乐观心态，以平常心对待。

4. 文化意识目标

通过感受绘本中的小男孩 Tom 一波三折的上学经历，验证"塞翁失马，焉知非福"的道理，即遇到生活中的小意外，要保持"积极乐观"这一心态。

【教学重难点】

重点：在阅读过程中，准确运用识读图片，寻找关键词等阅读策略体会小男孩 Tom 的心情变化。

难点：通过预测、想象、创编等方式培养语言思维能力，熟练运用教材第八单元的句型丰富绘本中人物的语言表达。

【教学准备】

一体机、无线网络、平板电脑、演示文稿、AI 课堂、图片卡、单词卡、句卡。

【教学过程】

（一）Pre-reading

1. Play a game about the words of illnesses（学生通过平板电脑完成词汇选择游戏）

设计意图：第八单元的重点词汇是 cold, fever, stomachache, cough, headache 等表示疾病的单词。课前教师通过 AI 课堂发布词汇选择游戏，学生在平板电脑上完成游戏，并有效复习回顾本单元的重点词汇。此外，通过 AI 课堂，学生在完成该项游戏之后，教师能立即得到反馈，形成统计数据，了解每个学生的掌握情况，并给予更进一步的教学指导。

2. Sing a song

设计意图：通过播放歌曲 *Sickness*，学生能在唱歌曲的同时进一步巩固复习教材第八单元关于疾病的单词。

3. Review the story time of Unit 8

Teacher：What can Yang Ling say when she makes a telephone call?

Students：Hello, this is... speaking. /May I speak to...?

Teacher：What can Miss Li say on the phone?

Students：What's the matter?

Teacher：What can Yang Ling answer?

Students：I have a... .

Teacher：What can Miss Li say?

Students：I'm sorry to hear that.

Teacher：What advice can Miss Li give to Yang Ling?

Students：You can have a rest/ drink some warm water/...

设计意图：通过回顾教材中杨玲和李老师打电话的情境，复习句型"Hello, this is... speaking.""May I speak/talk to...?""What's the matter?""I have a...""I'm sorry to hear that.""Take care.""Have a rest.""Drink some warm water."等。

（二）While-reading

1. Read the cover

Teacher：What can you see on the cover?

Students：Know the title and the main character of the story.

Teacher：Do you have any questions about the story?

Students：Why is Tom happy? / Is Tom happy for "No School Today"? /...

设计意图：通过引导学生观察封面内容，了解绘本人物角色，关注绘本标题。结合标题和封面图片细节激发学生好奇心。

2. Scan and answer

Is Tom happy for "No School Today"?

设计意图：采用泛读的阅读策略，让学生整体感知绘本，并回答本故事的主要问题：Is Tom happy for "No School Today"?

3. Read and underline（阅读第2~4页，通过平板电脑画出文中关键信息）

Why is Tom not happy for "No School Today"?

设计意图：通过AI课堂发布"截图模式—圈画模式"任务，学生通过平板进行阅读、圈画，并将圈画的结果提交。教师在一体机上能及时收到学生的任务反馈，能较好且及时地了解学生对该项任务的理解和掌握情况。

4. Read and choose（细读第5~8页，通过平板电脑完成配对，如图3-20所示）

What does Tom's parents say to Tom or do for Tom?

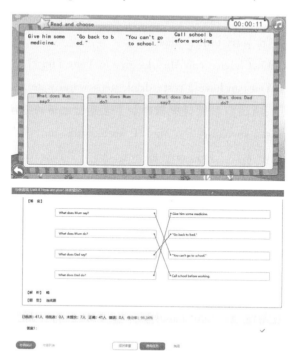

图3-20

设计意图：通过 AI 课堂发布教学任务（完成配对），学生在平板电脑上将正确答案拖入表格相应的位置，增加了课堂活动的乐趣。学生完成后，教师通过数据反馈及时了解学生的掌握情况，并针对错误率较高的问题进行集中讲解，及时解决学生学习难点，提高学生学习效率。

5. Think and answer

Tom's mum calls Tom's teacher, Miss Wang. What can Miss Wang say on the phone? Make a dialogue.（与同桌分角色扮演妈妈和王老师，模拟打电话的场景）

设计意图：通过绘本中 Tom 的妈妈和 Miss Wang 打电话的场景，将教材中的电话用语和绘本中的电话用语融合，实现教材语言点到绘本语言点的顺利迁移。

6. Finish and act out（与同桌讨论完成爸爸和 Tom 之间的对话，并演一演）

设计意图：通过与同桌讨论，能加强学生对故事内容的理解。通过角色扮演，能让学生切身体会到绘本中爸爸对 Tom 的担忧。

7. Let's chant

设计意图：将前半部分故事，即 Tom 生病，不能去学校看舞狮表演的情节，用 chant 的方式进行总结，朗朗上口的节奏和旋律能使学生身心愉悦，全身心投入。chant 既能整体理解把握故事情节，同时又突出了重点词句，增添课堂活力。

8. Think and answer

What do you think of Tom's dad and mum?

Students：I think they love Tom/ care about Tom/…

Teacher：Show the pictures in the story to tell the students Tom's mum and dad love Tom very much.

设计意图：通过让学生思考 Tom 的爸爸妈妈怎么样，能让学生更深刻体会 Tom 的父母对 Tom 的爱。通过再次展示 Tom 妈妈与 Tom 对话和打电话给学校的场景，说明"Love is in Tom's mum's words"。通过再次展示 Tom 爸爸抚摸 Tom 的额头，给 Tom 递药等细节，说明"Love is in Tom's dad's hands"。

9. Listen and choose

Can Tom go to school tomorrow?

学生完成练习后，教师用软件展示正确率数据。见图3-21。

排名	姓名	作答时长	得分率
1	宋某某	00:01	100%
2	陈某某	00:02	100%
3	顾某某	00:02	100%
4	侯某某	00:02	100%
5	林某某	00:02	100%
6	庞某某	00:02	100%
7	沈某某	00:02	100%
8	宋某某	00:02	100%
9	谭某某	00:02	100%
10	王某某	00:02	100%

图 3-21

设计意图：教师通过AI课堂发布任务，让学生聆听并选择"A. Yes, he can." "B. No, he can't."能使全体学生参与课堂环节，老师也能通过AI课堂的数据反馈及时了解学生对听力内容的掌握情况，以更好地推动后面环节的教学。

10. Think and answer

Tom can go to school. Why is he still unhappy?

设计意图：学生通过观察Tom的表情得知他还是不开心，因为他今天虽然来了学校，但不能看到舞狮表演了，为下文Tom的情绪转变做铺垫。

11. Read and answer（速读第11~15页，在平板电脑上圈画关键信息）

What's happening at school?（在学校里发生了什么使得Tom又开心起来了呢？）

Why do the Lion Dancers come today?

设计意图：教师通过AI课堂发布"截图模式—圈画模式"任务，让学生在速读第11~15页的同时，在平板电脑上圈画关键信息，激发学生的阅读兴趣。学生在提交答案后,教师能及时收到反馈,更好地了解学生对文本内容的理解情况,针对学生理解不到位的地方进行更进一步的讲解。

(三) Post-reading

1. Retell the story

学生根据板书上 Tom 的情绪变化"happy—unhappy—unhappy—happy"复述故事。

设计意图:让学生通过板书上 Tom 的情绪变化复述故事的每个部分,有效检测学生对故事脉络的掌握。

2. Think and answer

Teacher:Is there anyone else also has the changing emotions?(有没有其他人也和 Tom 一样有着不同的情绪变化?)

Students:Tom's mum and dad,Tom's teacher,the Lion Dancers,Tom's classmates,Miss Li,Yang Ling…

设计意图:开放式问题的设置引发学生进一步思考,其实不仅仅是 Tom 有着这样的情绪变化,绘本中的其他人物,包括 Tom 的爸爸和妈妈也有着不同的情绪变化。比如 Tom 的爸爸和妈妈从不开心到开心的原因是:Tom 生病,他们不开心,当 Tom 身体好了,他们也随之开心起来等。

3. Sharing time

Have anything like this happened to you?

设计意图:适当移情,通过 Tom 的情绪变化,让学生联系自身,分享自己在生活中有没有不同情绪变化的经历,并在分享中进一步感悟"Life is like a box of chocolate,and you never know what you are going to get"的道理。在生活中会遇到各种各样的事,遇到"小意外"应该保持乐观心态,以平常心对待。

(四) Homework

1. Tell this story to your parents.

2. Learn the Chinese tale "Good or Bad"(《塞翁失马,焉知非福》) and share it with your friends.

设计意图:结合学生实际,对作业减量,提质,增趣。第一项作业夯实基础，让学生将故事完整地讲给父母听，满足大部分学生的基础阅读回顾需求；第二项作业适当拓展，通过 AI 课堂，在平板电脑上推送课后的英语绘本阅读"Good or Bad"（《塞翁失马，焉知非福》）给学生，学生在课后阅读绘本的同时，能与本课主题建立有效关联，以更好地丰富自己的情感态度和价值观。同时，教师通过教师端查看学生的阅读掌握情况，以了解学生对本课重难点的掌握。

【教学反思】

运用信息技术并有效结合大数据可以增添课堂教学的趣味，使教学更加高效。教师利用信息技术创设情境，使师生人人参与，且在大数据的驱动下，师生间的教与学反馈更加及时，能更好地促进课堂目标的达成，具体体现在本堂课的以下三个方面。

1. 大数据驱动课前回顾，精准掌握学情

本课的授课对象是四年级学生，本堂课是四年级下册第八单元"How are you?"的绘本融合课。学生对这一单元的词汇和句型已基本掌握，因此在课前，教师设计基于教材语言知识的游戏——"词汇选择"，使学生通过游戏回顾教材第八单元中的相关词汇，又通过多媒体推送歌曲，使学生在唱歌的同时，复习本单元中的相关句型，为接下来的绘本教学做准备。

2. 大数据驱动课中教学，精准定位学情

为激发学生的学习热情，尽可能地扩大学生的课堂活动参与面，本堂课教师采用 AI 课堂进行授课。AI 课堂的使用，不仅创新了课堂提问的方式，极大调动了学生参与课堂的积极性，而且有助于教师点对点进行学情分析，有助于学生对课堂重难点进行有效把握。教师能通过数据反馈了解不同学生的薄弱之处，从而实现因材施教，课堂效率大大提高。平板电脑的使用能较好地调动学生的学习主动性，平板电脑上游戏、圈画、配对等学习任务加强了师生互动，实现更有效的评价。

3. 大数据驱动课后巩固，精准把控学情

课后，教师将本节课的拓展绘本一键分享，供学生课后浏览和巩固，以真正联通课内和课外，使学生在课后阅读的同时对本堂课的主旨能有更深入的理解和思考。教师通过教师端查看学生的阅读情况，能更好地了解学生对本课重难点的掌握，同时学生也能通过学生端了解到其他同学的阅读情况，并相互分享。

【板书设计】

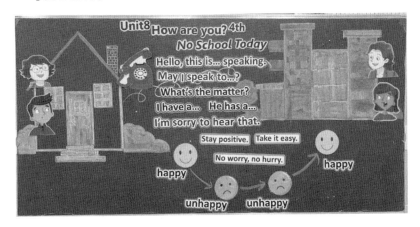

（孙欢骁，本课例曾获 2023 年 9 月苏州市吴中区教师信息素养提升实践活动教学案例评比一等奖）

"信息技术+大数据"下的课堂评价探索
——以《画方形和圆形》一课为例

【课例背景】

作为国内少有的基于大数据进行教育评价机制研究的学校，华师苏实小教师依托人工智能、大数据及云平台等技术，对大数据与教育评价相结合的新模式进行了广泛且有效的实践，积极探索现代教育教学方式。针对不同年级、不同学科，学校利用大数据教育评价平台进行教师教学的展示和比拼。在这样的校内公开教学活动下，笔者选择了苏教版三年级信息技术教材《画方形和圆形》这一课，利用"信息技术+大数据"进行课堂教学展示。

此课以画复兴号列车为主题，引导学生掌握画方形和圆形的基本技能和技巧，同时在环环相扣的教学中渗透爱国主义的育人理念，此课还作为笔者参加2021年度苏州市信息化教学能手教学评比的选题，荣获市级二等奖。

【课例主题】

课堂教学中不仅要用好信息技术、数字化资源和信息环境，更要结合华师苏实小的大数据教育评价平台，对学生的课堂表现、课堂测评、课堂作业等进行快速、合理且高效的评价。

在传统的教学模式中，教师对学生的评价主要是单一的口头表扬、提醒、作业批阅等，而利用学校的大数据教育评价平台，课堂评价可以变得更多元、更具体、更有效率。本课例主要展示了在信息技术课堂教学中，结合信息技术与大数据教育平台对整个教学过程利用教学评价提高学生的课堂注意力、参与课堂的积极性、激发他们的学习乐趣所做出的教学探索。

【教学准备】

730 智慧评价系统，平板电脑，计算机，极域网络管理系统。

【教学内容】

苏教版信息技术三年级第 10 课《画方形和圆形》。

【教材分析】

本课让学生在已初步学习使用"画图"工具的基础上，学习和掌握"矩形""圆角矩形""椭圆"工具的用法。通过本课的学习，使学生能掌握"矩形""圆角矩形""椭圆"工具，还能够用学习过的工具组合出基本图形，培养学生创新思维的能力。

【教学目标】

1. 使学生学会使用"矩形""圆角矩形""椭圆"工具并学会组合简单图形。

2. 使学生学会使用 Shift 键画正方形和圆形等图形。

3. 提升学生用基本图形表现物体形象的能力。

4. 通过教材自学、小组互助等方式，培养学生独立思考、合作探究、大胆操作的信息技术学习习惯。

【教学重难点】

重点：使学生学会使用"矩形""圆角矩形""椭圆"工具，能够画出长方形、正方形、椭圆形、圆形、圆角矩形。

难点：使用工具制作出多样的组合图形。

【教学方法与手段】

运用网络广播系统和多媒体演示的手段，采用"活动引导、任务驱动"的教学方法，以学生为主体、教师为主导，整个教学过程以"导"为主。在课堂教学中结合平板电脑进行师生互动，并利用教学网络环境为学生提供可以对比学习的环境，激发学生的竞争意识。

【教学过程】

（一）新课导入

课前热身：准备一段复兴号高铁列车进站的壮观视频，通过730智慧评价系统，结合全体学生的课前整体表现，给予注意力集中的学生及时有效的评价，大屏幕上显示出送小花的加分提示，进一步加强全体学生的课堂注意力和班级的凝聚力。

教师：同学们请看这幅图，它是一个复兴号高铁列车头，你们能看出它是由什么基本图形组成的吗？

学生：长方形、带有圆角的长方形、扁扁的圆形。

教师：同学们观察得真仔细。其实，我们把这样四四方方的图形叫矩形，带有圆角的长方形叫圆角矩形，像这样扁扁的圆形叫椭圆形。今天我们就一起来学习画方形和圆形。

设计意图：唤起学生已有认知，由浅入深地引出这些图形的名称，并以"魔法棒"激励代替口头表扬来鼓励积极举手回答的学生，进一步调动学生参与课堂的积极性。

（二）探索任务，大胆操作

1. 任务1：找一找。

教师：现在我们又认识了几个新图形，你们能在画图软件中找到画这几个图形的工具吗？请同学们拿出平板电脑，完成我们的任务1，在界面上圈出我们的三个新工具，并上传。

教师：大部分同学都能正确地找到三个工具。

设计意图：以往的课堂教学中，由于课堂时间有限，教师只能让1~2位学生展示自己找到的图形位置，或者打印好相关的任务纸张分发给学生，但是无法及时对学生的完成情况做出反馈，学生参与课堂的机会也不多。借助AI课堂，教师可以事先准备好任务单，分发到学生的平板电脑上，让学生限时完成圈画任务，并截图上传自己的任务单。在大屏幕展示学生的任务完成情况，挑选正确的任务单，展示正确答案。这样既能做到全员参与，又能激发学生参与课堂的积极性。

2. 任务2：画一画。

教师：工具已经找到了，我们再来看看这个复兴号列车头，你们想不想试着画画这个列车头？怎么画？其实这三个工具的用法和上节课使用的画画工具是一样的。（① 选工具 ② 鼠标准确定位 ③ 按左键、拖鼠标、松左键）

教师：现在老师把样例图发到你们的平板电脑上，同学们参照此图，用画图软件试一试。

教师：大部分同学都试着画出这个列车头了，那么我们一起来看几幅图。这些图有问题吗？该如何解决？

学生：（举手回答）画的图形位置没有调整好，大小设置得不好。

教师：（示范操作）其实我们在选择新工具前，可以通过方向指针来移动图形，调整图形的位置，用双向箭头来变换图形的大小。

教师：同学们再来看这幅图。这个小屋各个部分的位置和大小都还好，但是这个窗户和老师的这幅图有什么不一样？

学生：它不是正方形。

教师：那我们怎样才能画出正方形？有同学愿意给大家展示下吗？

学生使用教师机，展示画正方形。

教师演示：选工具，按住 Shift，拖动，再松开鼠标就画好了，同样地，我们的圆角正方形和正圆也是这样画成的。

教师：请同学们按照刚才的方法对自己的作品再做些修改。

设计意图：这里主要是学生本节课学习的重难点，也是教师着重强调教学的部分，学生可以举手给大家展示自己的方法，教师要通过"魔法棒"进行及时点评激励。

3. 任务 3：试一试。

教师：我们的国家就像一辆行进中的列车，面对困难，奋勇向前。请同学们利用画图工具，发挥自己的想象力，画一画你们心中的"复兴号列车"。

教师巡视课堂，找出好的作品，让相关同学提交作品，并通过 AI 课堂中的软件，让全班同学对他们的作品进行投票，获得最高票数的同学将得到复兴号列车头的实体模型奖励。

设计意图：让学生自由探究，体验工具的用法，培养大胆操作信息技术的学习习惯。结合 AI 课堂中的功能，对学生的作品进行及时点评和评价。

（三）拓展延伸，开阔视野

通过对比展示生活中的常见物品和用画图工具画出的简易图形，让学生对图形形成清晰的认识，并对图形产生亲近感。展示计算机绘画作品来拓宽学生眼界，能有效激发学生的绘画欲望，鼓励学生在实践中发现问题，使用正确的学习方式，寻找方法、解决问题，培养学生的学习能力。

【教学反思】

本节课主要是依托学校的大数据平台，并结合信息技术，突破传统的课堂评价模式，开展的以新技术赋能课堂评价的新课例。教师通过学校的教育大数据平台与学生进行课堂互动，这不仅调动了学生参与课堂的积极性，更极大地丰富了信息技术课堂的教学生态。因为信息科技学科更多的是注重课堂动手实践，师生之间的互动与其他学科相比少之又少，也很难在课堂上展示好的学生作品，所以在 AI 课堂和 730 智慧评价系统的支持下，学生能够更好地展示自己的成果，并得到相应的评价。

（王宇，本课例曾获苏州市信息化教学能手教学评比二等奖）

大数据背景下小学音乐课堂畅想
——以《彝家娃娃真幸福》为例

【教学内容】

苏少版音乐教材一年级下册第六单元《转圈圈》中的《彝家娃娃真幸福》。

【教材分析】

《彝家娃娃真幸福》是一首采用典型的彝族民歌音调和节奏写成，节奏明快、旋律流畅、短小简洁的儿童歌曲，很适合边歌边舞。作品通过对彝家娃娃在喜庆节日中狂欢歌舞这一生活侧面的描写，热情洋溢地赞美了彝族儿童的幸福生活。歌曲明快活泼，具有舞蹈性的节奏型"ХХ ХХХХ ｜ ХХ Х｜"贯穿始终，"啊哩哩"这一彝家韵味的衬词的运用，极富民族色彩，生动地描绘出一群天真可爱的彝家娃娃身着节日盛装，在山寨空旷的草坪上尽情歌舞的动人场景。

【教学目标】

1. 用活泼、跳跃的声音演唱歌曲。

2. 通过律动、趣味聆听、画旋律线、师生接龙唱等方法发现歌中相同的乐句。

3. 模仿彝族舞蹈动作，边唱边跳，充分感受不同形式的音乐美。

【教学重难点】

重点：能够整齐、活泼地演唱《彝家娃娃真幸福》。

难点：律动与歌唱的协调性、整齐性以及通过音乐手段找到相同乐句。

【教学准备】

彝族服饰、彝族头饰、钢琴、响板、铃鼓、多媒体课件、数字移动终端。

【教学过程】

(一) 彝家初印象 (导入：介绍民族服饰)

教师：请同学们说说，我国有多少个少数民族？你对这些少数民族有哪些了解？

教师：请看，老师手里的少数民族服饰真漂亮，你们知道是哪个民族的吗？今天，老师就和大家一起了解热情的、能歌善舞的彝族。

设计意图：运用多媒体充分展示民族服饰多样性、运用 730 智慧评价系统，随机点名并进行提问与回答，做到及时点评与加分，提高学生学习的积极性。

(二) 彝家娃娃爱唱歌 (重点：聆听、学唱歌曲)

1. 创设情境：彝族正在举行篝火晚会，彝家娃娃们邀请同学们一起加入。

2. 感受氛围：跟着音乐伴奏，请大家围成一个圆圈，一起自由律动。

3. 聆听歌曲：此环节借助大数据 730 智慧评价系统中的点名功能。

(1) 初步感受歌曲速度、情绪 (速度：中速稍快；情绪：欢快、愉悦……)。

(2) 进一步感受歌曲歌词、内容 (彝族小朋友身着美丽的服饰、每天唱歌跳舞开心地生活……)。

4. 学唱歌曲：此环节借助 730 智慧评价系统中的个人、小组加分功能。

(1) 跟随钢琴用"lu"模唱。

(2) 加入响板并带节奏朗读歌词。

(3) 听教师范唱后填词学唱。

(4) 跟随钢琴填词演唱。

(6) 跟随多媒体歌曲范唱、伴奏音乐演唱。

(7) 跟随多媒体伴奏音乐，师生接龙唱、男女接龙唱、分组接龙唱。

（8）尝试跟随教师用钢琴，视唱歌曲简谱旋律。

设计意图： 运用多媒体、钢琴学唱歌曲以及730智慧评价系统进行小组加分，增强学生团队意识，调动学生学习的积极性。

（三）玩转彝家音乐（难点：声势、律动、合奏）

1. 聆听歌曲旋律，找出歌曲中相同的句子，并用图案、色彩或线条在图3-22中表示。

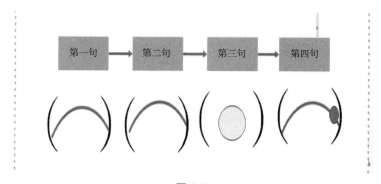

图 3-22

2. 依照图3-23念一念、唱一唱、奏一奏。

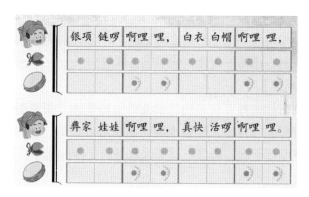

图 3-23

3. 律动歌表演：《彝家娃娃真幸福》。

4. 用活泼快乐的歌声演唱《彝家娃娃真幸福》，并在"啊哩哩"处于图3-24中加入声势。

图 3-24

（四）彝家娃娃爱跳舞（拓展欣赏彝族舞蹈《喜讯》）

设计意图：运用大数据及多媒体，丰富教学内容，通过声势、律动、乐器合奏、欣赏等方式，充分了解彝族音乐，感受音乐文化的多样性。

（五）彝家娃娃送祝福（小结）

亲爱的小朋友们，彝族的篝火晚会就要结束了，彝家娃娃送给我们深深的祝福，他们希望我们永远快乐、幸福……

今天我们通过多种音乐形式（聆听、学唱、律动、声势、合奏）学习了《彝家娃娃真幸福》，在音乐课堂上我们也看到了彝族美丽的民族服装，相信同学们一定比之前更加了解能歌善舞的彝族了，请同学们课下找到自己的好伙伴一起唱这首歌吧！

【教学反思】

大数据时代，教育从"用经验说话"转变为"用数据说话"，通过大数据分析学习行为，能够准确识别学习者特征，预测学习结果，给予个性化学习干预、指导。有了大数据的支持，教与学都将不再盲目，而是更有针对性。

在《彝家娃娃真幸福》的教学中，我们积极探索大数据背景下"慧学"课堂模式，利用数字技术赋能整个教学过程的"教、学、测、评"，实现了"一减一增"，减弱了教学的盲目性，增强了教学的精准性。"教"运用传统音乐教学与大数据智慧多媒体教学相结合；"学"运用情境代入、律动、聆听、学唱、声势等手段推动自主学习；"测"通过"玩转彝家篝火"主题测试学生掌握情况；"评"

运用 730 智慧评价系统中的随机点名和个人、小组加分功能，极大地保证了课堂纪律以及学生学习的积极性。

（林书宇）

大数据应用于体育课的教学实践
——以《跳跃与游戏》一课为例

【教学内容】

苏教版《科学的预设·艺术的生成》三年级上册《跳跃与游戏》。

【教材分析】

三年级上学期的跳跃单元是衔接水平二和水平三的桥梁，具有承上启下的重要作用。本单元教学内容是在上学期学生可以进行移动跳跃的基础上过渡到急行跳跃的过程。通过单跳双落，逐步过渡到助跑几步的单跳双落，让学生体会快速助跑、踏跳区有力地蹬地起跳和摆动腿积极上提的动作要求，从而达到逐步向高向远跳跃的目的。

【教学方法】

运用大数据分析、记录学生完成每一阶段练习的时间和次数；使用运动手环对每个学生的心率进行检测；对本堂课教学效果及课堂练习密度、强度等数据进行分析。

【教学目标】

1. 能说出在踏跳区蹬地踏跳、屈腿越过一定高度的皮筋的动作方法。

2. 能做出积极踏跳、迅速屈腿提起双脚越过一定高度的皮筋的动作。

3. 积极参与练习，相互观摩、相互学习。

【教学重难点】

重点：从踏跳到落地的连贯性。

难点：动作的节奏感和平衡感。

【教学过程】

（一）准备部分

1. 课前准备。

（1）集合整队。

（2）师生问好。

（3）情境导入：以《西游记》为主题，引导学生课上通过学习"本领"，掌握本节课内容。

2. 游花果山。

"小猴子们"围绕小山林巡逻，遇到树上的蟠桃，此时教师发出"摘桃"口令，"小猴子"原地提起一腿，支撑腿脚尖垫起，同侧的手高高举起以"摘桃"，另一只手也配合上摆，做出以上动作代表摘到蟠桃，反复练习。

（1）师生共同执行课前准备，教师宣布本节课的学习任务。

（2）教师讲解演示游戏方式，提出练习要求，进行游戏并观察学生反应。

（3）学生慢跑，听到教师"摘桃"口令迅速模仿"小猴向上摘桃"的动作，在教师的引导下联想跳跃的腾空动作。

（4）教师对学生模仿的动作进行记录与分析。

大数据体现：本环节练习参与度为100%；心率达120~140次/分为15人，140~160次/分为25人，160次/分以上为5人。

3."猴兵操练"。

热身操：提踵—扩胸—展肩—展髋—展膝—开合跳—腾空步动作。

教师播放音乐，在教师的引导下，师生同练，主要拉伸肩、髋、膝及其它关节，律动动感，具有节奏，把起跳腾空的动作加进操中，让学生初步体会起跳腾空的姿态。

大数据体现：本环节练习参与度为100%；心率达120~140次/分为8人，140~160次/分为30人，160次/分以上为7人。

设计意图：根据国家课程校本化实施的相关精神，通过情境导入游戏，提升孩子的注意力，同时结合单跳双落的教学，对学生的反应和腾空动作做到一定的铺垫，也是对课堂资源的充分利用。"猴兵操练"是针对身体各个关节的活动，选择主要参与活动的关节和小肌肉群做针对性的编排，模仿起跳挺身腾空的动作并且加入一些动感的音乐，培养学生的律动感，使学生完全融入到欢快的课堂氛围中。

（二）基本部分

1. "大圣学艺"。

（1）"脚踏筋斗云"：单脚起跳双脚落地。

动作要求："上一步"单脚起跳"筋斗云"（体操垫），双脚平稳落地。

通过情境促进学生们集中注意力，强调"单起双落"，使学生在练习中努力克服易犯错误。

（2）学生扮演"小猴子"的角色，和同伴结伴讨论，在教师的引导下各自做出单跳双落动作。

（3）教师讲解游戏方法与规则，并做出正面和侧面示范，如果踩坏"筋斗云"，同伴必须在原地把"筋斗云"摆好，再继续动作。

（4）正确的踏跳摆臂动作，强调单脚踏跳快速，蹬伸有力，有弹性，上体正直，要有一定腾空高度，双脚轻巧落地。

（5）根据老师的要求，前后相邻学生互相演示并改进动作。

（6）教师根据后台汇总数据对学生练习情况进行分析，表扬认真练习的学生。

大数据体现：本环节练习参与度为100%；心率达120~140次/分的4人，140~160次/分的为30人，160次/分以上的为11人。

2. "高老庄摘瓜"。

把学生平均分为4人一组，1人跳圈，另外3人把圈前移，跳过交换线后摘得地上的"西瓜"后交换跳回，直到4人全部完成。

（1）创设情境：帮助"八戒"完成高老庄任务后结伴同行。

（2）游戏时注意自我保护，与相邻组保持安全距离。

（3）练习时注意控制圈之间的距离。

（4）教师根据后台汇总数据对学生练习情况进行分析，对练习不认真的学生加以引导。

大数据体现：本环节练习参与度为100%；心率达140~160次/分的为33人，160次/分以上的为12人。

3."越过流沙河"。（图3-25）

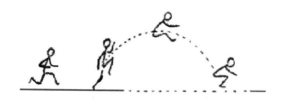

图 3-25

练习：3~4人一组，两人蹲下拉住皮筋两端，另一人助跑几步越过皮筋。

强调动作：有力腿在后，稳定助跑三步，起跳腿快速踏跳，蹬伸有力，双臂和腿协调配合摆动，身体腾起飞跃一定高度和距离后双脚落地。

（1）创设情境："越过流沙河"（不同高度的皮筋）寻找"沙僧"。

（2）教师请跳得好的小组上来展示，同时给予评分维度，让同学们给他们打分评价。

（3）教师通过一定的评价维度激励学生。

（4）学生通过评价维度，再次进行单跳双落练习，并且完成互评。评分过程中教师提醒学生认真练习，对有困难的学生的评分要适度宽松。

大数据体现：本环节练习参与度为100%；心率达140~160次/分的为25人，160次/分以上为20人。

4."师徒展示"。

学生互评评分维度。

踏跳准确有力：3分；空中姿态优美：3分；双脚平稳落地：4分。

（1）根据学生练习时易犯的错误，进行集体纠正，让学生联想"小猴子"在空中的姿态，再结合教师的图片，将具象与实践相结合，反复练习腾空后起跳腿、收腿动作。

（2）练习过程中教师巡回指导，关注学生个别差异，对部分动作不连贯的同学个别纠错。

（3）教师记录学生练习情况。

大数据体现：本环节练习参与度为100%；心率达120~140次/分的为8人，140~160次/分的为30人，160次/分以上为7人。

设计意图："大圣学艺"的设计是为了发动学生的主观能动性，进行多种不同方式的跳，培养学生自主学习、发散思维的能力，为后面"高老庄摘瓜""越过流沙河"做好准备。用踏跳体操垫让学生体会到单脚用力起跳和做腾空动作的感觉，从而对动作结构有更理性的认识。根据技能迁移理论，运用"正迁移"，设计"越过流沙河"（助跑三步单脚跳过一定距离后双脚双落）的练习，有效提高练习密度，增设一定难度，提高学生单跳双落的能力。本课教会学生进行评价，实现学生的自我评价，有利于巩固练习掌握技能。同时为团结集体，鼓励后进生，提示互评时对待同学要宽容友善。学生的学习过程由易到难，层层递进，符合教学相关规律，而又不失游戏化教学的轻松氛围，让学生乐学、善评。

5."猴王争霸"。

教师创设不同难度的关卡，小组内选拔出一位学生代表参加"大闹天宫"。利用2张体操垫摆出4种具有一定高度和距离的造型，在规定轮次小组内成功率最高的即为"猴王"。

（1）教师讲解如何利用2张垫子摆出4种具有一定高度和距离的造型，并逐一做出示范。

（2）学生由易到难摆出不同造型的垫子进行练习。

（3）组织选拔（4轮）成功率高的同学代表本组参加最后大竞赛。

（4）老师点评比赛过程和结果。

大数据体现：本环节练习参与度为100%；心率达140~160次/分的为39人，160次/分以上为6人。

（三）结束部分

1."建造花果山"。

师生一起用垫子搭建自己的"家园"，放松身心，进行艺术创造。

2. 师生共评。

根据每个环节记录的数据对学生的掌握情况进行分析。

3. 道别礼仪。

在和谐气氛中结束本课。

设计意图：该部分从形式上和文字上都是温馨的，在紧张的练习后释放情绪，还锻炼学生的创造力。这个环节可以使学生从身体和心灵上得到放松。

【教学反思】

1. 循序渐进，情境导入，凸显技能学习进阶性。本课以《西游记》为主线，创设"高老庄摘瓜""越过流沙河"等情境，情境设计循序渐进，贴切实际教学内容，增强孩子们对课堂的体验感，以动作的"长度""高度"作为切入点，结合助跑步数增强学生的节奏感和动作的连贯性。

2. 删繁就简，避免讲解过于专业化。为了尽快让学生建立动作表象，使用"脚踏筋斗云"的设计，用生动的语言让学生提高掌握技能的信心，减少学生的心理压力。

3. 技能迁移，培养创造力。本课设计通过"创想跳跃、建造花果山"，充分发挥学生创造力，发散思维，通过设置越过摆放方式不同、难度不同的目标的练习，形成"正迁移"，不仅提高学生自身的技能水平，还提升了思维空间感和创造力。

4. 多元主体，培养学生乐学、善评的思维。在练习过程中，教师划分评分等级，在"大圣显威"环节中，让学生自评与他评，促进学生对技能的掌握和巩固。

5. 数据化体现，通过对比分析，多维度透析学生课堂表现，深层次了解学生掌握技能的情况。

（解文华，本课例曾获 2022 年苏州市教学设计二等奖）

大数据应用于美术课的实践探索
——以《图画与文字（二）》为例

【教学内容】

苏少版美术教材四年级上册第19课《图画与文字（二）》

【教材分析】

《图画与文字（二）》是苏少版美术教材四年级上册第19课的内容，本课属于"造型表现"学习领域。

文字的出现标志着人类智慧的进步。很多古文字都有着不同的历史和艺术价值。学生通过本课的学习，可以领略祖先的智慧，体会文字的演变，欣赏到附着在不同材料上的古文字，立体化地理解文字，感受汉字的魅力，以更加喜爱汉字，珍惜汉字，学好汉字。

【教学目标】

1. 使学生了解象形文字的悠久历史及演变过程，抓住象形文字的特点，初步感受到象形文字生动、优美的视觉效果。

2. 通过对象形文字的图案化表现，培养学生的设计意识，尝试将象形文字运用到生活中，装饰生活，美化生活，提高学生创造美、发现美的能力。

3. 培养学生对祖国文字的热爱，并由此激发学生对古文明、古文字的兴趣。

【教学重难点】

重点：学生观察了解图画文字，学习图画文字的造型特点。

难点：运用图案化的表现手法去美化文字。敢于创造，将文字与图画进行巧妙组合。

【教学准备】

多媒体课件、教师范画、平板电脑。

【教学过程】

(一)视频导入(甲骨文演绎杭州亚运会比赛)

任务1:看一看。(初感"图画文字")

1. 你从视频中看到了哪些运动项目?说一说。

2. 什么是象形文字呢?请同学们带着这个问题从视频中找找答案。(视频展示)

教师总结并引入课题"图画文字"。

设计意图:采用视频观察法,给学生带来直观有效的视觉冲击,让学生对象形文字有一个初步的认识,吸引学生注意。同时培养学生识读图像的能力,最后引出课题。

(二)新授内容

1. 出示鱼的图片,让学生观察鱼的图案在生活中的运用。

2. 通过视频欣赏汉字"鱼"是如何演变的。

3. 教师通过 AI 课堂将游戏发布至学生的平板电脑中。

任务2:玩一玩。

游戏1:猜字连线。请同学们利用平板电脑快速地连一连,完成后点击提交。学生参与、完成情况如图 3-26 所示。

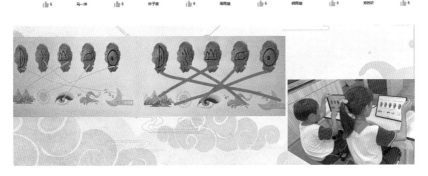

图 3-26

数据分析:应提交人数 45 人,实际提交人数 45 人。

设计意图：基于前面视频的学习，学生对象形文字的特点已初步掌握，游戏1比较简单，正确率为100%。通过大数据教学图画文字，是一个独特的领域，它可以将传统的美术艺术、文字书写和大数据技术巧妙结合在一起，以创新的方式推动教育的发展。

游戏2：看图画一画。学生参与、完成情况如图3-27所示。

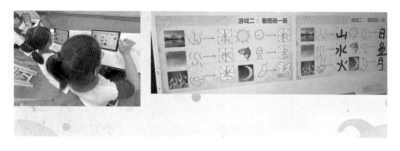

图 3-27

设计意图：采用游戏法，让学生自己发现象形文字的特点。图片中的线条和构图都充满了艺术的美感，教师总结时，可以通过大数据分析和优化的方式，让学生直观地理解大数据的力量，以及它如何改变艺术创作的过程。这种方法适合四年级的学生，寓教于乐，不仅能够充分调动学生的学习兴趣，还有益于学生集中精神和合作能力的形成。

（三）课堂练习

1. 思考如何运用象形文字作画？小组讨论交流，分享各组的想法。

任务3：画一画。（图3-28）

图 3-28

（1）选取1个或几个象形字，大胆发挥想象，用自己喜欢的方式组成一幅图画，使画面生动有趣。

（2）主体突出。

（3）字体有大有小，有疏有密。

2. 教师示范。（利用画图软件进行展示）

设计意图：采用演示法，对生活中常见的物体进行分析，运用概括的方式，结合书写和绘画，更加直观生动地展现象形文字的造字特点。这个过程中，采用讲解法和范图法，使学生理解象形文字可以有不一样的表现形式，发散学生思维，提高学生的创作能力。这一过程，既有教师的示范，也有学生的思维参与。

3. 欣赏其他学生的作品。

4. 学生用平板电脑上的画图软件练习创作，完成后上传。

（四）作品展示、评价

学生利用平板电脑对自己喜欢的作品点赞评价，教师通过学生提交的评价数据，可以发现哪些学生的作品最受大家的喜欢。评价数据见图3-29。

图 3-29

设计意图：大数据可以帮助教师跟踪学生的学习成果，评估他们的水平，并提供及时的反馈。学生在艺术、文字和大数据的融合中找到自己的道路，他们的创造力和批判思维能力得到了提升。这些数据不仅可以用于课堂上的教学，还可以为学生未来的学习提供指导。

（五）拓展延伸

学生除了在生活中广泛地运用象形文字，还可以围绕其进行大胆地创作与想象。教师展示徐冰的《天书》，请同学们自行在网上查阅资料，搜集关于《天书》的介绍，下节课学习《图画文字我设计》。

【教学反思】

在大数据时代，教师可以创造一个互动式的在线学习平台，提供丰富的在线资源，包括视频教程、虚拟现实体验和交互测验等。这个平台可以根据学生的学习进度和反馈进行调整，使学习更加个性化。此外，大数据还可以帮助教师跟踪学生的学习成果，评估他们的进步，提供及时反馈。创新的脚步不会止步于此，在这个平台上，教师还可以引入美术元素，增加学生的参与度，鼓励学生自己设计课程和活动，让他们成为学习的主人。在本节课的教学设计中，笔者通过图画和文字的结合，更直观地向学生传授知识，提升了学习效果。密切美术与其他学科的联系，力求通过美术同语文、信息技术学科的联系与合作，促进学生对相关学科知识的融会贯通。笔者发现，运用多元化的教学方法有助于激发学生的学习兴趣，因此本节课采用小游戏、视频欣赏、小组讨论等学习方式，让学生在互动中学习和成长。随着技术的不断更新，美术教学也需要不断跟进，更新教学内容和教学方法。作为一名美术教师，笔者要不断学习和研究，努力提升自己的专业知识和教学技巧，以更好地应对不同学生的需求。

（王明艳）

大数据视角下的智慧劳动课堂教学
——以《秋分美食》为例

【教学内容】

校本课程《智慧烹饪——二十四节气》中的第3课《秋分美食》。

【教材分析】

传承中华传统节气美食，寓文化于食育。民以食为天，教以育为先。在中国食物的漫长历史变迁中，中华民族创造了光辉灿烂的饮食文化。华中师范大学苏州湾实验小学的智慧烹饪劳动课，围绕中华优秀传统文化二十四节气展开食物种植、食品营养、智慧烹饪科技及饮食文化等教育，确保教学内容及标准紧跟新课程标准的要求，寓教于乐的同时循序渐进地帮助学生掌握相关技能与知识，传承中华优秀传统文化。《秋分美食》是华师苏实小自主研发的四年级劳动课本上册第3课的内容，本课属于"智慧烹饪"学习领域。

科技的发展标志着人类的智慧和技术的进步。针对小学生对烹饪文化认识欠缺的现状，华师苏实小结合学校"智慧课程+五育融合"发展规划，规划建设校园"智慧烹饪"劳动教育实践基地，以"二十四节气"课程为主要抓手，挖掘学校劳动教育实践内容，引导学生参与烹饪制作，传承美食文化，在丰富课余生活、提高动手能力的同时，让学生以自己的方式去感知、体验、发现美食烹饪的乐趣，感受劳动的魅力，收获劳动的成果。

【教学目标】

1. 了解二十四节气的悠久历史及由来，了解秋分节气的时间和习俗，知道秋分节气美食及功效。

2. 通过对秋分时节视频的欣赏和小组合作完成秋分节气美食，培养合作意识，尝试掌握智能料理机的使用方式，提高动手能力和理解能力。

3. 学生用自己的方式感知美食烹饪的乐趣，感受烹饪的魅力，学会秋分节气美食的制作。

【教学重难点】

重点：学生观察了解秋分节气风俗，学习制作秋分节气的美食。

难点：学生对烹饪中的每一步骤时长的掌握，刀具的使用。

【教学准备】

多媒体课件、食材、智能料理机。

【教学过程】

歌曲导入：师生齐唱《二十四节气歌》。

（一）任务1：节气美食 我了解

1. 二十四节气的由来。

学生分为6个组别，通过课前预习，相互分享二十四节气的由来。

古时候，农耕是我国主要的经济活动。古人进行了丰富的观测和研究，通过观察太阳、月亮、星辰等天象来判断季节的变化和农作物的生长状况，逐渐总结出二十四节气。二十四节气不仅可以帮助人们安排农事，还影响了人们的生活习惯和饮食习惯。

2. 节气与食材的关系。

小组讨论回答。节气和食材之间存在紧密的关系。根据节气的变化选择适应的食材，可以保证食物的新鲜度、营养和口感，同时也有助于身体健康。

根据任务1的完成情况，教师为各小组利用730智慧评价系统现场赋分。

教师：谁知道即将到来的是哪个节气？（引出课题）

设计意图：歌曲导入，调动学生积极性，让学生放松心情，愉悦地进入本课学习。从生活中即将到来的节气入手，引导学生关注生活。

（二）任务 2：秋分美食 我知道

1. 观看视频，认识秋分。

通过观看视频，结合自己的认识，说一说你对秋分的认识。

2. 完成游戏，认识食物。

游戏 1：从图中出示的食物中选取秋分节气的当季食物。请同学们利用平板电脑选取正确的美食，完成后点击提交。

游戏 2：营养连连看。学生利用平板电脑将食物与其对应的营养成分相连线，并提交。

3. 数据分析。

两项游戏提交率 100%，正确率 98%。一位学生将菠菜的营养价值与鸡头米混淆，教师细化后重点讲解。

设计意图： 采用游戏引导学生结合生活经历回忆秋分节气的美食，鼓励学生积极回答。大数据分析和优化可以帮助教师给学生更精准的引导。

（三）任务 3：智慧烹饪 我能行

1. 认识智能料理机。

2. 教师示范智能料理机使用方法。

3. 小组讨论分工。

4. 小组学生分工合作，动手实践。教师巡回指导。

5. 学生分享品尝劳动成果，教师利用 730 智慧评价系统现场赋分。赋分结果如图 3-30 所示。

设计意图： 采用演示法，更加直观生动地展示智能料理机的使用方法，方便学生掌握。大数据可以帮助教师及时评价学生的学习成果，并提供及时的反馈。这些数据不仅可以用于课堂教学，还可以为学生未来的学习提供指导和动力。

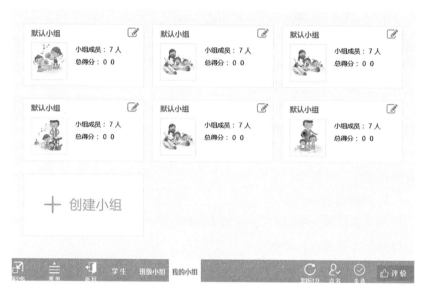

图 3-30

【拓展总结】

白露秋分夜,一夜冷一夜。秋分吃秋菜,期盼家宅安宁,家人身体健康。课后请同学们带着美好的祝福为家人献上一份你拿手的秋菜,在日渐转凉的秋分,为家人送上一丝暖意。

【教学反思】

随着大数据技术的不断发展,劳动教育也面临着新的机遇和挑战。在大数据时代,劳动教育需要更加注重实践性和创新性,以适应时代发展的需要。首先,大数据技术可以为劳动教育提供更加丰富的教学资源。通过分析大量的数据,教师可以更加准确地了解学生的学习情况和需求,从而制定更加有针对性的教学计划。同时,大数据还可以帮助学生更好地理解和掌握劳动技能,提高他们的实践能力和创新能力。其次,大数据技术可以提高劳动教育的效率和效果。通过数据分析和预测,教师可以更加科学地安排教学时间和教学内容,从而提高教学效率。同时,大数据还可以帮助教师发现学生之间的差异和特点,制定更加个性化的教学方案,从而提升教学效果。最后,大数据技术可以为劳动教育提供更加广阔的发展空间。在大数据时代,劳动教育需要更加注重实践和创新,不断探索新的教学形式和方法。通过大数据技术,教师可以更好地整合各种教学资源,开展跨学科的教学和研究,促进劳动教育的创新和发展。总之,大数据技术为劳动教育带来了新的机遇和挑战。在未来的劳动教育中,我们需要不断探索和实践,以适应时代发展的需要。

(刘雅君　谢成辰)

科学课"教、学、测、评"的数字化尝试
——以《电和磁》为例

【教学内容】

教科版科学教材六年级上册第四单元第3课《电和磁》。

【教材分析】

《电和磁》是教科版科学教材六年级上册第四单元的第3课。在这一单元前两课的学习中，学生已经对身边的各种能量有了一定的认识。在这些能量中，电和磁与我们的生活密切相关，是本单元需要重点学习的能量形式。本课"重演"了科学史上奥斯特发现"电生磁"现象的过程，通过亲身实验的方法，引导学生认识到，正是这个发现让原本看似互不相关的电和磁建立了联系，由此开启了近代电磁学的研究，有力地推动了社会的进步。

本课有三个活动：第一，指导学生进行科学家奥斯特做过的实验——通电导线使指南针偏转，经历对新现象进行分析、解释的思维过程；第二，采用使电路短路的方法加大电流，通过实验加大电流使指南针指针偏转角度加大；第三，进行制作通电线圈使指南针加大偏转角度的实验，用线圈代替直导线做电生磁实验，为理解电磁铁的原理打下基础，也为研究小电动机埋下伏笔。这三个活动具有严密的逻辑结构，由浅入深，步步推进。

【教学目标】

科学观念：通过重复奥斯特的实验，知道通电导线和通电线圈具

有磁性，电可以转换成磁；能够应用通电线圈检测废电池并尝试解释废电池是否有电的原因。

科学思维： 用分析推理的方法得出通电导线和通电线圈具有磁性，理解电能和磁能的转化；用比较分析的方法，体会影响通电导体磁性强弱的因素。

探究实践： 操作、体验奥斯特实验，观察、描述、记录使用通电线圈时指南针的偏转情况。

态度责任： 体验科学史上发现电生磁的过程，意识到细致观察、善于思考的重要性，养成严谨细致、实事求是的科学态度。

【教学重难点】

重点：感知通电后的导线和线圈能使指南针发生偏转，建构电可以转换成磁的相关认知。

难点：能对通电导线和通电线圈使指南针发生偏转的现象做出解释，学会用科学的语言表达自己对电生磁现象的理解。

【教学准备】

教师：多媒体教学课件、废旧电池、电池、电池盒、小灯泡、小灯座、开关、短导线、长导线、指南针。

学生：数学移动终端、电池、电池盒、小灯泡、小灯座、开关、短导线、长导线、指南针、学生活动手册。

【教学过程】

(一) 预学监测，反馈调整

1. 明确任务，课前预习

(1) 编写《电和磁》预学单（图 3-31），学生自主预习。

---

1. 温故知新。

(1) 通过前两节课的学习，我们了解到在生活中有着各种能量，你能说出一些吗？

(2) 家里经常使用的能量形式都有哪些？这些能量是如何获得的？

2. 课前了解。

(1) 查阅资料，初步认知奥斯特实验。

（2）回忆简单电路的连接方式，并画出电路图。

（3）阅读书本内容，对实验的结果进行猜测。

3. 自主质疑。

通过预习，你如果还有不明白的地方，就在下面写一写吧。

图 3-31

（2）完成方式。

通过 AI 测评发布提交，截至上课前一天晚上 22：00。

（3）数据分析。

应提交人数 45 人，实际提交 45 人；预学测评数据如图 3-32 所示。

1. 第 1 题正确率 98.7%，个别同学对应不上能量及其获取的方式。

2. 第 2 题（2）正确率 83.2%，第 2 题（3）正确率 72.9%，表明部分同学对简单电路的连接仍有疑问，学生对电和磁的认知与理解存在偏差。

3. 第 3 题自主质疑。不到一半的同学提出的问题具有一定的价值，其中大多数同学基本知道课本中出示的实验步骤内容。14.6% 的同学对奥斯特实验提出疑问，27.4% 的同学对电和磁是否能转换提出疑问，5.3% 的同学提出的问题过于简单。

图 3-32

（4）反馈调整，导入新课。

部分同学对简单电路的连接仍有疑问，教师在教学中要注重指导。教学中，须注意提升学生质疑问难的能力，在明确实验步骤的前提下，须使学生通过规范动手实践的方式体会到电能生磁，让学生有所启发。

2. 聚焦导入，预习反馈

（1）教师引导学生找出教室里的用电设备（预设：电脑、电灯、风扇等），师生明确电在生活中无处不在，并且是因为一位科学家的意外发现将电带到了我们的生活中。

（2）教师简单介绍奥斯特偶然让通电的导线靠近指南针并发现了奇怪现象的故事。

教师：同学们，你们想不想也经历一次奥斯特的发现之旅？今天这一节课我们一起来探究电和磁的奥秘。

设计意图：课前，教师根据本单元结构特征有针对性地设计了一份预学单，并通过大数据教学平台推送给学生，学生按要求自学后完成预学单并提交。教师充分利用大数据系统对学生提交的内容进行批改，可结合系统自动生成的知识掌握情况的学情分析报告全面了解学生情况，对正式上课内容进行适当调整，真正做到以学生为主体进行教学工作。在聚焦导入环节，教师创设合理情境，激发学生探索兴趣。通过应用科学史，引导学生像科学家一样去探索，激发他们的求知欲，从而揭示课题。

（二）探究实践，循序渐进

1. 活动1：通电导线使指南针偏转

（1）教师出示导线、开关、小灯泡、电池等实物材料，提问：你们能用这些材料使小灯泡亮起来吗？

（2）学生举手回答连接思路，教师请一位学生上台连接电路，予以点评，并强调连接时的注意事项。

（3）教师通过投影仪让学生观察连接好的电路，发现闭合开关可以使小灯泡亮起来。

（4）教师出示指南针实物，引导学生思考接下来怎么做，同桌之间讨论，可以参考课本65页相关内容。

（5）教师连续询问几个学生实验步骤，并配以投影及实物演示，展示相关细节。

（6）教师同学生明确实验中需要观察指南针的指针变化以及其他实验操作过程中的注意事项。（预设：首先将指南针水平摆放在桌面上，将电路中的导线拉直靠在指南针上，让导线与指针方向一致。等指针静止不动后接通电流，观察指针有什么变化；再断开电流，仔细观察指针有何变化。反复操作至少三次，过程中需要观察记录下指针的变化情况。）

（7）师生明确：为了避免实验的偶然性，要重复做三次实验，并且每次都要等到指针静止不动才能进行下一次观察，并及时将发现记录在学生活动手册上。

（8）学生进行实验，教师巡视。

（9）学生上台汇报实验发现，教师进行小结：接通电流的时候，指南针的指针会有略微的晃动或者发生偏转，但是偏转的角度较小；断开电流以后指针又会回到原来的位置，该现象的科学用语是"复位"。

（10）教师：同学们知道在这个实验中是什么让指南针的指针偏转的吗？

同学们畅所欲言，教师引导学生发现通电导线可以产生磁性，并小结：电可以产生磁，磁可以使指南针的指针偏转。

设计意图：学生通过亲身实验，初步认识磁场的作用。教师引导学生亲历奥斯特的实验，帮助学生理解电流可以产生磁性，对通电导线使指南针发生偏转的现象进行分析并做出解释。

2. 活动2：加大电流（短路）使磁性增强

（1）学生提出一些能使磁性增强的方法（预设：加大电流、增多导线等）。教师首先引导学生验证加大电流能不能让磁性变强。

（2）教师同学生表明，将之前简单电路中的小灯泡拆走，就可以连成短路电路，此时电路中只有两根导线、一个开关和一个电池。

（3）师生明确实验步骤，教师强调开关接通后就要马上断开，确保实验安全。实验时须注意操作规范，及时做好记录。

（4）学生进行实验并上台交流汇报，教师鼓励学生。

（5）教师小结：加大电流可以使磁性增大。电流越大，产生的磁性就越大，从而导致指南针指针的偏转角度也变大。

3. 活动3：通电线圈使磁性增强

（1）教师引导学生验证第二个猜测，揭示线圈这一概念，并说明线圈接入电路时的一些要点。（预设：将线圈连入电路当中，放好指南针，等指针静止后接通电路观察现象，断开电路后再次观察记录。）

（2）教师再次强调实验步骤，以及短路电路接通电流后要立马断开，注意安全。

（3）学生思考线圈和指南针的摆放方式，师生明确四种线圈的摆放方法：横放在指南针上方、横放在指南针下方、立放在指南针旁边、立放套住指南针，并可以通过实验来研究。

（4）学生四人一组进行实验，教师给予适当帮助。

（5）学生整理好材料，教师请几位学生分享发现。

（6）师生明确：通电线圈的电流越大，指南针的指针偏转角度越大，产生的磁性越强。不同的摆放方法，指南针指针偏转的角度不一样，并且大多数同学都发现，线圈立放套住指南针时，指针偏转角度最大。

设计意图： 教师根据预学反馈的数据和本课的主题要素设计教学内容，通过三个层层递进的实验，让学生亲身感受影响指南针偏转角度变化的因素，初步体验磁性叠加现象，建构电流越大、磁性越强，通电导线能增大磁性这两个科学概念，并能通过分析，认识电与磁之间的关系，攻克本节课的重难点。结合大数据课堂教学平台，教师了解学生对实践探究内容的掌握情况，并在课堂上及时分析讲解，有针对性地解决学生对电能够转化为磁的疑惑。

（三）社区互联、研讨拓展

1. 社区互联

学生在学习社区就如下两个问题发表自己的观点，并对别人的观点进行评价。

（1）想一想：用完的废电池，真的一点电都没有了吗？我们可以怎样检测一下？

（2）动脑筋：磁能转化成电吗？你的理由是什么？

2. 研讨拓展

教师就学习社区的两个问题进行分析讲解。

（1）对于第一个问题，教师使用投影进行实物演示，让学生观察这节废电池是否还有电以及判断的依据是什么。（预设：如果指南针的指针发生偏转，说明废电池有电，只不过电量比较少；如果指南针的指针没有发生偏转，说明废电池真的没有电了。）

（2）对于第二个问题，教师通过学习社区平台了解学生的认知情况，对学生的回答予以点评，并指出电和磁的确能相互转化，鼓励学生课后搜集相关资料，下节课再一起深入探究。

设计意图： 在检验探究实践内容情况的同时，教师通过社区互联、研讨拓展，对课堂内容进行延伸，提升学生的知识迁移能力，引导学生尝试将课堂知识应用于生活实践，提高学生的课堂获得感，激发学生继续探究的欲望，让学生带着问题走出课堂。利用大数据平台报告，及时解决课堂中的共性问题，充分了解并补齐个别问题，致力于学生的全面发展与个性化成长。

【教学反思】

教学过程是教与学相互作用的结合，它凭借直接和间接的反馈连接起来。在大数据时代，信息整合和反馈变得更加全面，速度也变得更加迅捷。借助大数据平台，我们围绕既定目标进行信息的收集、处理和输出。在这一过程中，教师和学生通过信息的输入和输出获得及时反馈，这不仅加强了教学的针对性，也促进了个性化学习的实施。

《电和磁》这一课程的核心是通过三个连贯的探究实验活动，使学生在实践中不断体会通电导线和通电线圈让指南针指针发生偏转的过程，让学生知道电可以转化为磁，并且电流越大，磁性越大；使用通电线圈，磁性更大。教师预先为学生准备了一部分线圈，这节省了课堂时间，这一调整背后还融合了大数据分析。通过分析历年的学习数据，教师发现绕线圈这一步骤在课堂上通常耗时过长，并确定哪些具体环节是学生在理解电磁学原理的过程中最易遇到障碍的，从而优化这些环节，使学生有更多时间去观察、体验并分析"电能产生磁"的概念。

此外，在授课的过程中，教师还运用了大数据平台评估学生对电和磁概念的掌握程度。在实验过程中，通过记录学生的互动数据和实验结果，大数据工具可以帮助我们实时跟踪学生的学习进度，并及时提供针对性的支持和反馈，这种实时反馈对于学生对抽象概念的理解尤为重要。

在授课时，笔者本计划省略了一环节（先用一块磁体靠近指南针，指南针收到磁体作用就会转动），认为学生可以自然而然地理解电能转换成磁。但是，通过大数据实时分析学生的参与度和响应度，笔者发现即使是科学素养较高的班级，也有必要进行这一步骤。因此，笔者添加了一个小实验来加深学生的理解。这个实验的设计，基于对学生历史学习数据的分析。

最后，教师还可以利用大数据将教学内容与现实世界相联系。例如，教师可以分析社会中电和磁的实际应用，引入与学生生活环境相关的问题案例，帮助学生更好地理解抽象概念的实际应用。在处理真实世界复杂问题的同时，大数据可以帮助教师识别关键特征，清晰定义问题边界，使学生不至于在复杂的概念中迷失，而是能够通过解决问题，更好地投入课堂，连接生活，促进其全面成长和个性化发展。

【板书设计】

电和磁

电流 ——→ 磁性 ——→ 指针偏转

电流变大——→ 磁性变大 ——→ 指针偏转明显

通电线圈——→ 磁性变大——→ 指针偏转明显

（金姝冰）

第四篇

大数据应用于教育评价的案例

大数据评价驱动下
学生自主管理的实践研究
——基于华师苏实小 2019—2023 年 "大数据评价" 监测数据的分析

2022 年，党的二十大报告首次将"推进教育数字化"写入"办好人民满意的教育"部分。2023 年 2 月 13 日，世界数字教育大会在北京开幕，国务院副总理孙春兰出席会议并致辞："推动数字技术与传统教育融合发展，创新教育理念、方法、形态，让数字技术为教育赋能、更好服务于育人的本质"。"如何在学校管理中落实数字化教育"，华师苏实小通过五年的时间，进行了一系列实践探索，从数据实证的角度，呈现大数据评价驱动下学生"自主管理"的现状与变化，取得了具有前瞻性的阶段性成效。

一、研究设计：对华师苏实小 2019—2023 年 "大数据评价" 平台监测数据的分析

1. 数据来源与研究框架

本研究的数据主要来源于华师苏实小"大数据评价"平台监测数据，平台设置 19 个子项目系统评价平台，100 多项评价指标。本文通过数据追踪，对参评学生进行数据分析，得到学生自主管理与成效的关系。本次监测对象为华师苏实小 2019—2023 年五年在读学生，参测学生共计 2681 人，有效参测比例为 100%。本研究整合 2681 人参测数据并绘制学生综合评价"画像"，追踪这些学生的测评数据，

根据学生日常表现的变化情况将其划分为"自主管理活跃学生"与"自主管理非活跃学生"两类群体。通过计算不同年级的学生群体中"自主管理活跃学生"与"自主管理非活跃学生"的占比，并对二者进行相关因素、维度的差异分析，可以发现哪类学生群体更积极参与自主管理。而后进一步分析"自主管理活跃学生"具备哪些显著特征，提炼出影响不同年级学生积极参与自主管理的关键因素，探索如何对不同年级、不同起点的学生实施适合的教育策略，助力各类学生的健康成长，实现其自主管理的发展。根据学生在平台的精准评价数据，班主任给予个性化指导，推送适合学生的"靶向"变式训练，实现分层辅导、精准纠正学生问题。

华师苏实小 3~6 年级学生均配置智能终端，辅助自主管理的"小伙伴成长社区"，打造即时的、泛在的、个性化的全时空学生自我管理体系，促进学生自我管理素养发展。我们通过对 3~6 年级学生逐学期信息比对后倒追，进行监测数据追踪比较研究。本研究主要呈现学生数字画像的演变过程，体现因材施教的必要性。

2. 数据处理与呈现方式

本研究采用描述统计、相关性分析、增值评价等多种统计方法。

图 4-1 中的"七尚"评价系统赋分以每学期为一周期，单项总分 100 分。在学校层面，以少先队为核心，明确大队委领导作用，通过"红领巾"楼层式监督岗、片区式帮帮团，建立以学生自主管理为主的监督机制，并以赋分的形式实现学生自主管理。在班级层面，班主任、任课教师根据学生在七个维度的表现，以"魔法棒"、PC 终端、手机端等形式对学生进行赋分。在学生自主层面，借助"魔法棒"评价系统，加强"智慧校园"建设，在校园 OA 平台与泛在学习环境的支撑下，形成自我评价、生生互评的自主评价模式，促进学生自主发展、自主管理。"校比邻"交互系统开拓家长、学校、社会的多维评价，家长与学校可实现实时互动。如某位学生在某个维度获得分值高，学校、家长可以其参照兴趣爱好，进行有针对性的精准指导，进而落实因材施教。

华师苏实验小"七尚"评价赋分标准（部分）

序号	Level 1			Level 2			Level 3			Level 4			赋分方式	数据采集来源（需要注明：老师录入/学生录入/从哪个系统采集）
	名称	单项总分	权重	名称	单项总分	权重	名称	单项总分	权重	名称	单项总分	权重		
7	尚善的品格	100	100%	自主管理	35	35%	个人管理	15	15%	个人卫生	5	5%	班主任每周可以加1次，每次0.5分	学生德育管理系统
										个人纪律	5	5%		
										个人学习	5	5%		
							集体管理	10	10%	课堂管理	5	5%	班主任每月可以加1次，每次0.5分	学生德育管理系统
										课间管理	5	5%		
							德育活动	10	10%	课程实施	5	5%	默认满分，班主任可扣分，0.5分/次	学生德育管理系统
										实践基地	5	5%		
				家庭表现	15	15%	尊老爱幼	5	5%	关爱老人友爱弟妹	5	5%	默认满分，家长可扣分，0.1分/次	家长或学生录入（学生成长档案系统数据对接）

图 4-1

二、研究结果：影响学生自主管理成效的原因分析

根据表 4-1 中的数据可以看出，77.5%的六年级学生在自我规划中一直有明确的目标，62.5%的五年级学生在自我规划中一直有明确的目标，37.5%的四年级学生在自我规划中一直有明确的目标，20.0%的三年级学生在自我规划中一直有明确的目标，12.5%的二年级学生在自我规划中一直有明确的目标，7.5%的一年级学生在自我规划中一直有明确的目标。随着学生年级的增高、年龄的增大和知识的增多，自我规划逐步呈现显现性，学校利用大数据评价的精准研判逐步帮助学生确立较长远的目标，树立持久的恒心。此数据可以看出小学高年级学生有明确目标的占比较高，学生有明确目标，也更能够管理好自己的目标。小学低年级学生有明确目标的占比较低，此数据随年级升高而逐步递增，在四年级时，一直有明确目标的学生占比明显增加。

表 4-1 学生发展目标调查问卷统计表

年级	A		B		C		D	
	人数	占比	人数	占比	人数	占比	人数	占比
一年级	3	7.5%	6	15.0%	17	42.5%	14	35.0%
二年级	5	12.5%	10	25.0%	15	37.5%	10	25.0%
三年级	8	20.0%	14	35.0%	12	30.0%	6	15.0%

续表

年级	A		B		C		D	
	人数	占比	人数	占比	人数	占比	人数	占比
四年级	15	37.5%	13	32.5%	10	25.0%	2	5.0%
五年级	25	62.5%	8	20.0%	6	15.0%	1	2.5%
六年级	31	77.5%	7	17.5%	2	5.0%	0	0.0%

注：A. 一直有明确的目标；B. 经常有明确的目标；C. 偶尔有明确的目标；D. 没有明确的目标。

从表4-2所示数据可以看出，90.0%的六年级学生一直有良好的约束力，85.0%的五年级学生一直有良好的约束力，70.0%的四年级学生一直有良好的约束力，40.0%的三年级学生一直有良好的约束力，17.5%的二年级学生一直有良好的约束力，7.5%的一年级学生一直有良好的约束力。

良好的约束力就是对自己的行为和行动进行规范，对自己的情绪、思想和感受进行控制，从而达到自我调节、自律的目的。自我约束的实质是自我监控。同时，它又是人对自身的生理、心理和行为各方面实施自我认识、自我感受、自主学习、自我监督、自我控制、自我完善的能力。小学生本人既是管理的主体，也是管理的客体。从此数据可以看出小学高年级学生自我约束力较好，小学低年级学生自我约束力较差。

表4-2 学生约束力调查问卷统计表

年级	A		B		C		D	
	人数	占比	人数	占比	人数	占比	人数	占比
一年级	3	7.5%	9	22.5%	19	47.5%	9	22.5%
二年级	7	17.5%	12	30.0%	18	45.0%	3	7.5%
三年级	16	40.0%	13	32.5%	10	25.0%	1	2.5%
四年级	28	70.0%	8	20.0%	3	7.5%	1	2.5%
五年级	34	85.0%	5	12.5%	1	2.5%	0	0.0%
六年级	36	90.0%	4	10.0%	0	0.0%	0	0.0%

注：A. 一直有良好的约束力；B. 经常有良好的约束力；C. 偶尔有良好的约束力；D. 没有良好的约束力。

从表 4-3 所示数据可以看出，72.5%的六年级学生一直能够合理规划时间，55.0%的五年级学生一直能够合理规划时间，35.0%的四年级学生一直能够合理规划时间，15.0%的三年级学生一直能够合理规划时间，7.5%的二年级学生一直能够合理规划时间，5.0%的一年级学生一直能够合理规划时间。任何人刚出生的时候都不具备时间观念，合理规划时间的能力是在成长期间从事某项机械性活动，从肢体记忆的长短中领悟节奏的快慢、感悟时间的长短，再配合其他相关因素产生的。例如清晨、中午、傍晚或该起床了、要吃饭了等。等长到一定年龄段，孩子才能够将生活经验累加在一起，对时间产生认识。因此可以看出学生到了小学高年级才能够对时间产生较强的概念，才能够合理规划时间。

表 4-3　学生合理规划时间调查问卷统计表

年级	A		B		C		D	
	人数	占比	人数	占比	人数	占比	人数	占比
一年级	2	5.0%	4	10.0%	4	10.0%	30	75.0%
二年级	3	7.5%	5	12.5%	4	10.0%	28	70.0%
三年级	6	15.0%	7	17.5%	7	17.5%	20	50.0%
四年级	14	35.0%	10	25.0%	6	15.0%	10	25.0%
五年级	22	55.0%	10	25.0%	5	12.5%	3	7.5%
六年级	29	72.5%	6	15.0%	4	10.0%	1	2.5%

注：A. 一直能够合理规划时间；B. 经常能够合理规划时间；C. 偶尔能够合理规划时间；D. 不能够合理规划时间。

三、问题梳理

监测数据显示，"基于大数据评价的学生自主管理"已初见成效。对小学教育来说，如何适当把握学生自主管理的"度"，以及学生在参与自我管理的过程中，如何持久地调动自主性，是保证学生自我管理持续发展需要解决的问题。

1. 正视学生差异，找准助力不同学业起点学生发展的关键因素

针对低起点的学生，最重要的是培养学生的良好习惯、引导学生

找到适合自己的自我管理方法，进而培养学生的组织力和自我管理能力，也就是说，要重点提升低起点学生的自我管理能力。对于中起点的学生来说，养成良好的自我意识和习惯更为重要。

2. 面向全体学生，通过大规模因材施教让"五育"并举有实效性

面向全体学生、着眼全面发展，帮助学生形成良好的品质，塑造正确的行为，建立亲密的人际关系等。在实施"五育"并举的同时，实施差异化教育。坚持因材施教，开展精准干预。基于大数据平台提供的数据，促进学生自我管理决策的最优化和教育干预的精准化。在大数据评价的驱动下，从基于经验到基于证据，从一视同仁到因材施教；在大数据评价的带动下，"五育"并举更具有个性化。

四、呈现途径：打造五维空间，落实"五育"并举

1. 大美儿童"自画像"评价平台

大美儿童漫步成长社区的自主养德体系主要由四大行动组成。见图4-2。

图 4-2

一是成长社区的系统构建。打破实境社区到虚拟社区的时空壁垒，延伸儿童社群对话的空间距离，为儿童自主养德提供适切的成长环境。

二是成长型课程系统的建构。开发遵循儿童成长规律、贴合校园文化建设的课程资源，全方位开展儿童自主养德成长实践课堂。

三是自主养德的大研学实践体系建设。建立校内外自主养德实践基地,采用线上线下双轨并行的模式,推进研学实践活动,促进学生自主养德体系发展。

四是大美儿童"自画像"评价平台共建。创新儿童自主养德评价体系,开拓多平台并行、多维度指向的儿童评价体系,助力儿童自觉成长、自信成长、自为成长、自新成长。

2. 虚拟社区交互平台

以学生自主创建的讨论组为单位开展管理工作,为保证成长社区资源具有共享性、共识性,小组自主管理的模式需精细化,成员责任划分需科学化。小组成员一般为8名学生、1名家长、1名老师、1名社区工作人员,形成家、校、社三位一体的共育平台。其中8名学生尽量避免同质化,尽量选择包含各类型、拥有不同特长的学生,让所有的学生都找到存在感,发现自己的重要性,在各自擅长的领域成为团队的引领者。小组中有不同的责任分工,有的分工固定,有的分工则需要根据实际随时调整。

虚拟社区以学生自主创建的讨论组为中心,完成活动的组织、开展,通过问题讨论、作品上传、作品评价、荣誉展示等形式呈现活动的过程与成果,帮助学生随时随地开展自主养德行动,形成儿童自主养德的良性社区环境。

3. 自主劳体正心课程

坚持"五育"并举的劳育范式是培育新时代少年的要求,也是落实"五育"并举行动的有效路径。以此为基础开发的劳体正心课程涵盖教育各领域,以几大课程分支组成,包括规范儿童行为习惯的"华采少年课程",内化儿童精神世界的"谦谦君子课程",深化儿童劳动体验的"劳动+生活课程",强健儿童身体素质的"体教融合课程",根植儿童文化基因的"节气·生活课程"。

4. "魔法评价"系统

"魔法评价"系统立足于学校常规管理的基础评价平台,包含"基本情况""行为习惯""课程学习"三大序列,"学习兴趣""交际能力""归整习惯""创新实践"等多项评价指标。它贯穿于学生整个校园生活之中,及时分析学生学习与生活各方面的现象观察结果和数据,给出必要的帮助与指导,同时形成一份《学生发展形成性评价报告》,全面、翔实地评价学生自主养德的情况。

5. "校比邻"自主评价交互系统

为实现传统教育与互联网思维的跨界融合,联合家庭力量实现自主养德的跨区域实践,学校开发"校比邻"交互系统,构建家校沟通的桥梁和纽带,让家长参与学生的自主养德评价,通过线上交互活动,让评价变得更及时、更准确、更全面,让学生成长的数字画像更立体。在逐步推进中,使学生的自主管理能力得到跨越式提升。

苏霍姆林斯基说过:"真正的教育是自我教育。"我国当代著名教育家魏书生也提出:"用孩子心灵深处的能源,去照亮孩子的精神世界,显然是最节省能源的方法。"可见,学校对学生的管理不应是老师对学生进行强制的"他律",而应让学生主动"自律",自我约束、自我改进。

华师苏实小现有班主任的平均年龄为29岁,这些教师年轻有朝气,但是缺乏工作经验,很多时候在班级管理上效率较低。利用大数据理性分析,培养和锻炼学生自主管理的能力,不仅能使学生的自身能力在学校教育活动中得到积极、主动、健康的发展,还能让班主任从烦琐的事务性工作中抽出身来,将工作重心转移到对学生个性化的指导上,有更多的精力去备课、上课。借助大数据平台来辅助管理,大大减轻了教师的工作负担,收到了事半功倍的效果。

(单保凤,本文曾发表于《科学新生活》2023年第21期,此处稍作修改)

大数据背景下
小学一年级班级管理的创新实践

在教育领域迈入数字化时代的当下,我们背负着传统教育评价体系转型的重要任务。《深化新时代教育评价改革总体方案》和《义务教育质量评价指南》的发布,标志着我国教育评价体系进入全面提升综合素质评价的新阶段。这一阶段的核心在于培养学生的理想信念、爱国情怀及品德修养,同时激发学生的知识追求和奋斗精神,全面增强学生的综合素质。

"智慧校园"的构建和实施,正是在宏观政策的导向下进行的,其以"五育"并举的教育理念为指南,旨在通过高度信息化的手段,打造更高效、更智能、更具前瞻性的教育环境。在这样的环境中,大数据技术的应用成为提升教育质量的关键。通过对学生学习行为、心理发展和社交互动的多维度数据的采集与分析,大数据评价系统能够为教师提供全面、客观的评价结果,这不仅有助于教育者了解学生的综合素养水平,还能够精确指出每个学生的优势和改进空间。

利用大数据评价,我们可以对学生的学习成果进行细致分析,从而在教学过程中更好地引导学生树立正确的价值观和人生目标。这种评价方式强调个性化和差异化,鼓励学生在自己擅长和感兴趣的领域深入探索,同时在自身仍有不足的领域积极补充和提高。这样的评价不仅仅停留在学习成绩上,更加注重学生品德、创新精神和实践能力的培养。

一、大数据评价对班级管理的影响

在现代教育体系中,数据化管理已经成为提升教学质量和班级管理效率的重要工具。本文旨在评估大数据评价系统对小学一年级班级管理的影响,特别是对学生行为、德育发展及个性化教学方案的制订的影响。通过对 1845 名学生家长进行问卷调查,我们获得了学生行为和德育发展的前后对比数据,同时也对教师如何利用大数据制订教学方案进行了分析。见图 4-3。

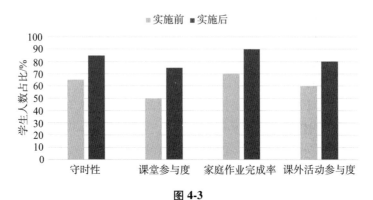

图 4-3

1. 有利于改善学生行为

大数据系统的引入显著改善了学生的行为表现。在应用大数据评价系统之前,学生的守时性、课堂参与度、家庭作业完成率及课外活动参与度等指标处于较低水平。系统应用后,我们通过统计分析软件生成的柱状图观察到,学生的守时性从 65% 提升到了 85%,课堂参与度从原来的 50% 增加到了 75%,这表明学生的课堂积极性得到了显著增强。

2. 促进德育发展

德育发展是班级管理的核心部分。我们利用大数据评价系统记录学生的每一项德育活动,并对其进行积分管理。系统中的数据显示,在应用评价系统后,学生在自我管理能力方面的提升尤为明显,家长满意度从 70% 提升至 90%。学生的社会责任感也有所提高,在参与社区服务和环保活动方面的表现更为突出。

3. 助力制订个性化教育方案

在个性化教育方案的制订上,大数据系统提供了强大的支撑。通过分析学生在各学科的表现数据，系统帮助教师识别出学生的兴趣和潜力。例如，在数学学科中，使用大数据评价后，教师能够为表现出较强数学能力的学生提供更深层次的数学问题，从而激发学生的学习兴趣。

4. 方便数据比对与分析

为了更准确地量化大数据评价系统的影响，我们设计了一系列的图表来比对应用系统前后学生的变化。数据分析中的柱状图清晰展示了学生行为改善的具体数据。例如，守时性和课堂参与度的提升，都体现了学生日常行为习惯的积极变化。

此外，我们还通过散点图和折线图对比分析了学生在德育发展上的进步。例如，散点图中，每个点代表一个学生的德育发展评分，通过对比发现，评价系统应用后学生的平均德育评分有了显著提高。

在个性化教育方案的制订上，我们利用雷达图来展示学生在不同学科的表现。雷达图中的每个轴代表一个学科，轴线的长度表示学生在该学科的表现程度。通过分析雷达图，我们观察到学生在数学和科学领域的表现得到了显著提升，这与教师提供的个性化学习计划紧密相关。

二、数据驱动的个性化教育实施策略

在当今教育领域，个性化教育的重要性日益突显。在小学一年级这一起始阶段，适应每位学生独特需求的个性化教育策略，对于他们的长期学习和社交发展至关重要。大数据的应用为实施个性化教育提供了新的途径，使得教育者能够根据学生的兴趣、能力和学习风格制定教学计划，从而促进每个学生的全面发展。（图4-4）

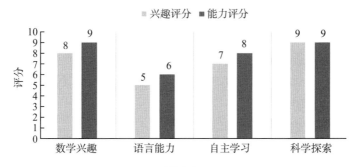

图 4-4

1. 个性化教育的理论基础

个性化教育理念认为教学应当根据学生的个体差异进行调整，以适应每个学生的特定需求。这种教学方法需要教师对学生进行全方位的了解，包括他们的背景知识、学习动机、认知能力和情感态度。通过对学生综合素养的多维度评价，教师可以制订出更加精确和有效的教学方案。

2. 个性化教育的数据收集

要实现真正的个性化教育，关键在于详尽地收集有关学生的信息，然后对这些信息进行分析和应用。数据化班级管理系统在这一过程中起着至关重要的作用。表 4-4 展示了个体综合素养的评价分析维度，这为我们理解学生提供了一个全面的框架。

表 4-4 个体综合素养评价分析维度

学生综合素养	评价指向			
	个体	学校	家庭	社会
文化基础				
自主发展				
社会参与				

在表 4-4 中，我们可以看到评价指向包括了个体、学校、家庭和社会四个主要维度。这种多维度的评价使教育者可以从不同角度了解学生，并据此设计个性化的教育计划。

3. 数据驱动的教育计划设计

在大数据系统的支持下，教育者可以对每一维度进行详细分析。例如，通过分析学生在文化基础上的表现，教师可以了解学生在语言、数学等基础学科上的能力水平，以及他们在艺术和体育等领域的兴趣和才能。通过分析自主发展维度，教育者可以评价学生的自我管理能力、学习动机和学习策略的使用情况。社会参与维度则涉及学生的社交技能、团队协作能力以及对社会责任的认知。

4. 个性化教育计划的实施

在个性化教育计划的实施过程中，数据的持续收集和分析是至关重要的。教育者需要定期检查学生在各个维度上的表现，并据此调整教学策略。例如，如果数据显示某个学生在文化基础方面进步缓慢，教师可能需要提供额外的支持和资源，帮助学生克服学习障碍。

5. 案例分析：大数据在个性化教育计划中的应用

本案例展示了大数据如何在制订和实施个性化教育计划中起到关键作用。

我们选取了小学一年级的两名学生 A 和 B，通过对这两名学生的学习数据进行分析，教师得以制订出更加精细的教育计划。

案例 1：学生 A 的数学与语言学科发展

学生 A 在数学学科表现突出，但在语言学科，尤其是语言理解方面面临挑战。通过大数据分析，我们可以详细了解学生 A 在不同学科的表现并进行比较。见表 4-5。

表 4-5 学生 A 的学科表现及成绩提升情况

学科	数学表现	语言理解能力	教学干预前成绩/分	教学干预后成绩/分	成绩提升/分
数学	强	—	92	94	2
语言	—	弱	65	75	10

为了解决学生 A 的问题，教师为其设计了一套个性化教育计划，其中包括用图形辅助阅读的阅读材料，以及将数学逻辑应用于解决语言问题的练习。这种利用学生的数学强项来辅助其语言学习的跨学科方法，激发了学生的兴趣，取得了显著的成效。

案例 2：学生 B 的自主发展与社会参与

学生 B 在自主学习方面表现出色，但在团队合作方面存在明显短板。大数据分析显示了学生 B 在不同社交活动中的参与程度。见表 4-6。

表 4-6 学生 B 的自主学习与社会参与表现情况

维度	个人项目完成率/%	团队活动参与度/%	教学干预前表现/分	教学干预后表现/分	表现提升/分
自主学习	90	—	85	88	3
社会参与	—	40	35	60	25

针对学生 B，教师通过大数据系统分析了其在各类团队活动中的表现，发现其往往选择独立完成任务。为了提升学生 B 的团队合作能力，教师鼓励其加入学校的科学小组项目，并为其明确了团队角色和责任。此外，教师还安排了定期的反思会和讨论会，帮助学生 B 理解团队合作的价值。

通过对学生 A 和 B 的案例进行分析，我们可以清晰地看到，大数据在个性化教育计划中的应用不局限于学习成绩的提升，还包括社会技能的发展。大数据分析为教师提供了深入了解学生个体差异的机会，从而能够设计出更加有针对性的教育方案，促进学生多方面的发展。

三、大数据支持下的家校合作模式

在教育数字化转型的时代，大数据技术在强化家校合作方面发挥着日益重要的作用。家校合作已被广泛认为是提升教育质量的关键因素之一，而大数据技术的引入则为家校之间的信息共享和沟通交流提供了一个有效的平台。本部分将详细探讨大数据支持下的家校合作新模式，以及这一模式是如何促进教育参与者之间的有效互动的。

1. 家校合作新模式

传统的家校合作往往受限于时间和地点，家长对孩子的在校学习情况了解不足，沟通也局限于偶尔的家长会或电话交流。而大数据系统的引入打破了这一局限，使家长能够实时接收到关于孩子学习和行为表现的数据反馈。这种实时性和透明性大大增强了家校合作的质量，提高了家校合作的效率。

2. 数据共享与互动沟通的实践

在数据共享方面，大数据平台使得家长能够实时查看孩子的学习报告、行为记录和参与活动的情况。例如，平台上的仪表板可以显示学生的出勤率、课堂参与度、作业提交情况和考试成绩。家长不再需要等待家长会，就能够及时了解孩子的在校表现，并在必要时与教师进行沟通。

在沟通交流方面，大数据平台提供了多样化的沟通工具，如即时消息、电子邮件和虚拟会议室。这些工具让家长和教师之间的交流变得更加便捷和高效。家长可以通过平台直接向教师提问，教师也可以通过平台向家长反馈学生在学习和行为上的进步或需要注意的问题。

3. 家校合作的成效与挑战

通过大数据平台实施的家校合作模式已经在多个学校得到了应用，并取得了显著成效。家长、教师和学生之间的互动更加频繁和深入，教育过程变得更加透明和协同。然而，这一模式也面临着挑战，出现了例如数据隐私保护、技术使用的培训缺失以及不同家庭访问技术资源的不均等问题。

四、大数据与学生自主管理的班级新策略

在当代教育环境中，班级管理正逐步从教师主导转向学生自主管理。大数据技术的应用是这一转变背后的推动力，它不仅为教师提供了更加精确的教学反馈，而且赋予了学生更多的自我管理责任。本部分将探讨大数据在班级管理中的应用，尤其是在提升学生自主管理能力方面的影响。（表 4-7）

表 4-7 班级管理中的大数据使用多维度体现

班级	大数据使用度	学习自主性	时间管理	团队合作	自我反馈	总体自主管理提升
班级 1	高	中	中	高	高	显著
班级 2	中	高	高	中	中	显著
班级 3	高	中	中	中	低	中等
班级 4	低	低	低	高	中	轻微
班级 5	高	高	高	高	高	显著
班级 6	中	高	中	低	中	显著
班级 7	中	中	中	高	低	中等
班级 8	高	中	中	中	高	显著
班级 9	低	低	低	高	中	轻微
班级 10	中	中	高	中	中	中等
班级 11	高	高	高	中	高	显著
班级 12	低	低	低	高	低	轻微

在大数据的支持下，教师可以收集和分析学生的行为模式、学习习惯及参与度等多维度信息。这些数据不仅能够帮助教师实时监测学生的学习状态，还可以被用来培养学生的自我认知和自我调节能力。例如，通过大数据系统，学生可以直接了解到自己的学习进度、课堂表现和家庭作业完成情况。这种透明的信息共享机制鼓励学生主动承担起学习责任，形成自我驱动的学习动力。

更进一步，大数据还可以辅助教师和学生共同制订个性化的学习计划。基于每个学生的数据分析结果，教师可以与学生讨论其学习目标，共同制订可行的行动方案，并持续跟踪学生的学习进展。这样的协作过程不仅加强了师生之间的互动，也使学生能够更好地理解并实践自主管理。

为了量化大数据评价对提升学生自主管理能力的影响，我们可以创建一个专门的评估表格。该表格将记录并比较大数据系统应用前后的学生自主管理能力的变化。通过这种方式，我们可以直观地看到大数据系统如何提高学生的自主性。

通过大数据评价系统的有效运用，班级管理的效率和质量都得到了显著提升。学生通过自主管理，不仅在学习上取得了进步，更在自律和自我激励上有了明显的成长。这种以学生为中心的管理模式，符合新时代教育的发展趋势，有助于培养学生的全面发展能力和终身学习习惯。在未来，这将成为教育创新和教学改进的重要方向。

在教育现代化的浪潮中，班级管理的新模式——以学生为中心的自主管理模式正在逐渐成形。在这一模式下，学生的发展不再受限于传统的、一成不变的教学模式，而是拥有了更广阔的发展空间。教师的角色也随之发生了根本的转变，他们不再是单一的知识传递者，而是变成了引导者和协助者，和学生一起构建一个充满合作与共的成长氛围的学习社区。

大数据技术在这一转型过程中扮演着至关重要的角色。通过大量收集和分析学生的学习行为、成绩变化、社交互动等数据，教师能够获得一个全面的、多维度的学生画像。这些数据不仅仅是冷冰冰的数字，它们能够帮助教师理解每个学生的独特需求和潜力，为每位学生量身定制发展计划。

在未来，班级管理将更加个性化，这意味着教育将更加注重满足每位学生的个性化需求。学生将不再被动地接受教育，而是积极地参与到自己的学习规划中来。例如，一位对科学有浓厚兴趣的学生，通过大数据系统，可以被推荐参加科学俱乐部、科学竞赛，甚至是与科学相关的社区服务项目。学生的每一项活动、每一次互动和每一次成绩的变化都被记录下来，形成数据反馈，帮助他们在成长道路上不断调整和前进。教师也将采用更加灵活的教学策略。在大数据的辅助下，教师可以根据学生的学习情况实时调整教学计划。课堂上，教师可以根据学生的反馈实时调整教学内容和节奏，确保每个学生都能跟上课程的进度。在这个过程中，学生的自主性和创造力得到了充分的尊重和发挥。

在这种以学生为中心的管理模式下，班级变成了一个共同成长的学习社区。学生、教师、家长乃至整个社会都是这个社区的一部分。学生可以在这个社区中找到志同道合的伙伴，共同探索知识的海洋。教师可以在这个社区中分享自己的教学经验，持续提升自己的教学技能。家长可以在这个社区中了解自己孩子的学习情况，为他们的成长提供支持。

在大数据的帮助下，未来的班级管理将是一个以学生为中心，充满活力和创造力的智慧生态系统。在这个系统中，每位学生都能找到适合自己的发展路径，每位教师都能发挥自己的教育智慧，每位家长都能成为孩子成长路上的坚强后盾。这是一个共同探索、共同创新、共同成长的未来，它将会是教育改革和发展的重要方向。

（谢成辰）

"可视化"评价：
班级管理不再跟着感觉走
——大数据背景下班级管理实践案例

教育的宗旨是培养德、智、体、美、劳全面发展的社会人才，其中德育被放在第一位，足见德育的重要性。德育也是学校的灵魂，是学生健康成长和学校工作的保障。德育改革是教育改革的重要内容，在信息环境下，青少年道德教育的主渠道、主阵地、主课堂都发生了变化。在新的历史形势下，推进信息技术在德育改革中的应用，构建网络道德的信息技术文化显得尤为重要。那么，如何在大数据环境下让信息技术发挥更大作用，从而对学生的思想品德产生重要的影响，是教育者当前面临的重要课题。

一、设计目的

由于时代的进步，二十一世纪以来我国在科学技术上取得了十分显著的成就，所以在班级管理上，如何更好地运用多媒体技术开展课程，并且在班级管理中设计积分管理制度、提高班级纪律、建设学风班风、促进班级高效管理、提高学生学习质量与效率也成了教师思考的问题。在实践中，笔者通过多媒体开展趣味课堂，设计了班级积分管理、分组管理方案，并且进行数字监控，更好地促进学生学习质量的提升，并且在实践中提高了学生的学习兴趣与班级管理的整体质量。班级作为学生学习的汇聚地，良好的班级风气可以很好地提升班级的学习氛围与学习质量。通过创新设计方案、实践管理，笔者形成了班级管理的案例，现对此进行展示，希望能够为班级管理提供相关参考建议。

二、学情分析

1. 过往模式

在过往的班级管理中，我们采用的管理制度是班干管理制度，即班干辅助教师对班级进行管理。这是一种较为传统的管理方式，由教师对各位班干进行职权划分，班长管理全局，进行职责分化，学习委员负责学习与作业收集，纪律委员负责班级风气及纪律管理，班长统领全局，文体委员管理文艺事项及体育事项。过往班级管理模式情况见图4-5。

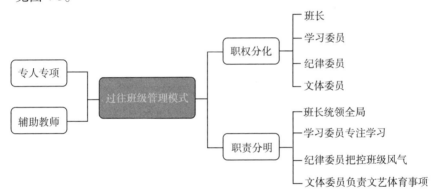

图 4-5

在实际管理中教师采用记名制度与刚性管理制度，对于表现不好的学生进行批评指正，表彰表现良好的学生。

2. 短板分析

笔者所管理的班级一共有44名学生，经过长时间的观察了解，笔者发现该班在管理上存在着一定的问题，班级学生存在着精神懈怠，遇到困难不愿积极面对、拖拉、互相推诿的情况，在班级各类事项的处理上过于依赖班干，导致班风在整体上存在一定的问题。为了应对这些问题，笔者通过改变班级管理制度，促进班风改善；利用互联网技术对学生的成绩变化进行实时监控，提升学生的学习效率；针对性地开展分组活动、趣味引导项目来提高学生的自主学习兴趣，加强班风建设。

三、实际操作

1. 设计趣味丰富课堂

在班级管理建设前期，为了更好地提升学生的学习兴趣与积极性，笔者在班级内组织开展了多项户外游戏，如两人三足、拔河比赛、打羽毛球等需要分组的各项比赛，更好地培养学生的团结精神，一改过往的班风学风，全面建设起了一种积极乐观的班级风气。在课下，笔者充分融入学生群体，了解学生的兴趣爱好，改善自己的教学模式，以兴趣爱好为标准进行班级分组，更好地帮助班级进行学风建设，一方面改善了班级的学习风气，另一方面也能了解学生的性格与兴趣，增进了师生感情。

在重点知识点课程教育之后，笔者在班级开展趣味问答活动，确保学生能够理解到核心知识，并且充分发挥学生的自主学习兴趣与思考能力。在趣味问答活动中，也能够较好地提升学生对于知识点的灵活掌握程度。

在教学开展中，教师只是引导者，对学生的学习做出一定的积极指导与引导，促进学生建立属于自己的理解方法与学习方法。笔者始终坚持以学生为核心，在促进学生自主学习和跨界学习中，培养、发展学生的核心素养。用真正的教学、优秀的课堂来支撑核心素养的培育和发展，为学生的核心素养提供良好的、丰厚的土壤，让学生更好地学习与进步，并在日后的学习中发挥出更好的自主学习的能力。

2. 设立班级管理之星

在班级管理建设后期，笔者积极向学生征求意见，向一些提出有效意见的学生颁发"班级管理之星"的荣誉称号，并鼓励其他学生向其学习，更好地培养学生对于班级的归属感与集体荣誉感。管理方法根据实际情况进行改变与建设，从整体上更好地促进了班级管理水平建设，并且全面提升了学生的集体荣誉感，使大家能够团结一致，更好地建设班级。在形成集体荣誉感之后，整个班级的抗挫教育就得以实行，更好地促进了全班学生的品德建设。

3. 建设班级积分管理

笔者之前常常以简单的方式来解决班级问题。比如不问缘由地制止，对犯错的学生予以训斥；没有细心地去理解学生行为背后的原因。所以在班级管理上，出现了一定的问题。此次抗挫教育开始时，笔者首先对自身问题进行了总结，向学生展现出勇于承担责任的姿态，引导学生更好地去承担责任。

然后，笔者以自身为榜样，制定了班级公约，师生一起制定了违反公约的扣分制度，每月底核算一次，期末核算一次。月底时，学生的分数在 90 分及以上会有奖励，如果在 100 分及以上会有大表彰；如果分数低于 60 分，笔者也会和对应的学生及时沟通谈心、分析原因。另外笔者还精心分组，在每一个小组设立一名纪律小委员，纪律小委员由纪律委员总管。在常规活动以及班级教学或者答题时可以加分。

4. 数字学情分析模式

在对学生的学情监测上，笔者定期对学生的具体表现运用大数据进行评分，评分的板块如图 4-6、图 4-7、图 4-8 所示。

大数据评分及监控逐渐影响到学生的具体表现。在进行一段时间的观察后，笔者发现一些上课不爱发言的学生变得主动了，在平时的生活中也更加注重团结了。

图 4-6

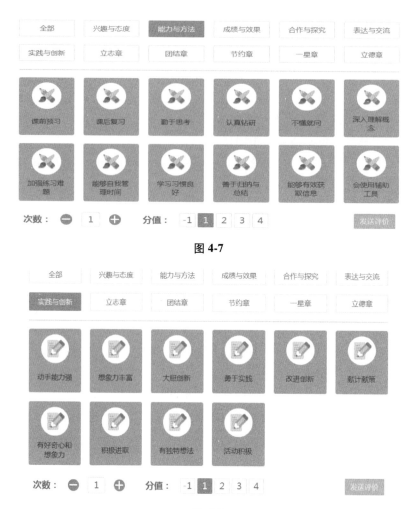

图 4-7

图 4-8

通过大数据评分及监控，可以对班级学生的学情进行统一分析。为了促进学生之间的学习与竞争，笔者按月制作荣誉评分榜。对表现良好的学生进行荣誉上榜及表彰活动，很好地促进了学生之间的鼓励与学习，提升了班级的学习风气；对于近期表现出现问题的学生，笔者深入分析，了解具体情况，并且给出方法让其问题及时得到改善。

在班级管理建设上，笔者想以班上的一名学生——晓明作为案例进行介绍。在平时教育中笔者发现晓明在性格上存在一些小问题，于是笔者在对晓明的家庭情况进行了详细了解后，便同任课老师及时进行了家访，再根据多方资料及情况进行总结，最后倾听晓明同学的内心想法。笔者意识到，要站在孩子的角度去解读其行为背后的原因，不能一味对孩子的行为进行指责。比如在一次学习中，他与小锋在课堂上起了冲突，当纪律委员将晓明与小锋带到笔者身边时，笔者会先入为主地认为晓明又犯错了，可是后来通过了解，笔者才知道，晓明是因为小锋不小心用笔画在了他的校服上，而小锋又没看到，所以两人就打闹起来了。对于这样的学生，我们需要走进他们的内心，尝试站在他们的角度去看待问题，聆听理由，在客观分析完原因后再进行教育，这样的教育才能让晓明信服，才能使我们真正走进学生的内心世界。

在深度了解晓明的各方面情况后，笔者分析得出晓明出现这种问题主要源于家庭的溺爱。在以往的成长中，他养成了一种以自我为中心的认知，觉得自己在学校也会得到像在家里一样的中心地位，可这样的心理导致其他同学不太愿意与晓明交往，当他发现自己并不是团体中心时，他想要去融入团体，已经有一点迟了。因为孤独，晓明产生了一定的破坏心理，而他越是这样做，同学们就越不能接受他，这就造成了恶性循环，是晓明团结意识缺失的一个具体表现。

随后笔者运用了大数据评价系统，对晓明进行具体数据分析。晓明对这样一种新鲜的管理方式十分感兴趣，并且在平时生活中，看到笔者在电脑上对其进行加分，心理上感到满足，因此越来越规范自己的行为，并且主动、积极地学习了起来。

笔者将晓明改变过程中的想法及改变内容分享给其他同学，晓明在改变后，也积极运用自身的改变经历去影响周围的学生，更好地促进了班级学生的学习兴趣。

5. 分组教学开展活动

针对班级整体学情，笔者开展了分组教学活动，一个小组的组员分类必须由优秀、良好、需努力三种不同层次的学生组成，每组中各个层次的学生占比相同。笔者在班级管理系统上进行备份，然后在多媒体班级管理系统上进行统一评价，每月最后一个周五评出优胜组，这样很好地促进了学生的学习兴趣。评价是组间评比，便于组员间互相帮扶，从整体提升班级学习水平与知识掌握度。

分组采用先进生带后进生的原则，进行一对一帮扶，提升后进生的学习状态，并且在帮扶的过程中也能够促进先进学生对知识的重温与巩固。

四、对策建议

小学中高年级学生的自我意识有较大的发展，他们开始用成人提出的要求来要求自己，努力使自己成为"好孩子"。但是在努力让自己变得更好的时候，难免会出现挫折，此阶段的学生责任意识不完善，所以在整体的发展中，还存在一些问题。对此，笔者有以下两方面的建议。

1. 建立科学的互相监督模式

在进行教育质量提升方面，教师需要注重在教育中体现学生的主体性，促使学生更好地对教育思想进行总结与归纳，使得学生的思维得到提升，促进学生得到更好的发展。在进行学生主体性教育中，可以培养学生爱学习的态度，促进学生的实际发展。在教育中可以促进学生自主思考，提高学生的自主学习意识，推动教育的全面发展与高质量发展。而在几次的教学开展中，笔者发现，在尊重学生主体性，引导学生自主学习上，我们存在着一定的短板。在班级管理上，存在着划分职能较多，管理不够高效的问题，并且在后期还会出现学生"收买"组内纪律委员，搞小团体的问题，这样的问题会极大地影响到班级管理的公正性，所以在后期要注重提升公正性，设计出更加严格科学的互相监督模式，提升班风建设。

2. 构建合理的班级考核标准

班级不仅仅是学生的班级，更是教师的班级，所以在进行班级管理时，笔者考虑将自己纳入班级公约考核中，与学生一起接受班级公约的管理，以自身为榜样，提升班级风气，并且构建合理的班级考核标准，有针对性地对班级进行统一管理，促进班级全面发展。

在教学上，笔者会积极与学生互动，提升课堂的有效性与互动性，使得整体课堂更加生动、有趣，并且能够更好地促进师生交流。同时，利用互联网对学习任务进行精准化提质减负，如利用互联网对同类型知识进行总结，帮助学生们举一反三，提高学习效率。

（王亭亭）

数字画像：指向个体综合素养的大数据评价实践

中共中央、国务院印发《深化新时代教育评价改革总体方案》，要求各地区各部门完善综合素质评价体系，切实引导学生坚定理想信念、厚植爱国主义情怀、加强品德修养、增长知识见识、培养奋斗精神、增强综合素质。教育部等六部门关于印发《义务教育质量评价指南》的通知规定，要"坚持育人为本。面向全体学生，注重综合素质评价，促进全面培养，引导办好每所学校、教好每名学生。"在这些政策引领下，结合"智慧校园"的建设与运行实施，为每位学生构建一幅数字画像是基于"五育"并举大方针下学生全面发展的必经之路。

为此，笔者以学生个体为对象进行追踪研究，从学生个体综合素养的评价分析、大数据评价的多重指向、现阶段评价新需求三方面入手，通过大数据的多维度客观评价，让教育更具针对性、指向性、科学性，点对点指导学生从不同角度取长补短，促进学生的全面发展。以学生个体成长变化为大数据教育案例，聚焦学校大数据评价、多元评价系统、学生个体评价发展等方面，优化大数据评价，精准刻画学生成长数字画像，助力学生个体综合素养提升。

一、指向个体综合素养的评价分析

学生综合素养分为文化基础、自主发展、社会参与三个方面，为保证数据的科学性、准确性与全面性，笔者从个体、学校、家庭、社会四个维度对班级学生进行大数据评价的问卷调查，收集学生对大数据评价的评价分析维度，见表4-8。

表4-8 个体综合素养评价分析维度

学生综合素养	评价指向（至多两个）			
	□个体	□学校	□家庭	□社会
文化基础	8	7	—	—
自主发展	—	6	7	—
社会参与	—	—	6	7

1. "宽泛"评价多于"针对"评价

从评价内容看，在日常的学习生活中，学生能感受到评价的次数在增多，但数据显示，63.2%的学生反映缺乏针对性的评价，目前所得到的评价都太宽泛，比如："今天大家的课堂表现都非常好。"这既表扬了上课纪律好的学生又表扬了积极举手的学生，一定程度上影响了学生对课堂的积极性，不利于学生的个性化发展。

2. "形式"评价多于"指向"评价

从评价手段看，评价的手段普遍在增多，除了传统的评价，还有积分评价、数字化评价等，但评价效果不是很明显。54.7%的学生反映这些层出不穷的评价方式让大家觉得很新颖，但没有落到实处，很多时候仍然延续传统的评价模式，甚至指向性更不明确。

3. "单向"评价多于"多元"评价

从评价维度看，80.1%的学生反映缺少多元化的评价，学校的评价分析或者评价指导较多，家庭或者社会的评价指导较少，甚至有些学生填写数据为0。

由此，我们不难看出学生的综合素养发展所需求的评价是具象化、多元化、系统化的，目前的评价形式远不能满足学生的综合素养的发展需求。为更深入地研究评价对学生的影响，笔者从学生个体角度出发，对不同类型学生进行个体评价追踪，切实将大数据评价落实到位。

二、大数据评价的多重指向

笔者所在学校从培养"大美儿童"的角度出发，以整体性和均衡性为原则，以学生经验、个体和社会需要为基础。学校将国家、地方和校本课程进行整体性建构和校本化开发，形成以学生核心素养为中心的大数据评价模式，满足学生的差异性和选择性，促进学校育人目标的实现。笔者依托学校的评价体系对学生评价进行细致、连续的追踪研究。

1. 大数据评价现实基础

以"为学生发展提供适应的教育"为核心，以服务新时代创新人才培养为导向，探索"一网通用，多维联合"的评价模式，促进智慧教与学，实现学生"五育"并举的发展目标。立足每位学生个体，从教师教育治理，学生综合素质评价、教学质量评价，精准教学、以学定教、因材施教，自适应学习，学生生涯规划等方面综合评价，形成更严谨、科学、精确的学生数字画像。

"魔法评价"系统立足于学校常规管理的基础评价平台，包含"基本情况""行为习惯""课程学习"三大序列，"学习兴趣""交际能力""归整习惯""创新实践"等为内容的140项评价指标。该系统贯穿于学生的整个校园生活，及时对学生进行学习与生活各方面的现象观察和数据分析，给出必要帮助与指导，同时形成一份《学生发展形成性评价报告》，全面、翔实地评价学生的行为习惯。

学校基于"智慧校园"建设，在原有"魔法评价"基础上升级大数据评价系统，打造"七尚"评价体系，让"互联网+学生评价"成为现实，在数字画像的加持下助力学生个体发展，从不同纬度再到不同层级，让智慧评价更具真实性、科学性、有效性，真正关注孩子的成长状况，鼓励孩子全面发展。

为实现传统教育与互联网思维的跨界融合，联合家庭力量实现学生教育的跨区域实践，学校开发"校比邻"交互系统，构建家校沟通的桥梁和纽带，让家长参与学生成长评价，通过线上交互活动，让评价变得更及时、更准确、更全面，让学生成长的数字画像更立体，在逐步推进中，使学生的综合能力得到跨越式提升。

根据以上大数据评价的平台建设与评价维度（表4-9），笔者设计出针对个人综合素养评价的追踪记录表，对学生的成长发展进行数据分析，为更好地优化评价提供数据依据。

表4-9 大数据评价的平台建设与评价维度

平台名称	评价维度					
"魔法评价"系统	基本情况		行为习惯		课程学习	
"七尚"评价体系	尚善的品格	尚博的底蕴	尚进的学力	尚美的旨趣	尚强的身心	尚实的行动	尚畅的视野
"校比邻"交互系统	校园数据			家庭数据		

2. 追踪评价分析记录

笔者从2023年4月开始对学生个体进行追踪记录，在大数据评价的支撑下形成一定的数据反馈，也根据不同类型学生的成长轨迹进行实时记录与评价分析，最终形成一份学生个人追踪评价分析表（表4-10）。

表4-10 学生个人追踪评价分析表

评价环境	评价维度	初始值				变量			
		A	B	C	D	A	B	C	D
学校	行为习惯	6	8	9	8	+2	+1	=	+1
	学习习惯	8	7	8	9	+1	+1	+1	=
	思维发展	9	6	7	8	=	+2	+1	=
	团体合作	5	7	8	8	+3	+2	+1	+2
家庭	自主管理	4	6	7	8	+4	+2	+1	+1
	家庭参与	5	7	6	7	+2	+1	+2	+2
	技能发展	7	6	6	7	=	+1	+2	+1
	课外拓展	8	4	7	8	=	+3	+1	=
社会	公民意识	7	6	8	8	+1	+2	+1	+1
	国家信念	8	7	8	9	+1	+2	+1	+1
	研学实践	6	5	6	7	+2	+2	+3	+2
	国际思维	8	4	6	7	=	+2	+1	+2

注：满值均为10，变量为增减多少（+为增，-为减，=为不变）。
A. 思维型学生；B. 行为型学生；C. 合作型学生；D. 全能型学生。
A、D为成长性学生；B、C为基础性学生。

根据学校大数据评价系统，笔者将学生的综合素养评价分为3个评价环境，即学校、家庭、社会。通过学生的核心素养指向以及学校评价体系划分12个评价维度进行追踪，根据学生的成长变化进行变量的统计分析。我们不难看出，学生在大数据评价的加持下，各方面都有长足的进步与发展，能在评价的正向引导下不断突破与创新，尤其是在自主管理、家庭参与与研学实践上都有着不同程度的提升。其中，基础性学生更关注品格的养成，成长性学生更专注于自己的思维训练，这得益于大数据评价不拘泥于形式评价，而是更关注学生的均衡发展与常态发展。最终形成的报表中不仅有学生各科表现的统计，更有学生周表现的趋势图，对学生个体的分析更具直观性，对后续的评价改善也有一定的指导意义。

三、明确现阶段评价新需求

根据2021年度的"基于大数据的小学生'五育'并举评价调查问卷"（问卷内容见附录）反馈，在大数据评价体系的运行实施中，99%的学生家长都能积极响应并支持，普遍认为大数据评价体系能较好地反馈学生多维度发展的态势，基本符合学生各方面的表现，形成的数字画像具有准确性，并能以此对学生进行针对性的指导教育。这反映出大数据评价体系受家长认可，已在教育教学中获得一定的成效。学生成长数字画像，为个体评价的发展提供全面的教育依据，笔者将根据不同教育场域下的评价实践案例，阐释大数据评价形成的数字画像对个体综合素养发展的意义以及新需求。

1. 随堂评价，及时精准

课堂是学生校园生活的重要教育场所，以往的教学评价偏向总结反馈，常会出现评价不及时、评语过于宽泛的情况，针对性较低。在大数据评价体系下，因材施教成为可能。

场景1：学生A在语文课堂中朗读流利有感情，还能根据自己的理解加上动作，教师借助"魔法棒"刷学生卡即时加分，在屏幕上显示表扬画面并为小组加分，学生朗读的积极性得到很大提升。在这样的评价实施下，学生的朗读能力得到较大提升，在数字画像的分析中也可以看出学生的课堂参与度在逐渐提升。

场景2：数学课堂中，教师提问还有什么不同的解法，学生B踊跃举手发言，教师评价其有创新思维，激发更多学生认真思考，长此以往，学生更愿意参与课堂学习。

2. 随时评价，长效长新

围绕"五育"并举，聚焦核心素养，融合诚实守信、理想信念、仁爱友善、责任意识和自主管理等德育目标，将以生为本内化于心是大数据评价的宗旨。在实施中，评价绝不局限于课堂，随时评价应成为一种新范式。

场景1：学生C在课间活动中随手捡起垃圾，非任课老师见到后对其提出表扬，同时在手机端登录大数据评价系统对学生进行即时评价。这位学生不仅坚持做到严于律己，而且形成榜样力量，在学校形成了广泛影响。

场景2：学生D在升旗仪式中遵守纪律，高唱国歌，起到模范带头作用，班主任当场评价并予以表扬，在下一周的升旗仪式中，这位学生依然保持良好状态，还具有辐射影响，个体的发展提升让更多的学生参与到学校的活动中。

3. 随地评价，全面科学

在"智慧校园"的大数据评价基础上，学校开发家校共育平台，让学生的数字画像更具立体性、全面性，多重评价纬度让线上线下平台同频共育。家长的参与让学生综合素养的提升更具长效性。

场景1：学生E在校园中遵守纪律，课堂参与度高，活动积极，各科老师对他的评价都很高，但在学期末对他的数字画像进行分析时发现，他的家庭教育发展维度有严重缺失，维度图明显失衡。教师立即联系学生E的家长进行沟通，了解后发现家长的家庭活动参与度较低，对大数据评价的认识还不够深入。在交流后学生E的数字画像逐渐完善平衡，综合素养的提升也更全面。

基于大数据的"五育"并举评价让学生的数字画像更有参考性，从个体提升到群体培养，学校按照"1+N"的推进路径，在不同的教育场域下，不仅沉淀了大量学习过程和结果数据，还能深入分析数据关联，挖掘数据内涵，调整教育教学行为，实现教学质量的品质提升。学生成长足迹伴随性记录、家校共育实效的进一步增强、学校管理的流程再造，促进了智慧教与学的发展，有助于实现学生"五育"并举的发展目标，促进学生的全面发展和智慧成长。

（金苗）

数字画像：跨越班级助成长进阶
——基于大数据的小学生"五育"并举的实践研究

一、案例介绍

一学年即将结束，又到了学校最高荣誉奖项——"校长嘉奖"评选的日子，学生都异常期待。四年级每班各推荐一名候选学生完成竞选演讲，由师生评委团共同投票产生"校长嘉奖"人选。

根据班级学生一学年的学业成绩以及综合荣誉获奖情况，我们班最终推选了小陆同学参加。本来大家信心满满，毕竟她的学习成绩在全年级是数一数二的，结果小陆却落选了。

原因在于"校长嘉奖"的评选依据是：除了参考各位候选人的学业成绩，还要结合学生各学科的学习情况以及学校智慧平台的大数据，即从尚善的品格、尚博的底蕴、尚进的学力、尚美的旨趣、尚强的身心、尚实的行动、尚畅的视野七大维度对学生进行综合评价，所以最终当选为年度"校长嘉奖"的学生一定是德、智、体、美、劳全面发展的。

二、数据分析

笔者调取了一年来由各位科任老师对小陆的各项评价数据形成的数字画像，并针对这些数据作出了详细的分析，结果如表4-11所示。

表 4-11　小陆五年级上学期综合表现

七大维度	各项得分
尚善的品格	75
尚博的底蕴	90
尚进的学力	85
尚美的旨趣	80
尚强的身心	82
尚实的行动	88
尚畅的视野	86

每个维度里又包含很多项成长指标，以图 4-9 为例。

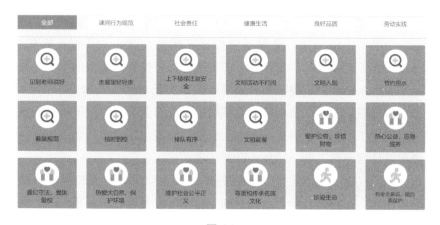

图 4-9

数字画像显示小陆的优势项有：

（1）学习成绩优异，语数英三门功课发展较均衡，热爱阅读和写作，每学期都会大量阅读课外书籍，有好几篇习作获奖或发表。

（2）爱好英语，每学期都会参加一些学校组织的演讲活动。

（3）爱好画画，美术功底很好，每学期也都会有美术作品获奖。

（4）个人的行为习惯和学习习惯较好，在班级担任班干部，有为班级服务的意识。

数字画像显示小陆的薄弱项有：

（1）体育学科成绩不突出，甚至较弱，主动锻炼的意识也不是很强。

（2）数学学科虽然能取得较好的成绩，但参加学科竞赛的次数并不多，因而相对获奖较少。

（3）在学校组织的德育活动以及科学活动中表现一般，没有主动地参加各种活动。

（4）在班级的日常劳动以及劳动学科中表现一般，动手能力相对较弱。

三、辅导策略

针对小陆同学的数字画像，笔者与小陆的父母以及各科任老师进行沟通，设计其下一学年的发展目标，针对性地制定优秀学生培养计划，小陆准备参加下一学年的"校长嘉奖"评选。操作流程如下。

（1）班主任召集科任老师，结合小陆当前在校情况制订"因材施教"的具体方案。

（2）老师和家长以及小陆一起了解分析年级中与小陆发展相当的优秀学生，发现相互之间的优势和劣势，指导小陆根据自己的优、劣项制订明确的努力目标。

（3）各科老师加强与家长的沟通，细化需要家庭配合参与的计划，引导家长更全面地关注孩子并帮助孩子制订一个个可实施的小目标，通过目标进阶的方式发挥自身优势，突破自己的短板，从"五育"并举的角度出发，使原本优秀的小陆发展得更加全面。经过不断的努力，小陆在五年级下学期的综合表现如表 4-12 所示。

表 4-12　小陆五年级下学期综合表现

七大维度	各项得分
尚善的品格	90
尚博的底蕴	90
尚进的学力	95
尚美的旨趣	93
尚强的身心	88
尚实的行动	95
尚畅的视野	92

五年级的期末，小陆同学不负众望，在"校长嘉奖"竞选演讲中脱颖而出。

以上案例是笔者在教育教学管理过程中依托学校大数据智慧评价系统在创新评价方面所做的一点探索。

四、案例总结

1. 数字画像让评价更直观

通过以上案例以及相关的家长问卷，我们可以看到，学校借助大数据智慧评价系统多维度收集数据，形成数字画像。老师、家长、学生都能很直观地看到学生在德、智、体、美、劳各方面的发展情况。对大数据的挖掘、分析有助于形成学生个体发展的常模库、教育规律库以及学习策略库，让抽象的评价直观可见，为学校确定学生下阶段发展走向、老师正确地引导学生提供依据，从而推动学生的全面发展。

2. 数字画像促进全方位评价

传统的评价以偏重知识和技能的纸笔考试评价为主，评价信息模态较单一，缺失学生情感、社交等潜能发展评价，缺乏过程性数据和增值性数据，教育评价反馈滞后……学校大数据智慧评价系统可以突破这些制约，对学生的评价实现从课内到课外、校内到校外，在本年级中学习情况全过程纵向评价与德、智、体、美、劳全要素横向评价的全时空、全方位的兼顾。正如案例中的小陆同学虽然在学业方面非常优秀，但在大数据智慧评价系统的支持下，老师和家长发现了该学生在参与德育、体育、劳育的各项活动时的积极性还有待提高，在这些方面相关能力还有待提升。

同时，在这个案例中我们可以看到，正因为有了大数据的支持，每位科任老师都可以随时随地对学生进行科学、全面的评价，评价地点不只局限在学校。例如，在家里批改学生的朗读作业时可以及时对学生赋分，在带学生进行户外实践时，学生所表现出来的团结互助、吃苦耐劳等优秀品质依然可以通过大数据即时赋分来体现。这样科学、客观且全方位的评价更利于培养学生的综合素养。

3. 数字画像助目标更明确

每个孩子在成长的过程中总会有优势项和薄弱项。在大数据评价系统的帮助下，一方面，老师和家长可以有针对性地引导、帮助学生扬长避短，家校协作可以更加紧密而有效。对于某方面有天赋的孩子还可以给予更多的关注，及早发现，及早培养。以"尚善的品格"为例，家校协同促进孩子的成长，见表 4-13、表 4-14。

表 4-13　小陆同学五年级上学期数据反馈

评价维度	各项指标	各项得分
尚善的品格	家庭表现	70
	自主管理	80
	行为规范	80
	思想品德	70

表 4-14　小陆同学五年级下学期数据反馈

评价维度	各项指标	各项得分
尚善的品格	家庭表现	85
	自主管理	90
	行为规范	92
	思想品德	93

另一方面，学生自己也可以在教室门口随时刷电子班牌关注自己各方面的得分情况，针对自己的问题及时作出调整。学生还可以通过电子班牌清楚地看到班级同学、年级同学的得分情况，纵向评估自己的综合发展。了解自己和同伴的情况更便于学生为自己制订更高目标，不断超越伙伴，不断超越自己。正如《生命的林子》一文中有这么一句话："这些树就像芸芸众生啊，它们长在一起，就是一个群体，为了一缕阳光，为了一滴雨露，它们都奋力向上生长，于是它们棵棵可能成为栋梁。"生命就是如此，选择了森林，你才可能成为栋梁，选择了伟大，你才可能成为英雄。

大数据评价帮助学生突破了班级的局限，使学生置身于年级甚至学校这片"生命的林子"中，扩大了成长空间。在这广阔的"生命的林子"里他们良性竞争,从而获得最大程度的发展,跨越班级实现成长进阶,大数据评价使"五育"并举的作用更加凸显。

(龚香)

大数据助力"闺蜜情"共济

繁忙的事务,还不懂规矩的一年级学生,令我有些分身乏术,一条朋友圈暴露了我此时的无奈心情,但随即就收到一条暖心的信息:闺蜜老师,你是最优秀的,相信对于现在的学生来说,你依旧是!

是我的学生蓓蓓!我们相识于她一年级时。因为关系一直很好,所以我们都给对方起了昵称,我称她"大家闺秀",她就叫我"闺蜜老师"。

读完信息,顿觉心里暖暖的:有心的小丫头!那就收起悲伤,打起精神,好好干活吧。于是我回复一句:"一切安好,继续努力。"《礼记》中说"教学相长",看来在我这里,不仅"长"了学问,还"长"了勇气和力量。

一、"闺秀"一道光,窥见你的胆怯

开学前,我建立了班级成长社区,请同学们在成长社区里,晒一晒自己的照片或者视频,介绍一下自己。有一个叫蓓蓓的小姑娘,给我留下了深刻印象:为了给新老师和新同学留下好印象,大多数学生都是全家上阵,热情地介绍,而蓓蓓却是自己一个人,但她大方自信、表现力十足。我迫不及待想要见一见这个丫头。

开学第一天,家长们带着孩子进入班级,孩子们个个兴高采烈,好奇地到处参观。我热情地和每一位家长攀谈,和孩子交流,看到蓓蓓时,她大方友好地和我打招呼,帮着新同学整理东西,看起来是个教养极好的"大家闺秀",我心里暗自窃喜:已经物色出一位得力小助手了。

事情却在蓓蓓爸妈离开学校后发生了变化。爸妈走后,她就一个人回到座位上,脸上的笑容也荡然无存,哀怨地望着窗外发呆。几个星期下来,我明显感觉到了她的不对劲:白天精神不好,总是昏昏欲睡,听课时还会走神,不喜欢和别人交流,似乎对所有人和事都充满了胆怯。

与其他孩子每天放学时,爸妈早早在校门口等待不同,蓓蓓总是由阿姨或者姨父来接,根本见不到蓓蓓爸妈的身影。

毕竟刚上一年级,别的家长恨不得一天无数个电话、信息询问情况,但她的家长却从没有过问候。我每每问蓓蓓有什么需要帮助,她总是故作轻松地回答:我很好。

教师的职业敏感让我知道,必须做进一步了解。班主任是学生精神的主要关怀者,发现了学生的异样,及时地"追踪",才是对孩子负责。于是,我开始想办法。

二、"闺蜜"一盏灯,指引你的方向

朱永新教授说,在所有的问题儿童身上,都可以找到他们家庭的原因。想要找到答案,必须从家庭入手。我主动和蓓蓓妈妈打电话,询问情况,蓓蓓妈妈支支吾吾,说出实情:蓓蓓父母已离婚,爸爸建立了新家庭,还生了小弟弟。蓓蓓跟着妈妈,但由于工作繁忙,妈妈无暇顾及她,所以让她住在阿姨家。

原来在爸妈面前懂事,是因为蓓蓓内心极度缺乏安全感,她需要讨好大人,进而获得难得的关注和疼爱。了解了这些,我感到难过并心疼不已,我想帮助她,我要帮助她,这是我当时心里很坚定的想法。

我利用大数据智慧评价系统,给予蓓蓓更多的鼓励。我关注到,蓓蓓经常通过刷学生卡了解自己的积分情况,进而慢慢有了目标和追求,尤其在使用积分兑换奖品时,更会为自己的高积分和兑换到喜爱的奖品而感到高兴。

同时,孩子的心结来自父母,必须和蓓蓓的父母沟通。我把孩子的在校表现转达给蓓蓓父母,希望引起重视。我和蓓蓓的父母说明,一定要用好大数据智慧评价系统的家长端,一方面及时掌握蓓蓓的信息和在校表现，另一方面，通过线上平台，联结老师互动，从生活规律、热爱劳动、合理分配时间等方面及时地为孩子赋分和评价，让蓓蓓感受到来自爸爸妈妈的关注。每次蓓蓓看到家长的赋分和评价而欢呼雀跃时，我便知道，我做得没有错，这才是蓓蓓更为看重的。

此外，为了不伤害蓓蓓的自尊心，我装作什么都不知道，如同闺蜜般经常和她聊天，陪她玩耍，大力夸奖她一点一滴的进步，让她感受到更多的关注。

赏识和肯定对孩子来说至关重要。罗森塔尔效应告诉我们真挚的爱与热情的期望，可以使一个人获得新的生命和动力。利用大数据，家校一致赏识孩子，一定会让孩子内心充盈，自信大方。

三、"闰年"长相守，绽放你的芬芳

慢慢地，孩子与我亲近了许多，偶尔愿意和我谈心，分享开心与不开心的事，一切似乎在往好的方向发展。

然而事情并不如我想得那般顺利，蓓蓓妈妈忙碌，经常接不到我的电话；蓓蓓爸爸毕竟有新家，家庭的负担、工作的压力，让他对于我的提醒很不耐烦。逐渐地，系统中，蓓蓓的家长端基本没有更新了。蓓蓓爸爸更是直截了当地告诉我：孩子的事情和妈妈沟通，不用再和他打电话。

这样的反应，让我有着深深的无力感，真心去对待的事情，却换不回真心和回报。我有过纠结，想过放弃，但又于心不忍，就算为了自己"安心"，继续行动吧。我改变策略，隔三岔五把孩子的状况和进步通过短信告知蓓蓓父母，并给出一些建议。虽然经常得不到回复，但是孩子笑容多了一些，让我多少有点慰藉。

一年级结束的暑假，我看到成长社区里，蓓蓓的账户经常上传动态，是蓓蓓和爸爸的合照，我有些惊喜。假期里某一天，我突然接到蓓蓓的电话，她告诉我，她现在在爸爸家，很开心，只是特别想我，是爸爸特意让她给我打个电话，"以解相思之苦"。爸爸后来也和我通话，表示谢谢我对孩子的照顾，并说接下来会尽量协调好两个家庭的关系，多通过大数据智慧评价系统和成长社区，了解蓓蓓的在校表现，并及时给蓓蓓反馈。还说蓓蓓暑假的零花钱，她没有舍得花，说

要买最好的礼物送我。电话这头，我一时沉默，心里却乐开了花。

蓓蓓后来积极向上，一直认真踏实地学习，平时还会做志愿者，帮助贫困家庭和福利院的孩子，指导他们学习，为他们送去慰问品。虽然现在我不教她了，但是我们的联系从未停止，每当遇到烦心事，她还是会给我电话诉说一番，我依旧耐心劝导，赋予满满正能量。只是万万没想到，此刻蓓蓓也在给予我力量。

学校里，像蓓蓓这样单亲家庭的孩子并不少见，对于单亲家庭孩子的心理健康、学习教育，是我们必须重视和不断反思的。以华师苏实小为例，近五年学生单亲家庭率由 3.12% 上升至 6.38%，通过调查问卷，我们发现绝大多数孩子最大的期待，就是得到父母和老师更多的关注。（图 4-10）

回想蓓蓓一路的成长历程，这个"大家闺秀"起初用一颗胆怯的心，窥视这个世界，我庆幸在她最脆弱的时刻，以"闺蜜"的角色，利用大数据助力，陪伴其左右。幸而，教育的路上"殊途同归"，孩子终归健康成长。

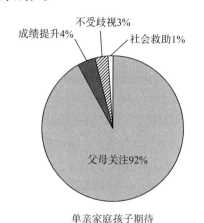

单亲家庭孩子期待

图 4-10

大数据助力"闺蜜情"共济，让我们无惧未来，一路前行！

（王东梅，本案例曾获 2023 年苏州市吴中区班主任基本功大赛一等奖）

循循善诱：正视孩子的合理需求

家庭教育在德育工作中具有重要地位，教师应当在家校合作中发挥主导作用，积极参与家庭德育工作，当好指导者，引导家校合力形成。

一、案例背景

"马老师，小鑫拿我的小猪橡皮！"小雨一脸气愤地拉着小鑫到办公室来请我主持公道。虽然带班不久，但这个小男生给我留下了深刻的印象，因为这已经不知道是第几次，小鑫被同学打报告说拿别人东西了。我看了看小鑫，只见他低着头沉默不语。见状，我让小雨先回教室，把小鑫留下来单独进行沟通，了解情况。"是你拿的吗？"我问道，他点点头。这一点倒是挺好，很诚实，我随即说道："你是一个诚实的孩子，能告诉老师为什么会做这样的事吗？"经过询问我了解到，小鑫父母都在外地很少回家，奶奶把更多的精力放在了妹妹身上，家人也很少给他买那些新奇的小玩意，因此他养成了偷偷拿人东西的习惯，并且还有通过这样的行为来引起家人注意的倾向。

低龄儿童犯错原因分析显示，低段儿童犯错的主要原因包括认知能力有限、过分要求、社会环境的不良影响、家庭教育失误。其中，年纪太小认知能力有限是最常见的原因，占比33%。发布于教育期刊《家长》中的《怎样引导孩子正确认识自我——张梅玲访谈录》一文提到："处于成长期的孩子，对自己的认识不够稳定，因而，'别人'的正确评价，对于儿童正确认识自我，具有强烈的暗示。"孩子如若没有一个清晰的自我认识，那么孩子的习惯、性格等，就可能变得不稳定。孩子的自我认识不到位，也会影响到孩子道德观念的形成，也就很难以正确的态度和眼光来对待一些观念与道德问题了。因此，当小鑫发生此类事件时，需先从自我认识上去纠正。

二、解决策略

1. 剖析行为引导

首先，我对小鑫进行了批评教育，告诉他无论在什么情况下都不能拿别人的东西。我当着他的面在大数据智慧评价系统上扣分，让他认识到自己的行为是不对的，并让他回去后向小雨同学道歉。我接着问他："你知道放任这样的行为不去改正会带来什么样的影响吗？"他沉默了一会，说："别人一丢东西就会说是我拿的。""是呀，即使你没拿，可能是他自己弄丢了，但因为同学们不再相信你，他们只会认为是你拿的。不仅如此，你认真想一想，在这个班里你能交到很多好朋友吗？"小鑫摇摇头，说："有时候我想跟他们一起玩游戏，他们不愿意带我一起。""你看，不好的行为还会让你失去朋友。"他看了我一眼，点点头。看到他情绪稳定了，我告诉他："我们中国有句古话叫'君子爱财，取之有道'，你想要那些新奇的小玩意的心情老师能理解，但一定要通过正确的方式去拥有，比如在家里经济可承受的范围内，与爸爸妈妈商量，如果自己有进步可以得到奖励；攒积分到老师那里去兑换；等等。到时候你就可以很自豪地跟同学们说，这是我自己努力得到的！另外，你的爸爸妈妈都很爱你，但是他们的工作很忙，可能会忽略你的感受，这一点我会向你爸爸妈妈转达。你想他们的时候也可以主动去跟他们说呀！"小鑫又点了点头，指出错误之后，更重要的是在今后激励他发自内心去改变。

这件事之后，我一直在悄悄地观察小鑫的一举一动，发现问题，及时出面引导他解决。

2. 叮嘱父母关爱

对于一个刚上一年级的儿童来说，父母常年不在身边会导致其缺乏管教与关爱。在"橡皮风波"后，我联系了小鑫的父母。欣慰的是，小鑫的父母非常重视孩子身上存在的问题，正巧那几天小鑫爸爸在家，当天晚上他就找到我，希望面对面沟通孩子的情况。小鑫爸爸说，他怕惯坏小孩，加之他在外工作赚钱不易，所以很少给小鑫零花钱以及给他买玩具。此外，他只想着让孩子吃饱、穿暖、有学上，情感上的关怀也被忽视了。我告诉小鑫爸爸，很多父母都觉得只要自己努力赚钱，给孩子提供最好的物质条件，这就是对孩子最好的爱。但这会让孩子内心沮丧，认为自己不被珍惜与尊重，也会因此产生自卑感，甚至会以不良的方式去获取这部分未曾获得的归属感。所以多打打电话，尽量多陪陪孩子，会让他变得更自信阳光。而一味压制孩子在物质上合情合理的需求，容易导致孩子通过错误的方式满足自己的需求。所以在经济允许的范围内，适当满足孩子是不会惯坏孩子的。小鑫爸爸听了我的一番话后，若有所思地点了点头，说："好的，马老师，回去我和孩子妈妈说一下，按照您说的去做，希望能让小鑫早点改正这个行为。"

在孩子的成长道路上，父母的角色不可或缺，由于父母在外地，且对小鑫的校内表现知之甚少，长此以往，父母容易对孩子产生忧虑。这时，我向家长介绍了华师苏实小引入的大数据智慧评价系统。系统会结合学生德、智、体、美、劳的五方面表现对学生进行评价，更加全面和系统。家长能够实时收到孩子在校内的加分提醒。调查报告显示，大数据智慧评价系统中孩子的数字画像，能帮助家长进一步了解自己孩子的比例是 78%。因为有了智慧评价系统的帮助，家长能在手机上收到系统发送的信息，及时关注到孩子的在校表现。我建议小鑫的爸爸关注智慧评价系统，随时查看孩子的当日评价记录或以前的评价记录（图 4-11），方便及时对孩子进行指导。当收到孩子的加分提醒时，家长可以在放学后肯定孩子的在校表现，以此激励孩子遵守校规校纪。当收到孩子的扣分提醒时，家长也不必过于焦虑，帮助孩子分析扣分原因，加以改正即可。

沟通之后，有一天，小鑫一脸开心地跟我说："马老师，这次书写比赛我获得了二等奖，加了 5 分，爸爸表扬了我，说等他下次回来给我买可擦笔！"我笑着对他说："那你真厉害！你看，爸爸妈妈是爱你的。而你想要什么的时候，好好跟爸妈说，只要是合理的要求，他们也是会答应你的。"小鑫腼腆地笑了。经过我的引导，加之父母对他的关爱，他的坏习惯有所改变，也更加关注智慧评价系统内自己的得分情况。

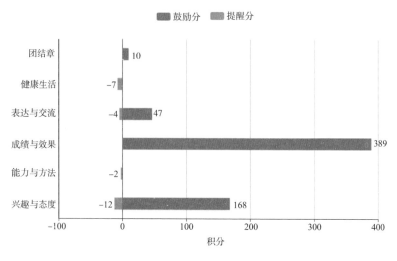

图 4-11

3. 抓住点滴鼓励

　　为了进一步强化小鑫的转变，我决定借助学校智慧评价系统，充分调动他在学校的积极性，改变他在同学心目中的刻板印象。华师苏实小智慧评价系统以学生各个方面、各个阶段的行为数据为依据，真正成为发掘学生潜质、激发学习兴趣、指导学习方法、成就人生价值的引力波。积分排行榜上变动的排名总能引起学生的强烈反响，极大地激发了学生校内学习的主动性与积极性。调查显示，在大数据智慧评价系统的影响下，华师苏实小的学生会根据每天的加分调整和规范自己行为的占比为 77%，这进一步证明了大数据智慧评价系统对学生行为的影响是巨大的。利用智慧评价系统的激励加分机制有助于小鑫进一步约束自己的行为举止。

　　结合小鑫的大数据智慧评价数据，我发现以往各科教师在教学提醒和行规提醒上对小鑫扣分较多，教学鼓励和行规鼓励加分较少（图 4-12），并且小鑫的周积分远远低于班级平均分。于是我和各科老师商量，接下来对小鑫这样的"特殊学生"以鼓励为主，多发掘他的闪光点。

表格示例：

	学号	学生名	教学鼓励总分	行规鼓励总分	教学提醒总分	行规提醒总分	净得分（=鼓励-提醒）
1	01	张某某	56	38	58	24	12

图 4-12

有一次，小鑫在班里捡到了一支铅笔，他没有据为已有，而是将笔上交给我。我立刻给他加了积分，表扬他拾金不昧，还告诉他多攒点积分可以来我这里兑换小奖品。除此之外，在同一周的班会上，我就以这件事为例，表扬他近阶段的表现。他的小小优点得到放大，他的进步大家也看在眼里。那一节课，小鑫的腰板都挺得直直的。时间长了以后，小鑫的积分渐渐多了起来，排名也逐渐上升。在他来找我兑换奖品的那天，我拿出了当下小朋友们喜欢的盲盒作为奖品，可把他高兴坏了，还说："马老师，我要多攒点积分，看看其他的盲盒里都有啥。"不仅如此，我还观察到，课下和小鑫一起玩耍的学生也有固定的两三个人了，真是为他感到高兴。

现在的小鑫，到目前为止没有再拿过别人的东西。即使很喜欢某样东西，他也会先征求别人的同意，玩一会然后还给别人。不过，我又有一点担心他以后会出现攀比的心理，在今后还要多跟他的父母联系以及多对小鑫进行沟通引导，帮助他树立正确的价值观。

三、案例反思

每个孩子都有着不同的性格、习惯，而性格形成又有多方面的影响因素，有来自家庭的教育方法，有来自社会的影响，等等。小鑫的父母都在外地工作，一年回来两三次。他常年跟着奶奶生活，家里还有一个三岁的小妹妹，大人们习惯把他当成"小大人"，忽视了他在情感与物质上的合理需求。改变他不能急于一时，要用真诚无私的爱慢慢去引导他，并与小鑫父母多进行沟通，通过家校沟通平台、智慧评价系统，给予小鑫向上的力量。我坚信，通过不断地引导和关爱，小鑫肯定能越来越好。

（马晶晶，本案例曾获 2023 年度苏州市陶研小故事评选三等奖）

蜕变白天鹅
——班级管理案例分析

苏霍姆林斯基曾说:"在影响学生的内心世界时,不应该挫伤他们心灵中最敏感的角落。"

一、案例情况

"老师,早上好!"无须回头,我知道一定是她——熙熙。一个面带微笑,扎着羊角辫,有着银铃般清脆声音的小女孩。谁能想象到,就是这样一个甜美的孩子,却有着贫寒的家境。熙熙全靠爷爷奶奶一手带大,父亲早逝,母亲离家出走,再也没有回来。熙熙从小就跟着奶奶捡拾垃圾,她的衣服总是那么破旧。有关熙熙的家庭情况,我是从孩子们的口中得知的,熙熙却从来没有和我说过一句。熙熙是我刚接手这个班级时,最先认识的孩子之一。她总是一下课,就积极地帮老师抱学习用具。无意间听说了她的故事,我的心更添几分难过。这么可怜的孩子,就像安徒生笔下那位卖火柴的小女孩,让人怜惜。我暗暗地对自己说,一定要好好地帮助这个可怜的孩子。机会真的就来了,学校正在开展帮扶贫困孩子的活动。一得知这个消息,我激动起来,马不停蹄地张罗策划,号召全班同学给熙熙捐款、捐物。同学们也十分热心,有的带来了崭新的书包,漂亮的公主裙,还有的掏出家长给的零花钱,甚至拿出自己的压岁钱捐赠给熙熙。我想,看到这些礼物,熙熙一定会很高兴的。

捐赠仪式的那天,熙熙在同学们的簇拥下走上讲台,小脸蛋通红通红,我想那一定是幸福的色彩。大家翘首企盼着熙熙的感言,令人惊讶的是，她一句话也没有说，头沉重地低垂着。转瞬间，她从讲台上冲出教室。那一刻，我们都愣住了。难道是熙熙太激动了吗？放学铃声响起，熙熙回到教室，拿上自己的书包，独自回家了。同学们捐赠的物品，她一个都没有拿走。

后来的一段时间，我的耳边再也没有响起那熟悉的问候声。下课后，再也没有看到熙熙主动上前为我整理物品。她总是默默地一个人坐着，神情凝重，似乎一瞬间成熟了许多。好几次，当我想走近她时，她都刻意躲开。直到上课铃声响起，才看到她落寞地走进教室。我无法理解熙熙的变化，不知道发生了什么事情。

后来熙熙最好的朋友跑来，偷偷地告诉我："老师，熙熙很难过，她不想全班同学可怜她。"刹那间，我明白了，我痛心疾首，悔恨自己的鲁莽和自以为是。我自以为是的关爱，竟然成为一把利刃，在熙熙原本脆弱的心灵上重重地割下一刀。这是一个多么自强的孩子，她需要的不是怜悯，而是尊重。苏霍姆林斯基曾说："在影响学生的内心世界时，不应该挫伤他们心灵中最敏感的角落。"当我彻底地明白这一切后，我要用行动弥补我的过错。

二、案例分析

1. 从学生本身出发

我找到熙熙，把她带到读书长廊，我温柔地望着熙熙，认真地向她道歉，请求她的原谅。经过一番长谈，她的心结慢慢解开。"谢谢老师和同学对我的关心和帮助，我以后会更加坚强，更加快乐！"得到熙熙的原谅后，我拉起她的小手，快乐地回到教室。之后，我将系统分成常规扣分、学科特色、考试成绩、班级服务和比赛活动五个板块，让老师、班委和其他同学共同负责。让学生之间建立起评价系统，共同关心熙熙的成长与变化。

2. 从活动系统出发

我向全班同学宣布下周班队会课活动——积分兑换超市。同时引入了学校最新的大数据智慧评价系统，在积分兑换超市的置换板面上进行加分，这种加分是结合学生德、智、体、美、劳五种表现对学生进行的评价，有助于全面系统地管理学生、展示学生特点。

活动一经宣布，孩子们顿时炸开了锅，七嘴八舌地讨论起来。个个神情飞扬，幸福的笑容美如花。我偷偷地看了熙熙一眼，这次她也一改沉默的状态，愉快地和同学们交谈着。我还选了熙熙担任学习委员，负责同学们的成绩积分记录。她的认真和聪慧让我感到十分欣慰，她不仅成了各科老师的得力助手，而且还和我一起制定出了考试成绩加分方案。（图4-13）

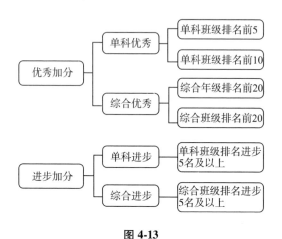

图 4-13

时光飞逝，积分兑换超市开业啦！那一天同学们捧着可爱的、精美的物品，在自己经营的小摊上自由售卖、交换，小摊上的物品琳琅满目、丰富多样。看到熙熙要交换的画如此精美，同学们都争先恐后跑去和熙熙交换，交换的过程中，会根据大家的置换物品加分，同学们的热情更加高涨，也都和熙熙一样尽可能地动手制作物品。同时，熙熙的身边很快堆满了各种物品：书包、文具盒、书籍……

三、改进策略

经过这件事情，我也有了一些反思。

1. 用真情呵护心灵，春风化雨

我尝试着走进学生的内心，用真情去感动学生。我时常找机会与学生聊天，跟学生讲有趣的见闻。有的学生很喜欢跑步，课外时间，我就和他们一起跑。天气好的周末，我和班里同学一起郊游，让学生感受到老师的关心和爱。我和学生约定每天要按时来上学，并共同制

作了打卡表，根据打卡的情况进行加分，并设置"全勤奖""奋进奖"两项奖励。熙熙尝试坚持来校学习，但效果并不是很好，引导感化教育仍然任重道远。于是，我呼吁所有的任课老师都对学生的行为习惯与学习表现进行加分评价，共同观察着孩子们的成长与变化。

2. 用行动培养自信，润物无声

从学生的特点出发，让学生去发挥自己的特长。我发现熙熙的体育很好，因此我决定让她担任体育委员。她激动了一会儿，又胆怯地说："老师，我不行。"我坚定地告诉她："老师相信你，你一定行！"见我态度坚决，她同意了。起初她还有些胆怯，但是在大家的鼓励和配合下，熙熙自信了许多，工作也做得卓有成效，因此拿到了不可多得的优秀班干部奖项的加分项，我和她开玩笑说："你要是不来，咱们班可就没人带队了。"在10月份的班委竞选中，熙熙也以最高票当选为体育委员，她和班级同学们的关系也越来越融洽。

熙熙在潜移默化中改变，她请假的次数越来越少了，脸上也有了笑容。据调查，在大数据智慧评价系统的影响下，华师苏实小的学生会根据每天的加分调整和规范自己行为的占比为77%。熙熙的成长确实受到大数据智慧评价系统的影响。

3. 用转变激励成长，绽放精彩

当我们看到学生的转变时，就要立马给予肯定并适时加分。熙熙同学经过一个学期的努力，变化很大。我又让她担任了许多新职务：跑操口令员、活动主持人、纪律委员……总之，我相信，她行！熙熙开始慢慢绽放出属于她的精彩，积分也比之前有了很大的提升，维持在中上游的水平，在用积分兑换奖品时，熙熙也换到了很多需要的学习用品，这样的置换比赠与更有意义。虽然她还是存在一些问题，但我坚信：爱的滋养，终会迎来柳暗花明、阳光明媚！

四、结论

"老师，早上好！"快乐的熙熙又重新回到我们身边，熟悉的声音如最美的音乐，在我的耳边时时响起，我的心情也如阳光般明媚，我为自己后来能以恰当的方式和利用学校新引进的大数据智慧评价系统挽回自以为是的想法给熙熙造成的伤害而感到庆幸。

大数据智慧评价系统从德、智、体、美、劳五个方面对学生进行全面的评价，依托活动、教学任务、上课等载体，通过加分的手段使学生不断调整自己的学习态度、学习状态和学习生活能力。正是有了大数据智慧评价系统的帮助，熙熙的进步才能如此之快，也通过兑换和奖励赢得了自己所需的物品。

　　尊严，是每一个人内心最重要的东西。廉价的怜悯，不仅不能给孩子带来幸福，反而会使孩子如"丑小鸭"般自悲自怜。只有拥有平等的尊重，"丑小鸭"才能成为最美的"白天鹅"。

（许媚，本案例曾获 2023 年度苏州市陶研小故事评选三等奖）

大数据智慧评价系统助力"我要加分了"
——班级管理案例分析

美国儿童心理学家海姆·G.吉诺特在《老师怎样和学生说话》中提到:"教师与学生恰当的交流才能使教育变得有效,怎样与学生说话是一门艺术。"于是,管理班级时我说得最多的一句话是:"我要加分了……"

一、案例情况

"×××,请你不要说话!""你为什么还在说?""请闭上嘴巴!"第一年走上教师的岗位时,这些话经常出现在我的课堂上。我并没有觉得有什么不妥,因为说完之后教室里会安静很多。这似乎证明了什么是"教师的威严"。直到有一次放学,放学队伍散漫,孩子们在队列中交头接耳。见此情景,班长着急了,她双手叉腰,指着某位同学说:"你在说什么呢?请你闭上嘴!"同时,声音还很洪亮。我被她的行为吓了一跳,此刻的我反而特别同情那位被批评的同学。事实告诉我这种"威严"在班级管理中有短暂的作用,但时间长了,孩子们就会出现"压制疲劳"。这件事也引起我的反思,班长的样子像极了我在管理班级时所展现出来的"威严"模样,这样做会很容易伤害孩子的自尊心。孩子也是有尊严的个体,当众指出其缺点是不恰当的行为。

二、案例分析

特级教师于永正曾说：教育的第一个名字叫"影响"。影响学生的主要对象第一个是父母，第二个是老师。老师是学生在学校的主要模仿对象，老师的一言一行都对学生的成长有着潜移默化的影响。

1. 学生因素

刚走入小学校园的一年级学生，处于以形象思维为主的阶段。同时，其中大部分学生都还没有完全适应小学生的生活，行为上缺乏规矩意识。而当班长的学生本身适应环境能力强，各个方面表现优秀，模仿教师的潜力也是最大的。面对班级放学队伍散漫的情况，班长的职责是制止这种行为，通过最有效的方法让班级井井有条。所以，用"威严"镇压是她觉得学到的最有效的方式。

2. 家庭因素

这个班级的家长大多比较年轻，八零后、九零后居多，而且大多接受过高等教育，所以接触到的育儿观念都是相对前卫的。在大环境的影响下，爱的教育是当代家庭教育的主题。所以，在家庭教育中，孩子们大多被表扬、被肯定，孩子们在爱的浸润下也表现得更活泼、更自信、更大胆。由活泼的个体组成一个班级，班级有时会显得没有秩序。这位班长的父母相对来说是比较年长的，他们对孩子的教育方式相对来说比较严格，他们期待孩子在学校做一个遵守纪律、尊师重道的乖孩子，认为听老师的话是成为乖孩子的必要条件。

3. 教师因素

有经验的教师总有自己的一套管理班级的方式，就是所谓的"威严"，这种方式在短时间的班级管理中是有效果的。因为无论是知识差距还是年龄差距，教师在这群未经世事的孩子面前都有绝对的优势。而这种用"威严"管理的方式在无意中成为班长学习的"榜样"。

三、改进策略

如上所述，一时的压制不能真正起到班级管理的作用，孩子一时的"听话"是因为他们当时处于劣势状态。随着年龄的增长，孩子的反叛意识增强，用"威严"管理只会适得其反。于是"我要加分了……"出现了。

1. 注重全面评价,缩短学生差距

大数据具有客观性、动态性、差异性、繁杂性、总体性、跟踪性、预警性与直观性等特征,教育大数据模式的出现激活了传统教育的静态数据。为了更好地帮助教师管理班级,华师苏实小引入了大数据智慧评价系统。评价系统会结合学生德、智、体、美、劳的五种表现对学生"加分",更加全面和系统。

调查显示,在大数据智慧评价系统的影响下,华师苏实小的绝大部分孩子会根据每天的加分调整和规范自己行为(图4-14),这进一步证明了大数据智慧评价系统对孩子行为的影响是巨大的。

1. 您的孩子会根据每天的加分情况来调整和规范自己的行为。(单选)[单选题]

选项	小计	比例
A. 完全符合	680	36.86%
B. 比较符合	760	41.19%
C. 一般符合	348	18.86%
D. 比较不符合	41	2.22%
E. 完全不符合	16	0.87%
本题有效填写人次	1845	

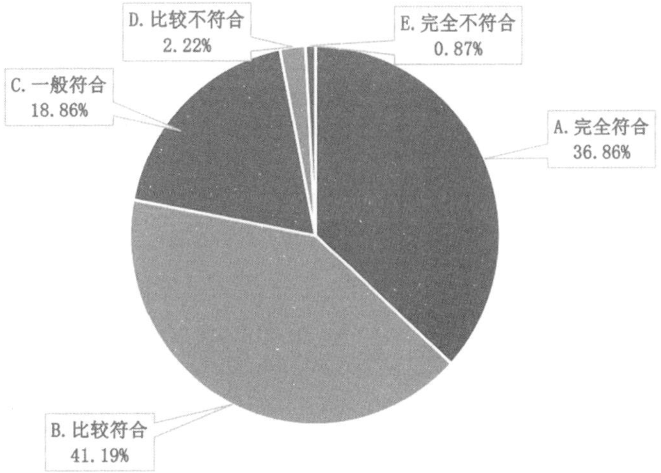

图 4-14

有了大数据智慧评价系统的帮助,在班级管理中,我不仅仅只关注孩子成绩,还注意到了孩子的其他优点,并给予加分奖励。这样一

来，每个孩子都有了被表扬的机会，孩子之间的差距也会缩小，相处起来也会更加融洽。哪个孩子不喜欢被表扬？为了得到表扬，自然而然就会变成遵守规矩的好孩子。于是，"我要加分了……"成了管理班级的有效武器。

2. 缓解家长焦虑，改善家校沟通

家长们对于刚步入小学的孩子，总是很焦虑的，担心孩子无法适应小学生活，担心孩子过于调皮，得不到教师的喜爱。在案例中，看到自己的孩子在放学队伍里不守规矩，听到班长对自己孩子的呵斥，都会引起家长的焦虑。长此以往，部分家长会质疑教师的管理方式。

调查报告显示，家长会根据大数据生成的数字画像来调整家庭教育的重点（图 4-15）。当家长收到"您的孩子因为排队整齐而加 1 分，要表扬一下您的孩子哦！"这样的信息时，家长的心里是欣慰的，他们觉得自己的孩子得到了教师的认可，自然而然也会肯定教师的管理方式。

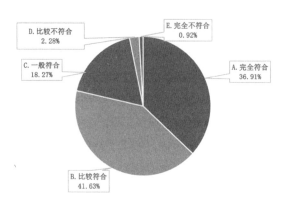

图 4-15

于是，"我要加分了……"也引起了家长的重视，促进了家校沟通。

3. 改变管理模式，激发班级活力

把"你怎么还在说话？请闭上嘴！"变成"我要加分了，我要给不说话的孩子加分！"把"你站在外面做什么？进到队伍里！"变成"我要加分了，我要给站得好的小朋友加分！"是班级管理模式改进的有效措施，充分体现了对学生的尊重。一个有活力的班级不是一个人对一群人的压制，而是在尊重每个个体的基础上激发孩子们对班集体的热爱，使之自发维护班集体的利益。

这个孩子乐于助人被加分了，那个孩子爱护环境被加分了，还有的孩子成绩优异被加分了……孩子的发光点被教师发现了，还通过加分得到了教师的肯定。

于是，"我要加分了……"唤醒了孩子们的上进心，激发了班级的活力。

四、结论

大数据智慧评价系统的诞生从德、智、体、美、劳五个方面对学生进行了全面的评价。于学生而言，充分激发了学生各个方面的潜力；于家长而言，增加了家长对学生的了解；于教师而言，是教师管理班级的有效手段。

有了大数据智慧评价系统的帮助，"我要加分了……"变得更加有魔力，优秀班级的诞生不再是教师"威严"下的结果，而是学生自发维护班级利益的体现。

（赵春霞）

附录
基于大数据的小学生"五育"并举评价调查问卷

尊敬的家长朋友们：

为了解目前学校基于大数据的小学生"五育"并举评价的实施现状，切实实现家校一体、共育共进，促进学生有个性化的全面发展，现开展问卷调查研究。此次问卷调查不作考核使用，请您如实填写，以确保数据的准确性，谢谢您的支持！

一、德育方面

1. 您的孩子会根据每天的加分情况来调整和规范自己的行为。（单选）

  A. 完全符合 B. 比较符合 C. 一般符合 D. 比较不符合 E. 完全不符合

2. 您的孩子会使用自己的积分为自己或家人兑换礼物。（单选）

  A. 完全符合 B. 比较符合 C. 一般符合 D. 比较不符合 E. 完全不符合

3. 大数据评价系统中孩子的数字画像能帮助您进一步了解自己的孩子。（单选）

  A. 完全符合 B. 比较符合 C. 一般符合 D. 比较不符合 E. 完全不符合

4. 您会根据大数据生成的德育数字画像，调整家庭教育的重点。

（单选）

  A. 完全符合 B. 比较符合 C. 一般符合 D. 比较不符合

  E. 完全不符合

5. 您的孩子会每天关注大数据评价中的加减分情况。（单选）

  A. 完全符合 B. 比较符合 C. 一般符合 D. 比较不符合

  E. 完全不符合

6. 您对大数据评价中的每一项评价项目都有明确的了解。（单选）

  A. 完全符合 B. 比较符合 C. 一般符合 D. 比较不符合

  E. 完全不符合

7. 您更注重大数据评价中的公平性。（单选）

  A. 完全符合 B. 比较符合 C. 一般符合 D. 比较不符合

  E. 完全不符合

8. 您认为德育的大数据评价在哪些方面还需要完善？（多选）

  A. 乐于分享 B. 集体意识 C. 合作精神 D. 认真履行职责

  E. 独立思考 F. 善于沟通 G. 动手能力 H. 大胆创新

  I. 其他：_____

二、智育方面

9. 您认为大数据评价能实现因材施教。（单选）

  A. 完全符合 B. 比较符合 C. 一般符合 D. 比较不符合

  E. 完全不符合

10. 您认为大数据评价对孩子的学习起到了促进作用。（单选）

  A. 完全符合 B. 比较符合 C. 一般符合 D. 比较不符合

  E. 完全不符合

11. 您获得大数据评价反馈后，会及时和任课老师沟通，寻求解决方法。（单选）

  A. 完全符合 B. 比较符合 C. 一般符合 D. 比较不符合

  E. 完全不符合

12. 您认为月度华采少年评比，应参考大数据对孩子的学习评价。（单选）

  A. 完全符合 B. 比较符合 C. 一般符合 D. 比较不符合

E. 完全不符合

13. ChatGPT（Chat Generative Pre-trained Transformer）席卷全球，您对学校因应变革，建构AI课堂的看法是什么？（单选）

A. 完全支持　　B. 比较支持　　C. 有条件支持　　D. 有一定顾虑

E. 完全不支持

14. 孩子在校学习，您获得最多的学习反馈是哪几项？（多选）

A. 听课认真　　B. 作业表现　　C. 自主学习　　D. 竞赛表现

E. 学习兴趣　　F. 学习习惯　　G. 遵守纪律　　H. 拓展学习

I. 课前预习　　J. 课后复习　　K. 勤于思考　　L. 深入探究

M. 积极举手发言　　　　　　　N. 表达思路清晰

15. 孩子在校学习，您最希望获得的学习反馈是哪几项？（多选）

A. 听课认真　　B. 作业表现　　C. 自主学习　　D. 竞赛表现

E. 学习兴趣　　F. 学习习惯　　G. 遵守纪律　　H. 拓展学习

I. 课前预习　　J. 课后复习　　K. 勤于思考　　L. 深入探究

M. 积极举手发言　　　　　　　N. 表达思路清晰

16. 您认为智育的大数据评价在哪些方面还需要完善？（多选）

A. 兴趣与态度　B. 能力与方法　C. 成绩与效果　D. 合作与探究

E. 表达与交流　F. 实际与创新　G. 其他：_____

三、体育方面

17. 您主要通过体育教师的大数据评价了解孩子的体育实践情况。（单选）

A. 完全符合　　B. 比较符合　　C. 一般符合　　D. 比较不符合

E. 完全不符合

18. 大数据评价系统能帮助孩子找出适合自己的体育项目。（单选）

A. 完全符合　　B. 比较符合　　C. 一般符合　　D. 比较不符合

E. 完全不符合

19. 大数据评价系统能够督促孩子坚持进行体育锻炼，促进孩子体能发展。（单选）

A. 完全符合　　B. 比较符合　　C. 一般符合　　D. 比较不符合

E. 完全不符合

20. 您会根据大数据评价的结果,来为孩子调整每周反馈中的学生运动建议。(单选)

    A. 完全符合   B. 比较符合   C. 一般符合   D. 比较不符合
    E. 完全不符合

21. 您认为对体育大数据评价进行收集和分析,可以对孩子的体育发展有一定指引作用。(单选)

    A. 完全符合   B. 比较符合   C. 一般符合   D. 比较不符合
    E. 完全不符合

22. 您能从大数据评价系统中了解孩子在运动能力、体育品德与体育精神这三方面的成长。(单选)

    A. 完全符合   B. 比较符合   C. 一般符合   D. 比较不符合
    E. 完全不符合

23. 大数据评价系统激励了孩子的运动兴趣,让孩子在家也愿意积极主动地参加某项运动。(单选)

    A. 完全符合   B. 比较符合   C. 一般符合   D. 比较不符合
    E. 完全不符合

24. 您认为体育的大数据评价在哪些方面还需要完善?(多选)

    A. 兴趣与态度   B. 技术与方法   C. 身体素质   D. 心理素质
    E. 竞赛表现   F. 协作精神   G. 其他:_____

四、美育方面

25. 大数据评价系统对学校艺术学科建设、艺术课程评价、学生美育培养有制度性的保证,您会积极参与这几方面的活动。(单选)

    A. 完全符合   B. 比较符合   C. 一般符合   D. 比较不符合
    E. 完全不符合

26. 学校会通过使用大数据拓展艺术课程,丰富孩子的学习空间,大数据评价系统能有效提升孩子的艺术数字技能,丰富孩子的认知思维与艺术技能,你对此非常支持。(单选)

    A. 完全符合   B. 比较符合   C. 一般符合   D. 比较不符合
    E. 完全不符合

27. 大数据评价系统能帮助孩子找出适合自己的艺术项目。(单选)

A. 完全符合　　B. 比较符合　　C. 一般符合　　D. 比较不符合
E. 完全不符合

28. 您会根据孩子的大数据评价与分析，带孩子有针对性地参观艺术展、参加音乐会或参与艺术活动。（单选）
A. 完全符合　　B. 比较符合　　C. 一般符合　　D. 比较不符合
E. 完全不符合

29. 大数据评价系统能了解孩子的艺术兴趣倾向，您会据此挖掘并培养孩子的艺术特长。（单选）
A. 完全符合　　B. 比较符合　　C. 一般符合　　D. 比较不符合
E. 完全不符合

30. 您通过大数据评价了解到孩子美育能力的提升情况。（单选）
A. 完全符合　　B. 比较符合　　C. 一般符合　　D. 比较不符合
E. 完全不符合

31. 关于孩子美育方面的核心素养，您关心哪几项？（多选）
A. 审美感知　　B. 美术表现　　C. 音乐表现　　D. 创意实践
E. 文化理解

32. 您认为美育的大数据评价在哪些方面还需要完善？（多选）
A. 兴趣与态度　B. 能力与方法　C. 动手能力　　D. 鉴赏能力
E. 表达与交流　F. 实践与创新　G. 其他：＿＿＿＿＿＿

五、劳动教育方面

33. 您认为大数据评价有利于孩子实践能力的提升。（单选）
A. 完全符合　　B. 比较符合　　C. 一般符合　　D. 比较不符合
E. 完全不符合

34. 您对收到的劳动大数据评价很重视，并鼓励孩子在学校多进行劳动实践。（单选）
A. 完全符合　　B. 比较符合　　C. 一般符合　　D. 比较不符合
E. 完全不符合

35. 您认为劳动实践有利于塑造孩子积极向上的一面。（单选）
A. 完全符合　　B. 比较符合　　C. 一般符合　　D. 比较不符合
E. 完全不符合

36. 您认为孩子在劳动实践中，磨练了自己面对困难和挫折的勇气。（单选）

  A. 完全符合 B. 比较符合 C. 一般符合 D. 比较不符合
  E. 完全不符合

37. 您认为孩子很愿意在劳动实践中展现自己，并主动承担起一部分家庭责任。（单选）

  A. 完全符合 B. 比较符合 C. 一般符合 D. 比较不符合
  E. 完全不符合

38. 您愿意将自己孩子积极参与劳动实践的事情用文字的形式记录并上传平台。（单选）

  A. 完全符合 B. 比较符合 C. 一般符合 D. 比较不符合
  E. 完全不符合

39. 在孩子劳动实践的过程中，您更关注孩子哪些素质的培养？（多选）

  A. 乐于分享 B. 集体意识 C. 合作精神 D. 认真履行职责
  E. 独立思考 F. 善于沟通 G. 动手能力 H. 大胆创新

40. 您认为劳动教育的大数据评价在哪些方面还需要完善？（多选）

  A. 动手能力强   B. 想象力丰富
  C. 大胆创新   D. 勇于实践
  E. 活动积极   F. 改进创新
  G. 认真履行职责   H. 其他：_____

参考文献

［1］Jim Tognolini，王允庆. 大数据时代如何有效开展教育评价［J］. 新课程评论，2016（07）：13-17.

［2］白晓龙，余霞. 有趣·有理·有情·有法——作业反馈的应有之举［J］. 未来教育家，2020（06）：28-30.

［3］陈春莺. 运用大数据促进小学生数学深度学习［J］. 基础教育论坛，2020（21）：27-28.

［4］端霄燕. 基于数据仓库的现代教育评价技术［J］. 教育信息化，2004（02）：71-72.

［5］高园梅. 提升课堂教学中教—学—评一致性的策略研究：以小学数学课堂教学为例［D］. 重庆：西南大学，2020.

［6］郭龙. 大数据背景下初中语文教学模式和教学方法的创新路径［J］. 新课程，2022（34）：44-45.

［7］黄艳平. 网络环境下小学数学课堂作业评价与管理的实践［J］. 教育信息技术，2016（Z1）：62-64.

［8］季苗苗，曹晨，张婧，张华. 大数据背景下基于学生成绩的学生能力评价研究［J］. 统计与管理，2017（5）：98-100.

［9］劳里劳德. 教学是一门设计科学：构建学习与技术的教学范式［M］. 金琦钦，洪一鸣，梁文倩，译. 福州：福建教育出版社，2019.

［10］李明，林杰. 大数据视域下初中精准教学"研、学、诊、进"策略［J］. 教育与装备研究，2022，38（09）：68-72.

［11］李章科，徐莉华. 基于江西省智慧作业平台下的精准教学

实践研究［J］．小学教学研究，2021（36）：32-33.

［12］李政涛，文娟．"五育融合"与新时代"教育新体系"的构建［J］．中国电化教育，2020（3）：7-16.

［13］林德辉．基于"教—学—评"一致性的小学数学教学策略探究［J］．名师在线，2022（31）：61-63.

［14］刘敏．精准把握减负增效平衡点［J］．湖北教育，2022（1）：45-46.

［15］刘跃华，朱科红．应用大数据思维构建学生学业质量评价指标体系［J］．中国教育信息化，2016（3）：19-22.

［16］陆丽．基于大数据的小学数学教育教学改进［J］．新课程导学，2021（23）：95-96.

［17］马玲．教学评一致性在小学数学课堂教学中有效应用［J］．中国教师，2021（S1）：26.

［18］潘远菊．区域实施"教学评一致性"的路径——以重庆市南川区实施小学数学"基于标准的'教学评一致性'"为例［J］．今日教育，2021（01）：39-42.

［19］蒲达河．大数据时代下的教学方式与评价体制［J］．教育现代化（电子版），2016（12）：174.

［20］钱长国．小学数学课堂作业评价的策略［J］．中学课程辅导高考版，2013（23）：56.

［21］沈慧彬．刍议大数据视域下的高中数学教学方法［J］．新课程研究，2022（30）：107-109.

［22］孙雪．精确教学对学业不良儿童的干预研究——对两个初中英语学业不良儿童的个案研究［D］．重庆：重庆师范大学，2012.

［23］唐惠玉．基于大数据，优化小学生"五育"并举综合评价［J］．江苏教育，2023（13）：60-64.

［24］田睿瑞．信息技术背景下小学英语教学中的五育并举探讨［J］．知识文库，2023（03）：31-33.

［25］田燕芳．"导航式"评价：基于生本的综合素质评价探索［J］．课程教育研究，2017（48）：4-5.

［26］田燕芳．"三维·X度"：基于小学生差异成长的"到达

度"新评价体系架构与探索［J］.浙江教育科学,2018(2):48-50.

［27］王殿军.基于大数据的学生综合素质评价研究［J］.北京教育(普教版),2018(3):5-7.

［28］王克军.小学数学课堂作业批改有效策略的研究［J］.数学学习与研究,2014(22):134.

［29］王素云,代建军.真实认知:内涵、特征与实践路径［J］.当代教育科学,2022(05):10-16.

［30］王祖霖.大数据时代学生评价变革研究［D］.长沙:湖南大学,2016.

［31］张金丽.新课程理念下小学数学"教—学—评"一致性探索——以"四边形的分类"教学为例［J］.小学数学教育,2022(11):32-33.

［32］张雁.浅析信息技术与小学语文教学的相互融合［J］.天津教育,2021(36):50-51.

［33］赵慧臣.教育信息化促进学生评价改革［J］.教育研究,2017,38(3):120-121.

［34］赵曦.基于行为大数据的学生综合素质评价系统设计与研究［J］.现代信息科技,2020,4(1):9-11.

［35］周雪红,皋岭.走向深度数据管理——基于大数据的小学教育教学管理改革实践探索［J］.未来教育家,2020(06):46-49.

［36］周雪红.大数据教育评价:让大规模因材施教成为可能［J］.小学教学研究,2022(28):74-75.

［37］祝智庭,彭红超.信息技术支持的高效知识教学:激发精准教学的活力［J］中国电化教育,2016(01):18-25.